Zentrale Randlage

Lesebuch für Städtebewohner

Zentrale Randlage
Lesebuch für Städtebewohner

herausgegeben von JOCHEN SCHIMMANG

DuMont

April 2002

Erste Auflage 2002

Ausstattung und Umschlag: Groothuis, Lohfert, Consorten
Gesetzt aus der Haarlemmer und der News Gothic
Gedruckt auf säurefreiem und chlorfrei gebleichtem Papier
Satz: Greiner & Reichel, Köln
Druck und Verarbeitung: Clausen & Bosse, Leck
Printed in Germany
ISBN 3-8321-4780-4

Inhalt

Vorwort

Eins fällt zuerst auf: Gejubelt wird nur selten, wenn deutschsprachige Autoren nach 1945 über die große Stadt schreiben. Die Feier der Metropole, der große Gesang bleiben die Ausnahme, und wenn sie stattfinden, gelten sie nicht einer deutschen Stadt, sondern Paris oder New York. Die französische Hauptstadt ist geradezu die Kontrastfolie zu den jeweiligen Heimatprovinzen. Sie gilt etwa Handkes Ich-Erzähler zunächst als die Metropole, in der er »verschwinden« und die er weder in Österreich noch in Deutschland finden kann. Ähnlich Paul Nizons zugleich emphatischer wie ungetrübter Blick. Und wenn dann noch eine wirkliche Stadtfeier zu finden ist in dieser Auswahl, mit ebenfalls ungetrübtem Blick, aber auch immer wieder mit dem freudig erregten Gefühl, am richtigen Ort zu sein, dann ist es Uwe Johnsons Epos über New York City, Ende der sechziger Jahre.

Aber nun fange ich richtig an. Um die Frage, welche Stadt »es« denn nun sei, geht es hier nämlich gerade nicht, und ihre periodische Beantwortung sollte man auch tunlichst den einschlägigen Lifestyle-Magazinen überlassen. Denn Stadt hat längst aufgehört, das Synonym für Metropole und damit entweder für Glück (Zion) oder Verderben (Hure Babylon) oder für beides zugleich zu sein, wie es bei Michael Rutschky heißt. Mit anderen Worten: Stadt ist inzwischen fast überall, nicht mehr nur in der Mitte. Stadt ist auch Außenquartier, Vorstadt, Einkaufszentrum, Gewerbegebiet oder Industriebrache. Quantitativ überwiegen diese Gebilde sogar das Zentrum oder den Marktplatz bei weitem, und alle Urbanisierungsretuschen können das nicht verbergen.

Das soll nun aber nicht aufs Lamento über die »Unwirtlichkeit unserer Städte« hinauslaufen. Mitscherlichs durchaus verdienstvolle Streitschrift wirkt trotz allem etwas verstaubt, wenn man sie neben die ungefähr zeitgleich erschienenen ersten Bücher von Alexander Kluge hält. Dessen Blick auf die Stadt, hier durch eine Auswahl aus dem Text »Goldgräberstadt« repräsentiert, beschreibt Metropolis vor allem als Kampfplatz, in dem es um Chancenverteilung, Glücksmöglichkeiten, Vernichtung und Desillusionierung geht. »Die Stadt als Beute« war unlängst eine Analyse moderner Stadtstrukturen durch drei Stadtforscher betitelt: treffender läßt es sich kaum sagen. Auch die Texte von Christian Geissler und Jürg Federspiel befinden sich gleichsam auf Beutezügen, wobei es selbstverständlich auch Opfer geben muß.

Es geht nicht mehr ums gelungene Stadtbild, den feuilletonistisch schwingenden Reiseprospekt, und auch nicht mehr um die schöne Überwältigung durch die Metropole. Deshalb ist die neueste deutsche Literatur mit dem heftig bewegten Berlin-Roman in dieser Anthologie nicht vertreten. Wo das heutige Berlin von jungen Autoren am genauesten erfaßt wird, geschieht das nicht primär auf erzählerischem Wege, sondern durch den essayistischen Blick. David Wagner und Iris Hanika stehen dafür als Beispiele. Der Grund für das essayistisch-erzählerische Gefälle ist simpel und lange bekannt: Gleichzeitigkeit, die unmittelbar-unvermittelte Zeitgenossenschaft ist kein guter Boden für gelingendes Erzählen.

Mit einem abgewandelten Brecht-Wort zu sprechen: Die Stadt ist endgültig ins Funktionale verrutscht und nicht mehr vor allen Dingen Panorama. (Für die wirklich guten Autoren der Großstadt, bei Baudelaire oder noch früher bei Louis-Sebastien Mercier angefangen, war sie das natürlich nie.) Die deutschsprachige Literatur nach dem Krieg – und nur um die ging es bei dieser Auswahl, andernfalls hätte man mehrere Bände füllen müssen – hat darauf reagiert. Nicht mehr als Totalität, auch selten noch als eigentlicher Stoff tritt die Stadt hier auf, sondern in verschiedenen Funktionen, auch und gerade in ihren Funktionen für die Autoren selber.

Denn die Stadt ist immer auch Projektionsfläche für ihre Bewohner und für die Autoren, die über sie schreiben. Das ist in Handkes schon erwähntem Gesang über Paris der Fall, gebrochener aber auch bei Barbara Honigmann. Das mehr und mehr Funktionale, von dem die Rede war, kann ganz in die Form eingehen wie in Heißenbüttels Hamburger Zitatmontage. Und auf welche spezifisch städtische Weise das Funktionale oft nicht so recht funktioniert, läßt sich exemplarisch in Anne Dudens Text nachlesen.

Bei Bodo Kirchhoff scheint die Stadt als erotischer Raum oder

Raum für irgendwelche Wunder auf. Allerdings muß man dazu bereit sein, Schwellen zu überschreiten, und sei es, wie im Essay von Stephan Wackwitz, die von Frankfurter Bordelltüren. Andernfalls bleibt, siehe Peter Stamm, alles in wohlgemerkt schöner Schwebe.

Wo das Wunder und die Erotik sind, ist auch die Exotik nicht weit. Shanghai und Tokio sind eben doch selbst für weltgewandte Europäer noch immer andere Räume als selbst New York und befördern die Selbsterkenntnis heftiger, vor allem bei Hermann Kinders nach China verschlagenem Germanisten Andermatt. Tumber Tor? Klar, aber das wären wir in solcher Situation alle. Klaus Modick bewegt sich nicht nur, weil es sich um Tokio handelt, auf den Spuren von Roland Barthes. Schon in seinem Rom-Buch »Das Licht in den Steinen« hat sich dieser Autor auf eine Wanderung ins Reich der Zeichen begeben.

Stadt dient hier und da selbstverständlich auch als durchgängig negative Projektionsfläche. Mehr als ein Vierteljahrhundert nach seinem Tod wird vermutlich der zivilisationskritische Impetus eines Rolf Dieter Brinkmann noch viel deutlicher als damals, allerdings auch ermüdender. Brinkmann ließe sich als ein Flaneur beschreiben, der das alles gar nicht mehr sehen, sondern nur noch seinen Ekel kundtun will.

Ja eben, wo ist er denn eigentlich geblieben, der Flaneur? Daß er zur Stadt gehört, ihre ureigenste menschliche Gestalt ist, haben uns Walter Benjamin und seine Epigonen schließlich über Jahrzehnte eingebleut. Einer der letzten ist lange Zeit durch Frankfurt gelaufen und läuft heute wohl durch Heidelberg. Wilhelm Genazinos Blick ist allerdings nicht mehr durch den Rausch bedingt, der jeden überkommt, »der lange ohne Ziel durch Straßen wandert«, vermutlich eine Formulierung, die zu den Top five der Benjamin-Zitate gehört. Genazinos Flanerie nimmt eher die Suppe aus der Metzgerei Schaad ins Visier und konzentriert sich auf Obdachlose, die ihren Hund umarmen. Er ist auf der Höhe der Zeit. Der weise Flaneur von heute konzentriert sich ohnehin auf sein Viertel und ist gleichsam endlich zu Hause angekommen wie in Jan Koneffkes Text.

Schließlich kann man auch einfach wacher Bürger einer Stadt sein, im vornehmsten Sinne, und an ihr übers Vergangene und Gegenwärtige (auch übers Zukünftige?) einiges lernen. Dabei kann ein fragiler, anrührender kurzer Text entstehen wie der von Marie Luise Kaschnitz. Vielleicht ist es nicht einmal ein Zufall, daß er sich, kurz nach dem Krieg, der heimlichen Hauptstadt der alten Bundesrepublik widmet. (Die hieß nämlich nicht München, sondern Frankfurt am Main.) Die Feier der Stadt, ließe sich sagen, findet statt, indem man oft die Nase voll von ihr hat und doch nicht davon abläßt, sich um sie zu kümmern.

Die radikalste Perspektive nimmt der Text von Michael Winter ein, der deshalb auch am Ende der Auswahl steht. »Der Untergang von Chaux« ist der Untergang der Metropolen selber durch ihre strukturelle Gleichschaltung. Ihre Folge ist ein völlig transformierter Mensch. Beim gegenwärtigen Stand der Dinge läßt sich das nicht länger einfach nur als intelligente Science-fiction lesen.

Die Auswahl ist – welche Überraschung – subjektiv und vermutlich auch generationsbedingt. Das ist nicht zu rechtfertigen, im doppelten Wortsinn: man kann es nicht rechtfertigen, und man muß es auch nicht. Für wichtige Hinweise danke ich herzlich Roland Koch, Sabine Peters und Bernd Rheinberg. Für beinahe unendliche Geduld mit meinem Arbeitstempo danke ich dem Verlag und meinem Lektor Jo Lendle.

Jochen Schimmang

Anne Duden

Umwege

Der Weg ist ein Umweg, eine direkte Verbindung von Haus zu Haus gibt es nicht. Er ist zeitraubend, beschwerlich und nicht ungefährlich. Fortbewegungsmittel sind die eigenen Füße, Bahnen und verschiedene sehr hohe oder sehr tiefe Rolltreppen. Es geht über Estrich und Asphalt, über- und unterirdisch über Schotter und Schienen, dann durch lange und gewundene Gänge, über Treppen aus Stahl, Holz, Stein und Beton. Und die Füße treten hier und da über oder auf durchnäßte und verklumpte Stoffe, zerbeultes Weißblech, Plastik und Cellophan, bedrucktes Papier oder Pappe. Sie treten in oder über Hundekot, Pfützen von Erbrochenem, auf feste Kaugumminoppen, in oder über schleimigen Auswurf und vieles andere.

Der starke Wind der letzten Nacht hat die Papierabfälle in die winzigen Vorgärten der kleinen Reihenhäuser gefegt. Zum Hundekot der Vortage ist, wie jeden Tag, frischer hinzugekommen, und in den Ölflekken am Rande der Fahrbahn kleben Zeitungsfetzen und zermatschte Kartoffelchips. In der etwas breiteren Straße, die auf den U-Bahnhof zuführt, stehen dicht hintereinandergeparkt die Autos der Berufstätigen, die von weit außerhalb der Stadt kommen und hier vom Wagen in die U-Bahn umsteigen. Das Trottoir ist, wie immer, wenn es nicht gerade heftig geregnet hat, übersät mit grüngelblichen oder glasig durchsichtigen Gallerthäufchen und überzogen von Schleimspuren. Bei den letzten Schritten zur U-Bahn wird noch einmal kräftig ausgespuckt, wird in der Kehle Steckengebliebenes entladen, zumeist von männlichen Mündern.

Den Eingang in den U-Bahnhof bildet ein abschüssiger Gang, dessen am tiefsten gelegene Stelle nach Regen stets überflutet ist. Durch die schadhaften gekachelten Wände sickert unablässig eine lehmig braune Substanz und fließt und rutscht in trägen Rinnsalen und Schüben zu Boden. Der neue Fahrkartenautomat funktioniert auch heute nicht, und am Fenster des Schalters klebt ein Zettel mit der Notiz »Bin in fünf Minuten zurück«. Ich gehe ohne Karte durch die Sperre – der Kontrollbeamte blickt von seiner Zeitung nicht auf – und die paar Stufen zum Bahnsteig hinauf, denn die U-Bahn fährt hier eine längere Strecke über der Erde. Während auf dem Parallelgleis ein Vorortzug, der an diesem Bahnhof nicht hält, sich mit ohrenbetäubendem Getöse nähert, ertönt eine Lautsprecherdurchsage. Die herumstehenden Fahrgäste heben nicht einmal mehr den Kopf. Man versteht ohnehin kein Wort. Aber jeder weiß: der Zug, auf den man wartet, wird auch weiter auf sich warten lassen. Die Computersignalanlage ist mal wieder ausgefallen. Oder es werden irgendwo die unmenschlichen Überreste eines Menschen von den Gleisen und dem ersten Wagen eines Zuges gelöst. Vor wenigen Jahren noch erhielten die Fahrgäste in einem solchen Fall die folgende lakonische, aber doch reserviert wirklichkeitsgetreue Erklärung für den Grund der Verspätung: *Due to a person under a train.* Heute heißt es nur noch: *Due to an incident on the line.* Dem anonymen Vorfall ist die Person, der Körper gewichen.

Nach zwanzig Minuten etwa kommt der Zug. Er ist voller als sonst um diese Zeit. Nach wenigen Sekunden Fahrt bleibt er auf offener Strekke nochmals stehen. Auch das erstaunt niemanden. Man ist es so gewohnt. Zögernd setzt der Zug sich wieder in Bewegung. Erst unter der Erde, nach vier Haltestellen, geht es zügiger voran. Dafür ist der Fahrtlärm nun überwältigend. Das Miteinanderreden einiger Fahrgäste hat aufgehört. Man müßte schreien, um einander zu verstehen. Der Zug ist mittlerweile so voll, daß die Leute auch im Gang vor den Sitzen dicht gedrängt stehen. Und da wird auch das Umblättern der Zeitung unmöglich. Links und rechts stößt man an die Arme der Sitznachbarn, vor einem berührt man die Mäntel oder stößt sich an den Aktenköfferchen oder vollen Plastiktüten der Stehenden.

Als ich aussteige, sehe ich, daß die Fahrt heute mehr als fünfzig Minuten gedauert hat. Wenn alles glattgeht, brauche ich für dieselbe Strecke nur zwanzig Minuten. Der Zug leert sich. Die dichtgedrängte Masse von Menschen schiebt sich mit kleinen schlurfenden Schritten den Bahnsteig entlang, biegt ein in den Gang, über dem »Way out« steht, und steuert auf die steilen Rolltreppen zu. Hier bildet sich immer ein Stau, den die Aufwärtsbewegung der Treppen laufend ansaugt, entwirrt, einfädelt und geordnet abtransportiert. Heute aber entsteht, wie schon seit Ende November letzten Jahres, ein Rückstau. Die Rolltreppen sind allesamt abgestellt, wie auf verschiedenen anderen Londoner Bahnhöfen auch, und werden nacheinander repariert oder vollkommen ausgewechselt. Eine Konsequenz, die man aus dem schweren Unglück auf einem der größten Bahnhöfe gezogen hat. Das Feuer, bei dem über dreißig Menschen verbrannt waren, hatte unter einer alten Holztreppe, die seit langem nicht mehr richtig gereinigt worden war, angefangen. Die vielen Menschen müssen jetzt über eine der stillgelegten Rolltreppen aus Stahl nach oben steigen. Niemand drängelt, niemand murrt oder flucht. Die Jüngeren eilen auf der linken Seite der Treppe hoch, rechts ziehen sich die Älteren, Mütter mit Kindern oder Leute mit Gepäck mühsam von Stufe zu Stufe. Nach dieser Treppe geht es noch über eine zweite Rolltreppe, die allerdings funktioniert. Oben am Ausgang schließlich bildet sich ein erneuter Stau, da die Fahrkarten einzeln vorgezeigt oder abgegeben werden müssen. Ich muß ohnehin an einem abgelegenen Schalter erst noch eine Fahrkarte nachlösen.

Die Pfützen von Erbrochenem draußen vor dem Ausgang übersehe ich mit Anstrengung; einmal rutsche ich über einigen verschmierten Lumpen fast aus. Die Luft ist blau vor Abgasen. Aber ich komme nach wenigen Minuten an meinem Ziel an. Vor der Tür steht der Portier und sagt: »Wir schließen in fünf Minuten; in der ganzen Gegend hier ist der Strom ausgefallen.«

Als ich später, zurück am Ausgangsbahnhof, meine Fahrkarte dem Beamten reiche, sieht er mir ruhig ins Gesicht und sagt, wie meistens um diese Zeit: »Good night, love!« Der Himmel wirkt jetzt geweitet und ist von einem tiefen dunstigen Violett. Zu dem Buch in der Bibliothek werde ich mich nun morgen erneut auf den Weg machen.

Aus: Anne Duden
Der wunde Punkt im Alphabet
Rotbuch 1995

Barbara Honigmann

Souterrain, Paris 13ème

Erst seit wenigen Monaten, noch nicht mal einem Jahr bin ich in der Stadt, in Paris. Ich wohne im XIII. Bezirk in einem Souterrain, etwas Besseres habe ich nicht finden können. Von unten sehe ich auf die Straße hinauf, auf die Füße der Leute, die da laufen; am Anfang, als ich gerade angekommen war, liefen sie ohne Strümpfe und trugen Sandalen, denn draußen war es heiß, ein sehr heißer Sommer, aber drinnen, in meiner Wohnung war es kalt und dunkel, weil das Fenster nur wenig über die Straße reicht und kaum Licht hereinläßt, und ich mußte mich warm anziehen, nicht, wie sonst, beim Hinausgehen, sondern wenn ich von draußen hereinkam. Ich saß in dem Zimmer wie in einer Sternwarte, um mich herum kreiste die Stadt, die ich nicht sehen konnte, und aus dem Fenster suchte ich wie mit einem Fernrohr die Straße vor mir ab nach dem, was nun anders werden sollte.

Jetzt habe ich wenigstens schon meine Möbel und Sachen aus Berlin. In den ersten Wochen gab es nur die kahlen Wände und ein Klappbett, das man mir geborgt hatte, und zum täglichen Leben ein Besteck, einen Teller, ein Handtuch, ein Glas und einen Hocker zum Sitzen. Wie im Gefängnis, dachte ich da, und nicht wie in der neuen Welt, und hatte nachts Alpträume von Kälte und Verbannung. Bald war ich mir schon gar nicht mehr so sicher, was ich denn nun hier anfangen will. Ja, ich hatte aus einem alten Leben in ein neues aufbrechen wollen, aus einer vertrauten Sprache in eine fremde, und vielleicht habe ich sogar so etwas wie eine Verwandlung erhofft.

Habe ich denn nicht mein ganzes Leben geseufzt, nach Paris! nach Paris! Und dann habe ich eines Tages in einem Zug gesessen, und der Zug ist irgendwo angekommen, und sie sagten, es sei Paris. Aus Lautsprechern schrie es mich an: Pariii Est! Pariii Est! Ich kam aus dem Osten, ja. Ich habe mich in dem Bahnhof, der sehr hell und sehr groß ist, umgesehen wie in einer neuen Wohnung, die man zum erstenmal betritt; man sieht die kahlen Wände an und fragt sich, was einen hier wohl erwartet und was man alles erleben wird, und ist ängstlich und neugierig zugleich und auch stolz, daß man sich in das Abenteuer gestürzt hat und daß es nun kein Zurück mehr gibt.

Aber schon, als ich aus dem Bahnhof in die Stadt hinaus wollte, war kein Weg da und keine Straße, nur eine lose Absperrung, eine Baustelle, Bagger, Kräne, lärmende Maschinen und eine riesige Baugrube; ich bin wieder in den Bahnhof hineingegangen und aus einem anderen Ausgang wieder hinaus, doch da standen auch nur wieder die Bagger, Kräne, lärmenden Maschinen und gähnte die riesige Baugrube, und ich bin noch durch hundert Eingänge und Ausgänge wieder herein- und wieder herausgehetzt, es war, als ob wirklich kein Zugang in diese Stadt hinein zu finden wäre. Plötzlich aber stand ich doch auf einem Platz, da fiel ein Boulevard direkt vom Bahnhof hinunter, ein Straßenfall, ein breiter Fluß mit bunten Schiffchen, und ich lief an seinen beiden Ufern hinauf und hinunter. Aber was nun? Eine kleine Verzweiflung hatte mich schon gepackt, eine Kopflosigkeit jedenfalls – wohin, wo entlang? Irgendwohin mußte ich ja nun, einmal angekommen, gehen, doch ich hatte ja noch nie daran gedacht, daß ich in eine richtige Stadt käme, mit großen Straßen, Avenuen, Bezirken, in alle Himmelsrichtungen ausgebreitet, und müßte mich entscheiden, wo entlang, und es wäre nicht ein Ball von Träumen, der vor mir springt, und ich liefe ihm nach und holte ihn mir.

Aus meiner Höhle im Souterrain bin ich dann jeden Tag auf Streifzüge längs und quer durch die Stadt gegangen, über Straßen, Boulevards und Alleen und winzig kleine und riesengroße Plätze und durch schattige Parks, und habe mich in Kirchen und Cafés gesetzt, die am Wege waren, und habe die Linien der Metro abgefahren und ihre Gänge und Treppen und Tunnel kilometerlang durchlaufen, und manchmal bin ich auch in einen Vorortzug gestiegen und wieder hinaus aus der Stadt gefahren und in das flache Land hineingelaufen, mit einer Art Elan, der wie eine Wut war, als ob ich das Land überrennen und es mir unterwerfen könnte.

Und so hatte ich bald manches gesehen, was ich lieber nicht hätte sehen wollen, und fühlte mich überhaupt viel mehr wie ein Einwanderer nach Amerika vor hundert Jahren: Nun sitzt er auf Ellis Island, der verdammten Insel, hat sein ganzes Leben hinter sich abgebrochen und Amerika noch nicht mal mit einem Fuß betreten, aber er ahnt schon die grausame Wahrheit der neuen Welt und muß sich manchmal fragen, ob er nicht viel zuviel für viel zuwenig hergegeben hat. Ein Zurück in sein russisches, polnisches, ungarisches, litauisches oder sonstein Dorf aber gibt es nicht mehr, ganz im Gegenteil, die Geschwister, Onkel, Tanten und Freunde wollen auch bald nachkommen, und dann soll er, der jetzt noch so erstarrt auf Ellis Island sitzt, doch etwas aufgebaut haben – ein neues Leben.

Manchmal bin ich mitten in der Stadt, in irgendeiner Straße, einfach in einen fremden Hauseingang hineingegangen und die Treppe hochgestiegen, als ob ich da wohnte und immer da hineinginge. Da waren breite Steintreppen und weiche Teppiche über den Stufen, so daß man ohne ein Geräusch von Schritten lief, und steckte die Nase auch noch aus dem Fenster nach hinten hinaus und sah einen heimlichen Garten, einen mit nicht zuviel Sonne und nicht zuviel Schatten, und plötzlich berührte mich ein ganz unbekannter Geruch, ein fremder, ohne Vergleich und ohne Erinnerung, als ob es vielleicht doch noch eine ganz andere Welt gäbe, in der nicht alles an alles erinnert.

Aber wenn ich so durch Straßen und Höfe ging und wollte nur einfach ein bißchen zuschauen, wie es so ist und was sie da machen, dann fühlte ich mich nicht gerade willkommen. Die Leute erschienen mir mißtrauisch, sie fragten gleich, ob ich jemanden suche, und wenn ich sagte, nein, niemanden, nichts, ich gehe nur so hier entlang, dann fanden sie das unpassend und überflüssig, und ich verschwand lieber wieder durch das nächste Tor.

Einmal habe ich mich ganz nah von meiner Straße, die so laut und voller Verkehr ist, in eine Gegend verlaufen, die einem Dorf ähnelt, mitten in der Stadt. Ein hügeliges, buckliges Quartier, krumme Straßen, die hinauf und hinab in Schleifen und Kurven führen, mit Treppchen, Geländern, verrosteten Laternen und alten Frauen, die in Pantoffeln und Morgenrock dort wohl schon jahrhundertelang ihre Hunde spazierenführen. Jedes Haus ist verschieden vom nächsten, ganz niedrig nur, höchstens zwei Stockwerke, schmal, meistens auch schief, sich über die Straße neigend, so daß sie noch enger scheint. Die Wege steigen alle zu einem winzigen Platz hinauf, dem Gipfel des Berges. Ich sah mich nach einem Straßenschild um, da stand »butte aux cailles«, Wachtelberg. Auf dem Gipfel des Wachtelberges drängen sich, wie könnte es anders sein, Cafés und Kneipen, die Stühle und Tische stehen draußen auf dem schmalen Trottoir, beinahe zwischen den Autos, Menschenschwärme drumherum. Es kam mir vor, als hielte dort ein kleines Volk seine Versammlung ab, so sehr schienen sie alle zusammenzugehören. Ab und zu hielten Autofahrer neben den Tischen an, kurbelten die Fenster runter und redeten einfach mit. Sie reden ja hier alle immer so viel, immerzu reden sie.

Ich hörte sie, aber ich verstand sie nicht. Sie begrüßten sich alle, küßten sich alle, lachten, gingen, kamen, gingen wieder, und dann sah man einen von den Männern, der gerade gegangen war, im Fenster des gegenüberliegenden Hauses wieder, es öffnete sich ja halb über dem Tisch, er rief noch etwas hinunter, und die anderen riefen noch etwas hinauf.

Für einen Moment habe ich mich dazusetzen wollen. Ich fand noch einen einzigen freien Stuhl, allein an einem Tisch, von dem alle anderen Stühle schon längst weggeholt waren. Aber weil es so eng war, habe ich trotzdem ganz nah bei dem Wachtelbergvolk gesessen. Wie in einer Theatervorstellung saß ich da in der ersten Reihe, ganz dicht an der Bühne, sah dem Schauspiel ihrer Volksversammlung zu und erkannte auch schon die Dramaturgie und die Verteilung der Rollen. Die Hauptpersonen blieben nämlich die ganze Zeit sitzen, und nur die Nebenrollen und Statisten hatten wechselnde Auftritte. Ich mußte lachen, wenn sie lachten, war schon gefangen in ihrem Stück – da haben sie mich fragend angesehen. Ich verstand. Ich hatte ihnen einen Platz weggenommen, eine halbe Stunde lang saß ich schon da. So bin ich wieder weggegangen und wußte nicht, ob ich im Weggehen grüßen und »Salut« sagen sollte, wagte es nicht und hätte doch gerne auf Wiedersehen gesagt. Während ich mich entfernte, habe ich noch lange den Lärm des Wachtelbergvolkes hinter mir gehört.

Ach, es ist ja schön, herumzulaufen auf fremden Pflastern, eine Spaziergängerin, dahin, dorthin, irgendwo herum. Aber es ist schwer, zu kommen, ein bißchen zu bleiben und wieder zu gehen. Und daß ich ganz kurz zu ihnen gehört habe, das haben sie wohl gar nicht bemerkt.

Immerzu habe ich auf meinen Streifzügen darüber nachdenken müssen, was denn nun hier aus mir werden soll, ob und wie ich mich als Künstlerin durchschlagen oder ob und wie ich eine Arbeit finden könnte. Es fiel mir schwer, das neue Leben zu beginnen, und ich dachte viel mehr an alles, was hinter mir lag, an meinen Vater, vor dem ich weggelaufen war, weil er mein ganzes Leben lang zuviel von mir verlangt hatte, an meine Freunde, derer ich überdrüssig geworden war, und an das ›Berliner Theater‹, an dem ich nicht länger hatte arbeiten wollen. Jetzt schrieb ich Ansichtskarten an meinen Vater, an meine Freunde und an die Kollegen vom ›Berliner Theater‹ und fühlte mich fern und abgeschnitten, so losgelassen und allein wie Adam und Eva oben auf der Brüstung von Notre-Dame. Unter ihnen sind Hunderte Heilige stumpfsinnig nebeneinander aufgereiht, aber die beiden, Adam und Eva, stehen da oben ganz allein, als ob sie herunterspringen wollten, weit voneinander entfernt, niemanden neben sich und nackt. Und unten, um die Füße von Notre-Dame, wimmeln die Menschen in Scharen herum, ganze Völker, rufen und reden in vielen Sprachen und laufen in Gruppen hinter Führern mit Wimpeln ihrer Sprache her, aber manche stehen nur und sehen nach oben, und manche reden und manche schweigen, manche gehen herum, manche laufen und haben es eilig, andere rennen sogar, manche streiten sich, manche küssen sich, manche sitzen auf den Bänken, manche schlafen auf den Bänken, manche lesen, andere essen aus mitgebrachten Beuteln oder kaufen sich an einer Bude eine Coca-Cola, und manche schreiben Ansichtskarten, so wie ich.

Wenn ich in einem Café saß, stundenlang oder halbe Tage, und Briefe schrieb oder ein Buch las, das ich mitgebracht hatte, denn am Anfang las ich nur Bücher, die noch aus Berlin stammten, die ich also schon kannte, oder wenn ich Vokabeln für den Französischkurs an der Volkshochschule lernte und versuchte, die Formeln des täglichen Lebens um mich herum aufzuschnappen – merci – merci de même –, war ich oft hin und her gerissen zwischen einem Wohlgefühl der Fremde, dem Stolz, daß ich die Kraft gehabt hatte, mich von meinem alten Leben zu trennen, und einer Art Heimweh, das gar kein richtiger Schmerz war, sondern nur darin bestand, daß ich fast immer an eine andere Zeit dachte, eine frühere. Zum Beispiel an die Sommer, in denen ich mit meinen Freundinnen in Budapest im Café saß, meistens war es das »Vörösmarty«, das ja in Wirklichkeit »Gerbeaud« heißt und noch aus der k. u. k Zeit stammt, zwischen alten Damen mit Hüten und viel Schmuck um Hals und Arme, jungen Schriftstellern, die man leicht an den Blätterstapeln erkennen konnte, die sie, ohne aufzublicken, beschrieben, und anderen jungen Männern, bei denen es sich auch auf jeden Fall um Künstler handelte und in die wir verliebt waren wegen ihrer Werke, die wir zwar nicht kannten, aber dennoch bewunderten. Stunden um Stunden saßen wir dort, einmal brachten wir es auf einen Rekord von neun Stunden ununterbrochenen Sitzens, Redens und Kuchenessens. Wir aßen eine bestimmte Sorte kleiner Küchlein, die »Indianer« heißen, ein dünner Teig mit Schokoladenglasur außen und innen gefüllt mit ungesüßter Schlagsahne. Wir aßen einen »Indianer« nach dem anderen und verließen unseren Platz nicht, weder um spazierenzugehen, noch um in der Donau zu schwimmen, noch um die Stadt zu besichtigen, oder die Museen, wir wollten lieber beieinander sitzen bleiben zwischen den alten Damen und den Künstlern.

Damals waren wir unglücklich, weil wir eine große Sehnsucht nach etwas ganz Unbestimmtem hatten, und nun saß ich hier und hatte immer noch Sehnsucht nach etwas ganz Unbestimmtem und Heimweh nach meiner Freundin und meinem Vater. Saß da oder lief herum wie auf Ellis Island, eine Einwanderin, eine Auswanderin, eine Spaziergängerin.

Aus: Barbara Honigmann
Eine Liebe aus Nichts
Rowohlt Berlin 1991

Paul Nizon

Von Stadt umfangen

Wenn ich über die Rolltreppe oder die Steintreppen von der Metro ans Tageslicht emportauche, und manchmal ist es ein Taumeln, bin ich von Stadt umfangen – das breite Trottoir, die guten Grisaillen, der Blumenstand, die Fronten der verglasten Caféterrassen, das Menschentreiben, das schaukelnde Blatt, die Ahnung Himmel, das stadtgetönte Licht, die wie Fahnen in alle Windrichtungen laufenden Straßen und nirgends eine Lücke und Leere und das Brummen, Dröhnen, Kreiseln von Verkehr. Und oben am Treppenaufgang der Marroniverkäufer – sieh, jetzt sind die Marronistände in den Händen der listig gutmütig fleißigen Pakistani. Wie der da mit seinen Fingern eine Kastanie um die andere aus dem Feuer holt, wendet. Der Rost ist bei näherem Hinsehen ein durchlöcherter Faßboden, der Ofen ein halbiertes Ölfaß, auf ein Warenhausrollwägelchen montiert, das Ofentürchen aus Pappkarton. Gute Qualität die Marroni. Dritte-Welt-Technologie als Zubehör.

Aus dem Blumengeschäft wankt ein steinalter belgischer Schäfer mit verdrehtem Kopf und mindestens einem lahmen Bein. Der Hund lahmt nicht, er ist von Gicht geschlagen. Er bewegt sich so wie die großen Stofftiere auf der Bühne, die unterm simulierten Fell von einer Menge von Akrobaten gesteuert werden, er bewegt sich wie die komischen bühnenreifen Tausendfüßler für Kinder, nur sind es nicht Komiker, sondern seine uralten Glieder, die ihm das Fell schleppen. Gnadenbrottier.

Eben ging da ein merkwürdiger tänzelnder Mann am Arm einer noch jüngeren Dame, er muß Parkinson haben oder sonst ein Nervenleiden, sonst einen Fluch, der ihn zu diesem aufreizenden Repetiersprung, Scharwenzeln zwingt. Um abzulenken oder um abzusehen von seinem Gebrechen, spricht er energisch auf die Begleiterin ein, die sichtlich Mühe hat, den Schritt zu verhalten. Die Dame macht ein steinernes Gesicht.

Und dann mitten auf dem Trottoir eine Gruppe Sich-Verabschiedender. Es sind jüngere Leute, prickelnd vor Unternehmungslust, sie mimen geziert Wangenküsse, und während ich, auf gleicher Höhe mit ihnen, einen Blick wage, steht der gelackte Mund der Dame wie ausgeschnitten in der kalten Luft – Kußmund, zum Mitnehmen.

Das Fahren in der Vorstadtbahn, oberirdisch. Das angenehme Schnurren, die wechselnden Ausblicke, alles was das Auge einfängt, ist unverhofft, die Bewegung gepolstert. Ich fahre zur Zeit zwecklos viel, als könnte ich so das Schreiben in Gang bringen, als könnte ich in der Erregung ankommen oder besser etwas so lange berennen, bis es mir wie Schuppen von den Augen fällt. Ich denke an die Gangart meines Prosatextes, an Kurven und Hakenschlag und das unterschwellige Skandieren; und das Unerhörte, das aus dem Ereignislosen aufbrechen kann. Etwas wie Warmluft würde mich und den Leser erfassen und nicht nur Röcke im Aufwind plustern.

Muß immer wieder an das finstere Treppenhaus meiner Kindheit denken und wie es den ankommenden Jungen mit seiner Ödnis verschlingt. Das ärmliche Lebensbeispiel in Stockwerken aufgestockt, die hämisch blickenden Wohnungstüren, die kurze gestundete Zeit beim Treppensteigen, das öde Eingefärbtwerden wie Gehirnwäsche. Die vertikale Sackgasse. Vor diesem Hintergrund sind meine Spaziergänge zu sehen und wie ich alles interessant zu machen versuchte. Wie der Sämann warf ich im Gehen die Körner meiner Phantasie aus und ließ die Saat aufgehen. Und dennoch ist in dem übelriechenden Schlund des Treppenhauses allerhand Existenz. Verkeilte Quader, die es zu öffnen gilt.

An den Häusern vorbeigehend, kann ich sagen, ich trete in ihren Schatten. Was ist der Schatten. Schwälle von Innenluft, Innenwelt, jedes Haus hat diese unsichtbaren Vorfelder. Wenn ich (wie in den geworfenen Schatten) eintrete, werde ich erfaßt von Intensitäten vergleichbar stehenden Mückenschwärmen. So viel Andrang. So viel Futter für Gedanken. Ich trete in den Bereich der Menschen.

Leere Plätze in der Stadt, abends in der Dunkelheit. Wie die riesigen Räume zusammenfallender Straßenzüge ihre Stille einherwälzen über dem braunteerigen Belag. Das gibt es nur in den wirklichen Großstädten: dieses Kontinuum, die Steinleere, die speichelglatte Wüste mit dem Donner der Erinnerung. Es ist das Hallen nicht nur der Geschichte, sondern der Heere von Menschen und Menschheiten, die hier ein und aus gingen, umgehen. Und jetzt sind nur die paar Buslinien in Betrieb und die paar Fahrzeuge, um die Räume auszumessen.

An Sonntagen fahre ich besonders gerne zur Arbeit. Im faulen Schlauch der sonntäglichen Metrofahrt gewinnt die Unternehmung an Bedeutung. Ich fahre zu meiner Baustelle, sage ich mir. Ich bin der einzige, der von der Baustelle weiß, und vor allem bin ich der einzige, der sich da ein bißchen auskennt.

Die Umstände des Ankommens. Sich umziehen zur Arbeit. Tee bereiten. Den Tisch besetzen. Blättern. Die gute Luft. Die schlechte Luft. Meine Luft.

In Bus oder Metro trage ich Gedanken wie Bausteine hin. An die Arbeitsgedanken heften sich Aussichten auf kleine Freuden, erotische Freuden. Die Freuden haben das Gewicht von Belohnungen.

Wenn ich schreiben sage, meine ich Sprache, also die Schöpfung. Wenn ich die nach Geschichten gesponnenen Romane lese, lese ich immer entlang und vorbei, blättere Seiten um, halte in Händen Papier. Wenn ich Sprache, also Dichtung, lese, explodieren die Worte zu Bildern, die Bilder sind Brunnen, ich sprudle beim Lesen. Das Glück ist Lebendigkeit.

Neulich im Bus zwei alten Männern gegenübergesessen, zwei alten Raben, wohl Brüder. Beide gleich angezogen, altmännerfarbene graue Anzüge mit Blaustich, unter welchen Unterzieher und Pullover vermutet werden dürfen, denn beide sind mager, wohl nichts als Haut und Knochen, darum immerzu frierend. Beide tragen Schirmmützen. Beide haben die knotigen Finger um die Krücke ihres Stockes mehr gekrallt als gelegt, und bei beiden wippt oder tappt der eine oder andere Finger, wie auch die eingefallenen Münder mümmeln. Sie sind saubere, sehr alte Knaben, sie haben diesen Ausdruck von Angst oder ewigem Wundern, die Verwirrung der schon fast Aus-der-Welt-Gefallenen im Blick, was sie ab und zu unter Kontrolle zu bringen suchen. Dann gibt sich der Blick gewissermaßen einen Ruck, er ruft sich zur Ordnung. Doch nicht für lange. Bei dem einen fielen sehr hohe Lider immer wieder über das Auge, das sah aus wie bei einem Vogel, wenn die Haut sich wie der Verschluß einer Kamera über das Objektiv stülpt. Dieser Rabe schlummerte, döste. Es war keineswegs unglücklich anzuschauen. Der andere hatte die Art, abrupt in alle möglichen Richtungen zu äugen – um sich welchen Anschein zu geben? Dazu das Nervenspiel der Finger, das zahnlose Beißen. Muskelspiel. Kommen wohl mit einem sehr kargen Wortschatz aus, wenn sie überhaupt noch konversieren. Ich mühte mich beim Aussteigen um einen elastischen Absprung. Zu solchen ganz Alten blicke ich nicht nur fasziniert, fast schon mit Neid hin. Deportation.

Kritiker? Textabklopfer und manchmal begabte Diagnostiker. Manchmal Beleuchtungstechniker. Sie applizieren ihre Einsichten wie Baumschmuck am Geäst des Werks, Gedankenblitze als Glanzlichter beisteuernd. Interpreten, ja. Exegeten. Gut. Landvermesser. Vorkauer, Wiederkäuer. Teeschmecker.

Oft gestrenge Anwälte eines fürchterlichen Besserwissens, moralischer, technischer, psychologischer Art zum Beispiel. Der Anwalt verwandelt sich in den Vollstreckungsbeamten. Lehrer? Belehrter. Am schlimmsten die Meckerer, die übellaunig ihren ungefragten Senf beisteuern. Ohne Ahnung vom Gegenstand ihrer Attacke, wenn nicht überhaupt unbelastet vom Gewicht der Kunst, turnen sie sich hoch an der Fassade zu eitlen Selbstdarstellungszwecken. Sollte es sich beim rezensierten Gegenstand um ein Kunstwerk, also um Schöpfung handeln, was ja vorkommt, dann agieren sie wie Köter, die an den Dom pinkeln. Und der Autor, sollte er eine Kritik besagten besudelnden Kleinkalibers nicht nur unter die Augen bekommen, sondern lesen, möchte aufschreien, wie wenn er in einen Hundekegel getreten wäre. *Merde*, schreit er.

An der ZZZ wirkt eine Dame, welcher der Ruf einer sagenhaften Dummheit wie ein Herold vorauseilt und wie ein folgsames Hündchen nachtrippelt. Behaupte ich höflich.

Mit welcher Elle wird gemessen? Nur zu oft stehen Werk und Kritiker im Verhältnis einer stupenden Unvereinbarkeit zueinander, Unvereinbarkeit des Naturells, des Geschmacks, auch Kalibers. Und wenn das Sieb, das Gedanken- und Hirnsieb des Rezensenten allzu grobmaschig sein sollte, müßte es nicht verwundern, wenn die Subtilitäten und Differenzierungen des Geschriebenen durch die Maschen fallen und zum Teufel gehen. In solchem Falle hätte sich der Kritiker mit sich selber ausgetobt. Nur daß leider in der Zeitung als Überschrift nicht Spiegelgefecht dasteht, sondern der Titel des Werks und der Name des Autors. Infame Verleumdung, ich werde Sie belangen, würde das Opfer unter anderen Umständen zischen und zur Tat schreiten. Im Zeitungswesen nicht üblich. Wohin mit der *Rollenden Wut*, wie Varlin zu sagen pflegte? Ich werde dem Kerl eine reinhauen, sollte er mir über den Weg laufen. *Merde*.

Beim hastigen Auslauf hinein in den Morgen neulich auf der Straße einen Arbeitslosen oder Clochard aus dem Augenwinkel registriert, noch ehe ich sicher sein konnte, daß es sich überhaupt um einen solchen handelte. Er stand vor einem Geschäft, ein Alter, leidlich gut angezogen, vielleicht paßte das Schuhwerk nicht ganz zum übrigen Habitus. Er hätte allerhöchstens ein klein wenig abgerissen wirken können, würde man ihn näher gemustert haben, doch das hatte ich nicht. Ich hatte ihn nicht wirklich angeschaut, und dennoch wußte ich: Da steht einer, der nichts zu tun hat, weder Vorhaben noch Pflichten, kein Einkommen, keine Zugehörigkeit, kein Zuhause und sich schämt. Er möchte sich ein selbstverständliches Aussehen geben, mal ein bißchen um sich schauen wie einer, der auf jemanden wartet, und gerade wegen dieses Täuschungsbedürfnisses wirkte der Alte wie mit dicken Einrahmungsbalken ausgestellt. Er hält sich da vor dem Geschäft auf, nachdem er sich von seiner Metrobank erhoben, aus seinem Unterschlupf hinausbegeben, sein Äußeres notdürftig zurechtgetrimmt, vielleicht einen

Kaffee getrunken oder sonst einen Schluck gegurgelt hat, und nun beginnt der Tag, der für die vielen in lauter Zielgeraden zerfällt und mit Tempo geladen ist. Für die Alten fällt alle Beanspruchung weg. Weg fallen alle von Vorgesetzten diktierten Geschäfte, weg die von Aufstiegshoffnungen oder Pflichtendruck gestaute Erwartung, weg der Zeitdruck des Stundenplans. So viel Abwesenheit von Zielen muß sich als eine unendlich ausgedehnte Leere, als niederdrückendes Niemandsland darstellen. Als eine Art Weltmoor. Natürlich war dieses Moor eine Zeitlang von Erinnerungsrasenstücken noch locker durchsetzt, man konnte in Gedanken von einem zum anderen hüpfen, doch sind diese Inselchen festen Grundes inzwischen verkommen, verblichen. Versunken. Statt dessen sind jetzt in das Weltenmoor wie beim Frühmenschen ganz andere Pfade getreten, Trampelpfade des Sammlers und Jägers. Die Pfade sind von Wildwechseln und Fischgründen markiert. Da – die in der Regel ergiebige Abfalltonne vor dem Restaurant, da der mit Zeitungen wohlversorgte Wegwerfbehälter, dort die Ausgabestelle von Suppe, da der Regenunterstand, die besonders nette Parkbank, die ergiebige Bettelstelle. Mitten im hektischen Alltag von Paris im Mai des Jahres 1992 lebt der Alte mit Legionen seinesgleichen, die wie er aus dem normalen Erwerbsleben gefallen, Arbeitslose und Leute ohne feste Adresse, Niemande geworden sind, ein gewissermaßen unsichtbares, den Gesetzen barer Notdurft unterworfenes, jeder Aktualität entfallenes Leben, das jedenfalls nichts mit Sarajewo und nichts mit dem Filmfestival in Cannes, nichts mit innenpolitischen Skandalen und schon gar nichts mit dem werdenden Europa oder dem Jahr Zweitausend zu tun hat. Aus der Aktualität, aus der Zeitrechnung, aus der Zeit gefallen. Aus der Gesellschaft, aus der Geschichte. Ein Leben wie das der Vögel. Paar Ausflüge nach dem nächsten Futterplatz, die Sorge um einen Unterstand für die Nacht, das Requirieren eines Piß- und Scheißplatzes, einer Ruhebank – während immer schnellere Flugzeuge und Weltraumraketen ... Die Fliege, die im Hotelzimmer oder Direktionszimmer ihre brummende Bahn zieht, weiß auch nicht Bescheid über den Ehezwist oder die Transaktion, die eben zu dieser Zeit von den Inhabern jener Räume ausgetragen oder verhandelt und im Inneren jener Menschen mit Befürchtungen oder Hoffnungen in eine nahe Zukunft fortgesetzt werden. Für die handelnden Personen ist die Fliege ein störendes Geräusch. Für die Fliege sind die tobenden oder finster dräuenden Zimmerbewohner, wenn überhaupt wahrnehmbar, Schatten oder unförmige Hindernisse zum Umfliegen. Für die Normalverbraucher der Straße ist der zeithabende Arbeitslose und heimliche oder öffentliche Bettler keinen Blick wert oder ein Ärgernis. Für den Bettler? Ich weiß nicht, wie es für den Bettler aussieht. Ein Schluck Wein, ein Unterstand, ein Loch für die Nacht. Ängste.

Zwei Personen aus meinem Pariser Alltag sind verschwunden: der Coiffeur (Friseur) und ein zum Gérant (Empfangschef) aufgestiegener Kellner aus dem »Dauphin«.

Der Friseur hat mich immer in Erstaunen versetzt, wenn er von seiner militärischen Vergangenheit sprach. Weiß nicht mehr, ob er in der Fremdenlegion gedient hatte. Fallschirmspringer-Unteroffizier sei er gewesen, und am liebsten hätte er Pilot werden wollen. Ich verstand es, ihn auf diesen Punkt und überhaupt zum Sprechen zu bringen. Es begann damit, daß er von Kerlen erzählte, die ihn auf der Straße angerempelt haben, natürlich ohne zu wissen, wen sie vor sich oder besser gegen sich hatten. Ich konnte bei dem mageren Menschen alles mögliche vermuten, wäre nicht erstaut gewesen, wenn er einen leichten Dachschaden gehabt hätte, nur Nahkampferfahrung, Kampfgeist nicht. Ich gab ihm immer ein großzügiges Trinkgeld, wie ich auch immer aufpaßte, daß er mich nicht ins Ohr schnitt, er hatte etwas Zittriges. Trinker? Und allein lebte er, wie er zu verstehen gab, nur während der Festtage nicht, denn da ging er seine Mama besuchen, die irgendwo in der Banlieue wohnte, in einem Häuschen mit Garten, wo er im Liegestuhl Krimis zu lesen liebte. Und dann war er eines Tages weg und durch einen finsterlichen Portugiesen von komischer, nein einschüchternder Eleganz abgelöst worden. Ich erkundigte mich nach meinem Friseur, erhielt jedoch keine klare Auskunft, es war von einer schweren Erkrankung die Rede. Ich stellte mir Aids vor, es schien sich jedoch eher um einen Schlaganfall zu handeln. Der Mann hatte eine Achillesferse, einen schwachen Punkt gehabt.

Homosexuell? Hätte ich mir vorstellen können. Vielleicht ist er früher mit dem Gesetz in Konflikt gekommen. Vorbestraft? Einen schwachen Punkt, etwas, das ihn sehr menschlich erscheinen ließ, beinahe liebenswert.

Der Mann vom »Dauphin« hatte den Nachteil, daß er sehr kurz geraten war. Erst bediente er an der Theke, am Ausschank. Er hatte eine Freundlichkeit, die er nur eben gerade noch im Zaum halten konnte. Einmal hatte ich meine Zigaretten im Lokal vergessen, und Monate später, als ich wieder einkehrte, wies er mir mein Päckchen vor, er hatte es für mich aufgehoben. Und dann war er eines Tages zu einer höheren Position aufgestiegen, nahm nun im dunklen Anzug und mit Fliege Bestellungen entgegen und sah komisch oder doch wie verkleidet aus, vor allem sah er immer verschwitzt aus, der kleine Mann. Ich konnte bis spät in die Nacht sitzen bleiben und weiterkonsumieren, ich war der letzte Gast und mit ihm allein. Er machte sich an der Theke zu schaffen, räumte auf, alle Serviertöchter und anderen Angestellten gingen lange vor ihm nach Hause. Er sagte mir, er habe mindestens noch eine halbe Stunde zu tun, er sagte es, um mir klarzumachen, es habe keine Eile. Und bei solcher Gelegenheit erfuhr ich auch, daß er mit seinem Wagen noch einen langen Weg und in der Regel eine sehr kurze Nacht vor sich habe, da er auch als erster erscheine, um das Lokal aufzumachen. Er schien wie der Friseur allein zu leben und, da er Gesellschaft mochte, von seinem ganzen Wesen her benötigte, wie ich dachte, die kurzen Nächte gern in Kauf zu nehmen. Wie immer, er schien kein Langschläfer von Natur aus, doch mochte ich mich auch täuschen. Er war einfach herzensgut, der gegebene Mann, um sich alles aufbürden zu lassen.

Er habe einen Unfall gehabt, er werde kaum wiederkommen. Die Geschäftsinhaber sind in solchen Fällen sehr verschwiegen, sie lassen sich nicht auf Erklärungen ein. Im »Dauphin« gab es einmal ein Gelage von Le-Pen-Leuten. Sie sangen Nazi-Lieder, dies sehr laut, es war aus dem Saal in der oberen Etage, wo sie tafelten, deutlich und vor allem sehr unangenehm anzuhören. Doch sei der Wirt kein Gesinnungsfreund dieser Leute – so der kleine Empfangschef auf mein Nachfragen.

Es gibt in der Nähe der Place de la République eine angesehene Brasserie, die wiederholt Bankette von Rechtsextremisten zuließ und seitdem, wenn auch nicht regelmäßig, eingeschlagene Scheiben und anderen Vandalismus in Kauf nehmen muß, ich las es in der Zeitung und hörte im Radio davon. Da die Brasserie an der Marschroute für antifaschistische Aufmärsche, die traditionell an der Bastille beginnen und über die République führen, liegt, bedarf es nur eines Fingerzeigs »da, die Brasserie der Neonazis«, um Steine fliegen zu lassen. Es scheint nun das Los der einstmals renommierten Brasserie geworden zu sein, Bruchschaden zu erleiden und Haß auf sich zu ziehen. Was von den Anwälten abzuwenden versucht wird: Die Faschisten hätten sich bei der Saalreservation unter Vorspiegelung falscher Tatsachen eingeschlichen, sie hätten sich als alles mögliche, nur nicht als das, was sie sind, ausgegeben. Die Brasserie spielt das Unschuldslamm. Der Ruf ist hin. Und mein kleiner Freund vom »Dauphin« ist verschwunden.

Aus: Paul Nizon
Das Auge des Kuriers
Suhrkamp 1994

Peter Handke

Wo nicht? Wo?

Die Abenteuergeschichten, die mir am nächsten gingen, handelten von der Suche jemandes nach dem ihm gemäßen Lebensort. Zum Beispiel? Und waren das nicht eher Märchen? Und welche?

In der Jugend wollte ich in einer Metropole verschwinden. Aber keine der österreichischen und deutschen Städte, durch die ich dann kam, entsprach dem. Nicht nur die Art der Passanten, auch die Geräusche, die Gerüche und die Bauten waren es, die mich da ortsfremd machten. Und alles war ich vielleicht zu Hause auf dem Land gewesen außer das. Ortsfremd sein hieß auch ein Gegenteil zu dem erwünschten Verschwundensein. Allein schon der maienhafte Fliederduft in den Villenbezirken von Graz, Wien, München, Berlin konnte ins Elend stürzen. Vor den Schlössern von Schönbrunn, Nymphenburg und Charlottenburg, vor den hängenden Prachtgärten an der Elbchaussee, vor dem Kölner Dom, selbst vor den Strömen, dem Rhein, dem Main, der Donau, inmitten der großen Städte hatte ich eine Empfindung von Staub auf den Augen.

In der weiten Welt aufgegangen fühlte ich mich zum ersten Mal in einer Kleinstadt: damals bei den Kalksteinblöcken im Hafen von Piran am istrianischen Meer. Es war ein linder Abend zwischen Ostern und Pfingsten, wie jetzt, fünfunddreißig Jahre später, ich hatte gerade jene Prüfung über das römische Recht hinter mir und wußte und wollte gar nichts mehr als das Weißgrau der Felsbrocken, die vor mir aufragten, dazu in den Ritzen das Anschlagen der leichten Hafenwellen. Auch in den spanischen Städten, den größten und den kleinsten, ging es mir dann so, wie etwa während meines Sommersemesters in Santiago de Compostela, bei dem mich immer neu überraschenden Weitläufigwerden, von Tag zu Tag, dieser Ortschaften, mit noch und noch aus dem Verborgenen tretenden Winkeln, und wenn das heute bloß ein Zeitungskiosk tief in einem finstern Wohnhausflur war oder morgen die hölzerne Leiter an dem Stück Kirchenruine auf der verwilderten Flußinsel.

Doch weder dort in Spanien noch in dem jugoslawischen Piran kam ein Bleiben in Frage. Als die geeignete Metropole erschien mir dann, bei meinen Ergänzungsstudien, Paris. Das rührte erst einmal daher, daß, gleich mit dem Ankunftsmoment, nichts da mir widerstrebte, oder mich aussperrte; daß nicht das geringste Element sich schob zwischen diese Weltstadt und mich, den in ihr, und ich spürte, so war ich, Weltoffenen. Und dann war es wieder eine Farbe, die mir den Ort aufschloß: das helle weite Grau des Asphalts der Boulevards, das mir den Anstoß gab, aufzubrechen, zu gehen, zu gehen – wozu ich sonst überall keine Lust gehabt hatte – und die ganze Stadt zu durchmessen, in den sämtlichen Himmelsrichtungen. Hier war meine Zukunft; hier würde ich später einmal leben wie arbeiten. Und seinerzeit konnte ich mir für beides nur das Zentrum vorstellen, wo ich tatsächlich wohnte – zumindest kam es mir dort zentral vor, wie im übrigen nach und nach fast überall in Paris: Keine noch so kurzen toten Strecken hatte ich je zu überwinden zwischen meiner Bettkammer und den Hörsälen, dem linken Seine-Ufer und dem rechten, dem Waschautomatensalon und den Kinogrotten; und außerdem war ich nicht nur den Flieder und den Jasmin los, vielmehr die gesamte kleineuropäische Natur und hatte mein Genügen an den immergrauen Platanenstämmen.

Als ich zurück in mein Land mußte, zu dem Jahr beim Gericht in Wien, um dann die Stelle in der Kanzlei an der Südbahn anzutreten, war das ein Schmerz ähnlich dem in der Kindheit, da ich weggezerrt worden war aus der Ortschaft Rinkolach in den Unort Internat. Ich saß mit meinem Koffer auf einer Caféterrasse vor der Gare de l'Est, im Asphalt zu meinen Füßen die sich unzählig überschneidenden Eindrücke der Flaschenkapseln aus den heißen Jahreszeiten, und mir war, als erlebte ich das zum letzten Mal. Mit dem Grau von Paris müßte ich die Welt verlassen. Ein paar Tropfen eines Regens fielen und waren schon wieder ausgelöscht. Ich wurde da, bei dem Gedanken an meine künftigen Jahre in Österreich und an meinen Anwaltsberuf, zum ersten Mal jener schwarzen Wolke gewahr, von der ich nicht unterscheiden konnte, ob sie in mir aufquoll oder an dem von ihr vergifteten Horizont und die inzwischen, so meine Vorstellung, nur ruht, ständig bereit, wieder tätig zu werden. Ein Jahrzehnt später aber lebte ich in der Metropole, in die ich hingehörte, und arbeitete in dem Beruf, für den ich, wenn überhaupt für einen, halbwegs gemacht bin. Arbeitete? Beruf? Ich ging an meine Sache.

Erst auf der Suche nach einer Wohnung lernte ich damals die Ränder der Stadt Paris kennen, mitsamt den Ausfahrtspforten, angeordnet wie die Ziffern einer Uhr. Es waren längst keine Tore mehr da, einfach Straßen, bei ihrem Übergang in die Vororte in der Regel erweitert zu Plätzen. Die Wohnungen, die ich in den inneren Bezirken sah, waren meist schöner, oder edler, oft sogar ruhiger. Aber ich wählte eine nah bei einem jener Plätze, die für mich mit der Zeit mehr Ausfahrts- als Empfangsort darstellten, es sei denn, ich war über Wochen abwesend, und ganz woanders, etwa in den Bergen: So kam ich einmal von einer Wanderung in den Pyrenäen zurück, nickte im abendlichen Bus vom Flughafen ein, wunderte mich dann im Schlaf über das unvermittelt mächtigere, zugleich gleichmäßigere, den Rädern und dem Gehäuse des Busses endlich entsprechende Fahrgeräusch, öffnete die Augen und sah mich bei der Einfahrt in einen der Lichterboulevards, wie sie aus allen Provinzen Frankreichs geradewegs ins Zentrum jener Stadt geleiten, auf die das Wort »Metropole« mir da zutreffend erschien wie auf keine sonst auf der Welt – in unserem Rücken, als eine breite Ausmündung in die Nachtschwärze, der Platz der Porte d'Orléans.

Dort habe ich mit der Katalanin und unserem Sohn auch ein paar Jahre gelebt. Sämtliche Räume, bis auf das Zimmer Valentins, das auf einen kleinen Innengarten ging, waren dunkel und ohne besondere Aussicht; durch eins der Fenster zur Straße sah ich die Endstation der Stadtbusse an der Pforte. Ana war von ihrer iberischen Kinderzeit an noch ganz andere Finsternisse in Häusern, von den Eingangstüren an bis tief in das Innerste, gewöhnt. Und mir war die wenige Aussicht sogar recht. Von meinen Jahren in den Weinbergen, mit dem Blick auf Wien, die Wienerwaldhügel und die pannonische Ebene, die sich ins Endlose zog, hatte ich ein Unbehagen vor jedem Panorama und Belvedere behalten (die

Straße in Sievering, wo ich zur Miete wohnte, hieß auch »Bellevuestraße«). Manchmal, wenn ich dort lange davorsaß, lebte ich die Schmerzen, Krämpfe und Todeskämpfe in den Krankenhauszimmern unten mit, alle durcheinander, und verstand jenen Nachbarn, der während der Wintermonate in den kahlen Weinstockreihen hügelauf und hügelab vor seinem Panoramafenster die Kreuze eines Friedhofs sah, und ebenso jenen andern, der vor dem fernen und noch ferneren Horizont der Tiefebene, samt deren Sonnenaufgangspracht, schließlich umzog in das allerkleinteiligste Moränenhügelland, von wo er mir schrieb, die so nahgerückten Linien der Landschaft hätten ihn von der Sterbensangst auf seinem Besitz »Zur schönen Aussicht« geheilt.

So war es auch eine Begütigung, an meinem Tisch und sonstwo in der Behausung abgeschirmt zu sein von der Weite und Enthobenheit. Wenn ich den Kopf hob, floß in Augenhöhe, in Reichweite, das Wasser im Rinnstein, oder ein Lastwagen mit Bausand, darin eine Schaufel, fuhr vorbei. Ich arbeitete da viel, und die Stunden mit der Familie, sie konnten überraschend festlich sein.

Eine ganz andere Weite als die aus meiner Vogelperspektiv-Periode erwartete mich dafür, wenn ich aus dem verwinkelten Haus auf den Platz der Pforte von Orléans trat und mich ans Gehen machte. Anfangs bewegte ich mich noch stadteinwärts, von einem Zentrum ins nächste: Alésia, Montparnasse, St. Germain, vor dessen brüderlich breitem Kirchturm ich verläßlich ein Ankunftsgefühl hatte.

Sicher ein Jahr lang fand ich nicht über die Grenze der Metropole hinaus, kam höchstens bis oben auf die Peripherie-Autobahnbrücke und machte gleich wieder kehrt. Alle die weltstädtische Harmonie, nicht nur der Gebäude, auch der Bewegungen der Passanten, schien dort jenseits, in den Vororten Gentilly und Montrouge, der eine links von der Ausfallstraße, der andre rechts, beide auf den ersten Blick ununterscheidbar, jäh auseinandergefallen. So wie die Häuser ihre gemeinsame Art, so verloren die ungleich spärlicher als innerhalb der Pforte Gehenden mir nichts, dir nichts ihren Zug. Sie kamen mir langsamer vor – eine unelegante Langsamkeit, wie von Verirrten –, auch unbeholfener. Obwohl es wenige waren, wichen sie einander, so sah ich das oben auf der Brückenwarte, auf den viel schmaleren Vorort-Trottoirs in der falschen Richtung aus und stießen nicht selten zusammen, während zur anderen Hand die Weltstädter im größten Getümmel tänzerisch aneinander vorbeidefilierten. Und so verlangsamt die Fußgänger, so beschleunigt dort jenseits der Pforte, wo die Avenue mit einem Namen zu einer Nationalstraße mit einer Nummer wurde, die »Nationale 20«, die Autos. Sie glitten nicht mehr, sondern schossen, und die Strecke, die folgte, war auch berüchtigt für ihre Unfälle. Ich verstand da jene, welche die Banlieue übersetzten als »Verbannungsort«. Selbst der Himmel darüber verlor, wie blau er vielleicht war, seine Pariser Stofflichkeit (die bei einem Blick über die Schulter selbstverständlichst wieder vor Augen trat). Es zeigte sich, wie die Gestalt des Himmels sich auch danach richtete, was unten auf der Erde war und vorging. Damals kam er mir über den Vororten außer Kraft gesetzt vor. Er reichte dort nicht herab auf die Dachfirste und Straßen, wirkte ab der Grenzlinie nicht mehr hinein in die Splitter, Poren, Blasen des Asphalts. Dessen Grau war »extra portas« kein Farbwert mehr.

Und trotzdem zog es mich stärker und stärker hinaus in diese Nichtigkeit. Bald, lang vor meinem vierzigsten Jahr, hatte ich erkannt, daß das Stadtleben, selbst an deren Rändern, nichts mehr für mich war: Bei aller Beiläufigkeit, die es mir gab, bis hin zu einer erlösten Selbstvergessenheit, bei allem Schwung (und mit dem ich freilich oft nicht recht weiterwußte), griff doch fast nichts aus dieser Umgebung in mich ein, und ohne Ergriffenheit von etwas, mir vor Augen, entbehrte ich und kam mir leblos vor oder zumindest nicht auf der Höhe meiner selbst. Die Weltstadt-Dinge hatten im Lauf der Jahre aufgehört, nachhaltig zu sein, die Cafés wie die Kinos, die Boulevards, die Métro, sogar das fließende Wasser im Rinnstein, die über die Plätze treibenden Papierfetzen, die zwischen den Gräberzeilen der großen Friedhöfe springenden Katzen, die darüber hinziehenden Wolken. So angenehm die Metropolensachen weiterhin sein konnten, so nichtssagend waren sie geworden. Sie bedeuteten nichts mehr, ließen mich nichts mehr erahnen, erinnerten mich an nichts mehr (knüpften an nichts in meinem Kindergedächtnis), hatten aufgehört, mich träumerisch zu stimmen und erfinderisch – und das alles mitsamt brauchte es doch zum Begeisterwerden oder bloß einem täglichen Lebensgefühl. Obwohl ich noch jung war, hatte ich in den großen Städten nichts mehr zu suchen. Es herrschte dort in meinen Augen die Folgenlosigkeit; und meine Tage sollten nicht folgenlos sein. Und inzwischen weiß ich: In den Metropolen, gleich wie in der Sonne, verliere ich leicht das Gedächtnis; im Schatten, im Dunkel, kommt es mir wieder, ein unbestimmtes, dafür monumentales. Zu Gilgamesch' Zeiten gehörten die Götter noch in die Hauptstadt des Landes. Und jetzt?

Aber es war dann ohne Hintergedanken, daß ich mich über die Porte d'Orléans hinauswagte in die Vorstädte (bei Emmanuel Bove las ich später einmal, wie für einen seiner Helden, der sich, anfangs noch frohgemut, vom Rand-Paris hinaus nach Montrouge bewegte, allmählich sogar die Fliegen an den Mauern ihren Glanz verloren).

Und schon mit dem ersten Schritt dort jenseits, mit dem Übertritt, verwandelte sich meine Neugierde in Ruhe und mein Unbehagen in Staunen, und das beides wirkte zusammen als Wachheit. Es blieb dabei, daß sämtliche Vorstädtehäuser entweder zu groß oder zu klein erschienen, daß der Lärm auf der Nationale Vingt etwas Feindseliges hatte und die wenigen Leute, die mit mir über die Stadtautobahnbrücke gegangen waren, stehenden Fußes aus dem Tritt kamen und sich vereinzelten (während die stadteinwärts Gehenden gleich an der Schwelle ein gemeinsamer Rückenwind ergriff) und selbst die nur in der Metropole erhältlichen Pracht- und Luxussachen, an denen sie sich abtrugen gleich Grenzgängern aus einem unterentwickelten Land, augenblicks an ihnen baumelten und wetzten als so unschöner wie unnützer Schund.

Und doch spürte ich mich in einem Bereich, der nicht bloß anders war, sondern auch neu. Es begann da eine eigene Sphäre, vergleichbar der beim Betreten eines Waldes, wenn die eine Welt, durch die ich mich eben noch bewegte habe – ein Schritt zwischen die Bäume genügt –, zurücktritt und dafür sich eine grundverschiedene auftut, eine überraschende, ungleich sinnlichere, zuallererst wirksam, indem sie mich aufhorchen läßt. Dem folgen dann Schauen, Riechen, Schmecken, Wahrnehmen als Entdecken.

So erlebte ich es zu meiner Verwunderung mit dem Eindringen in jenen Außenbezirk. Neue Sphäre, allein für mich? Nein, darüber hinaus fühlte ich mich überhaupt in einer Sphäre des Neuen: Wie die Menschen zeigten die Dinge dort in der Vorstadt sich einzeln, doch das hieß bei ihnen, daß sie, mochten ihnen auch die Anmut und der Glanz ihrer Pendants drinnen in der Kapitale mangeln, geradezu morgendlich erschienen. Das war mir zunächst nicht so klar, ich ahnte es bloß – aber wie!

Diese Dinge und diese Gegend konnten nur etwas Verläßliches sein, etwas anderes als all die Schimären, mit denen ich mich, in meinem lebenslangen Bedürfnis nach dem mir entsprechenden Ort, noch jedesmal selber betrogen hatte, ein Blindgläubiger, aus dem mit der Zeit ein Kleingläubiger geworden war. Ich ahnte, daß es in solchen Vorstädten etwas zu erforschen gab. Ich spähte, witterte, erschnüffelte das. Endlich, gemäß einem frühen Traum, durfte ich mich auf meine Weise als Forscher verstehen. Und ich witterte und erschnüffelte hinter dem Getöse und dem Gerumse der Nationalstraße auch eine noch unbehorchte Stille, welche beim Abbiegen alsbald leibhaftig zu befingern, zu belecken und zu kosten war, eine Stille als ein noch unentdeckter und unbeschriebener Wind.

Aus: Peter Handke
Mein Jahr in der Niemandsbucht
Suhrkamp 1994

Wilhelm Genazino

Prezzoprezzo

Es ging auf Mittag zu, ich verspürte Hunger. Ich stand am Fenster und betrachtete eine ältere Frau, die ich vom Sehen gut kannte. Sie hatte sich in der Metzgerei Schaad Suppe gekauft, die sie jetzt nach Hause trug. Einmal war ich sogar dabeigewesen, als sie in der Metzgerei ihren Thermo-Behälter über die Theke reichte und ihn sich von der Metzgersfrau füllen ließ. Ein Teller Suppe hätte mir im Prinzip auch genügt. Aber ich genierte mich, mit einer Plastiktüte und einem Thermo-Behälter darin durch die Straßen zu gehen. Ich wollte nicht, daß jemand über mich denkt, schau, da geht ein Mann und trägt einen Teller Suppe nach Hause. Bald wird er sich an seinen Tisch setzen und die Suppe aufessen. Danach wird er den Teller spülen und vielleicht wieder hinter sein Fenster treten. Links, im Unterstand der Straßenbahn, saßen zwei Männer und tranken Bier. Früher war ich gegen Personen, die auf der Straße trinken, gefühlsmäßig stark eingenommen, heute waren sie mir gleichgültig. Ich hatte auch keine Meinung mehr über die TV-Schüsseln an den Hauswänden ringsum. Noch im vorigen Jahr hatte ich gegen sie geschimpft, weil ich nicht verstand, wie man schöne alte Häuser mit derartigen Schüsseln verschandeln konnte. Beziehungsweise ich glaubte, es sei bedeutsam, daß ich die Verschandelung nicht verstand. Heute wußte ich, daß die Verunstaltung von niemandem verstanden werden mußte und daß es auf meine Meinung nicht ankam.

Vor drei Wochen war im Haus gegenüber ein Feuer ausgebrochen. Aus der Wohnung einer Rentnerin schlugen plötzlich kleine Flammen nach außen. Zum Glück lag die Wohnung der Rentnerin im Erdgeschoß, so daß die Feuerwehr rasch in das Zimmer einsteigen und den Brand löschen konnte. Zurück blieb ein schwarzer Rauchschatten oberhalb des Fensters, der an einem etwas dunkleren Tag wie heute besonders todesnah aussah, das heißt das Unglück aufbewahrend und zeigend und also supermodern. Es war ganz und gar unglaublich, wenn tagsüber die Rentnerin, die den Zimmerbrand sowohl verursacht als auch überlebt hatte, unterhalb des Rauchschattens im offenen Fenster lag und ich nicht aufhören konnte hinüberzuschauen, weil ich nicht glauben mochte, daß das Feuer wirklich und endgültig gelöscht war. Im Augenblick löste der Anblick des Rauchschattens nur die Frage aus, ob ich selbst eines Tages unbemerkt sterben oder ob jemand an meinem Bett sitzen würde. Und ob dieser Jemand, wenn es ihn gab, versuchen würde, mit mir über meinen Tod zu sprechen, und ob ich wegen dieses Versuchs dankbar sein oder ob ich nur aus Höflichkeit antworten werde. Und ob diese Person, falls ich mit ihr spreche, wird erkennen können, daß ich nur aus Todeshöflichkeit spreche, was mir von heute aus gesehen als die einzige Möglichkeit des Sterbens und des Sprechens erschien.

Natürlich konnte ich eine derartig schwierige Frage nicht beantworten, ich stand ja nur am Fenster und versuchte, das Problem des Mittagessens zu lösen. Aber es verstimmte mich, daß ich bis kurz vor meinem Tod in undurchschauten Situationen verfangen sein würde. Die trinkenden Männer im Unterstand der Haltestelle waren verschwunden. Sie hatten drei leere Bierflaschen zurückgelassen, die von Passanten verächtlich angeschaut wurden. Es ereignete sich das vertraute, aber unerkennbar gewordene Leben. Meine Nachbarin, eine ältere, alleinstehende Frau, bügelte wieder. Ich hörte fast jeden Tag, wie sie nebenan den Stecker ihres Bügeleisens in die Steckdose steckte und später wieder herauszog. Auch über diese Regelmäßigkeit war ich früher empört, heute nicht mehr. Ich schlüpfte in meine Jacke und verließ die Wohnung. In einem Imbiß in der Innenstadt würde ich eine Kleinigkeit zu mir nehmen. Am Friedberger Platz kam ich wie fast jeden Tag an dem Supermarkt Prezzoprezzo vorbei. Dicht hinter den breiten Schaufensterscheiben sah ich die Rücken der Kassiererinnen, die ruhig nebeneinandersaßen wie vor hundert Jahren die Tippdamen in den Kontoren. Ich war schon öfter im Prezzoprezzo gewesen und wußte, daß die Kassiererinnen an ihren weißen Kutten kleine Schildchen trugen, auf denen nur ihre Vornamen standen. Die Frauen mußte es sich gefallenlassen, von den Geschäftsführern jeden Tag herbeigerufen oder herumgeschickt oder an andere Kassen versetzt zu werden. In früheren Jahren ertrug ich den Anblick der Kassiererinnen nicht, ohne mich einem Gefühl der Weltbitternis hinzugeben. Jetzt kam mir meine neue zärtliche Gleichgültigkeit zu Hilfe und redete mir ein, daß die Kassiererinnen der Fatalität ihres Schicksals vermutlich gewachsen wären.

Ein flach über die Straße fegender Wind trieb mit mir in die Stadt. Ein Inder im Freizeitanzug joggte vorüber. Ein am Boden sitzender Obdachloser umarmte seinen Hund. An einem Brennen rund um die Augen bemerkte ich, daß ich ein wenig müde war. Es freute mich, inmitten von bedeutungslosen Augenblicken zu leben, die rückstandsfrei von mir durcheilt wurden. Eine Viertelstunde später traf ich den Privatdozenten Dr. Wolters. Wir duzten uns, weil wir uns seit ungefähr fünfzehn Jahren kannten, wenngleich wir uns nicht allzuoft sahen. Dahingealtert und ein wenig linkisch kam er auf mich zu und gab mir die Hand.

Ich habe mich gerade schrecklich geirrt, sagte er.

Oh! rief ich aus.

Ich habe eine jüngere Frau angesprochen, sagte er; ich kannte die Frau nicht, aber dennoch hatte ich, als ich sie ansah, ein paar Sekunden lang das Gefühl eines Wiedersehens, ich glaubte, die Frau sehe meiner toten Mutter ähnlich, es war wunderbar.

Phantastisch, sagte ich und bereute das Wort sofort.

Aber dann erzählte mir die Frau, daß sie bei einer Spielshow des Fernsehens den ersten Preis gewonnen habe, sagte Dr. Wolters.

Ihhh, machte ich.

Und dann erinnerte ich mich auch, daß ich die Sendung zufällig gesehen hatte, sagte Dr. Wolters; es war schrecklich, ich habe eine Fernsehspielfrau mit meiner Mutter verwechselt.

Wann ist das passiert, fragte ich.

Vor einer halben Stunde erst, sagte Dr. Wolters.

Und dann?

Ich hatte einen kleinen Schweißausbruch und entschuldigte mich.

Ich gehe in die Stadt und werde dort etwas essen, sagte ich.

Der Privatdozent schloß sich mir an. Die Erzählung seines Erlebnisses machte ihn ein wenig unbeholfen, was mir gut gefiel. Verlegene Menschen waren mir ohnehin am liebsten. Obwohl wir füreinander offen waren, spürten wir beim Sprechen unsere Hemmungen. Ich nahm an, nur aus diesem Grund redete der Privatdozent jetzt über Philosophie.

Wie großartig wir denken können und wie armselig wir leben müssen, sagte er.

Ich fand den Satz gut und suchte in meinem Gedächtnis nach einem Detail, das ihn bestätigte. Aber mir fiel im Augenblick nichts ein.

Niemand darf merken, sagte Dr. Wolters, auf welch niedrigem Niveau ich mich von meiner Zeit abwende.

Nehmen Sie denn nicht mehr an, fragte ich, daß unsere Armseligkeit gar nicht mehr armselig ist, wenn wir sie uns mit zukünftiger Befreiung vorstellen?

Das denke ich immer seltener, sagte der Privatdozent.

Wir drangen in den inneren Stadtkern ein und betraten eines der erstbesten Schnellbuffets. In der stummen Wahllosigkeit, die wir dabei an den Tag legten, erkannten wir den uns gemeinsamen Abstand zur Alltagswelt, die Dr. Wolters gewohnheitsmäßig die empirische Welt oder, wenn er besser gelaunt war, die Lebenswelt nannte. Er bestellte Knödel mit Rotkraut und Roulade, ich entschied mich für einen Hühnerschlegel mit Reis und Champignons. Dr. Wolters sprach jetzt über die Unmöglichkeit der objektiven Hermeneutik und über die ebensogroße Unmöglichkeit der psychoanalytischen Literaturanalyse. Er nannte die Namen anderer Privatdozenten und Professoren, die von diesen Unmöglichkeiten nicht so überzeugt waren wie er und die von ihm deswegen verwerfungsgehemmte Textbürokraten genannt wurden. Er lachte über seine Verunglimpfung und beugte sich dann wieder über seine Roulade. Ich hörte zu und hörte doch nicht zu. Ich beobachtete zwei ältere Arbeiter, die in einer mir unbekannten Sprache laut und polternd miteinander redeten und dabei mit den Händen riesige Kalbshaxen zerkleinerten. Da betrat eine leicht heruntergekommene Frau das Buffet. Ich hatte sie hier schon öfter gesehen. Sie wollte hier nichts essen, deswegen stellte sie sich nicht an die Theke. Sie schaute nur nach, ob die Löffel, Messer und Gabeln richtig in ihren Besteckkästen eingeordnet waren. Sie nahm es nicht hin, daß die Bestecke ineinander verhakt waren und zum Teil in den falschen Behältern steckten. Sie brauchte etwa eine Minute, um die

Bestecke sauber voneinander zu trennen und neu in die Kästen einzuordnen. Eine weitere Minute später war die Frau wieder verschwunden.

Ich überlegte, ob ich Dr. Wolters auf die beiden Arbeiter und ihr rücksichtsloses Essen aufmerksam machen sollte. Leider konnte ich nicht erklären, ob ich ihre Rücksichtslosigkeit bewunderte oder doch eher verabscheute. Da schlug Dr. Wolters vor, wir könnten nach dem Essen eine Tasse Kaffee trinken. Leider empfand ich bereits Überdruß an seinen Universitätserzählungen. Unter dem Vorwand, ich müsse mir eine neue Hose kaufen, gelang es mir nach dem Essen, mich von Dr. Wolters zu verabschieden. Das heißt, beinahe wäre die Trennung mißglückt. Dr. Wolters sagte, es mache ihm nichts aus, dabeizusein, wenn ich eine neue Hose kaufte. Ich lachte knapp und wies auf meine Überempfindlichkeit bei Kleiderkäufen hin, in die sich Dr. Wolters zum Glück sofort einfühlen konnte. Er ließ mich ziehen. Er ging nach links zur Hauptwache, ich verschwand nach rechts in Richtung Römerberg. Von dort wollte ich mit der U-Bahn nach Hause fahren. Zwischen der Kunsthalle, dem Dom und dem Rathaus gab es ein paar tote Winkel mit wenig Publikumsverkehr. Ich stellte mich dicht vor eine halbhohe Mauer und öffnete den Hosenladen. Ich pinkelte nur kurz, und plötzlich hörte ich ein Lachen hinter mir. Ich drehte mich um und sah, daß es von zwei Männern kam. Einer von ihnen hob sich eine Kamera vor das Gesicht. Ich hörte mehrmals das Klicken des Fotoapparats und kurz darauf, ein wenig weiter entfernt, erneut das Lachen der Männer. Ich überlegte, worüber sie lachten. Pinkelnde Männer waren, als Motiv, schon lange nicht mehr originell. Selbstverständlich mußte man an die vielen Knipser denken, die auch tote Bilder immer wieder neu fotografierten. Vielleicht hatten die Männer gar nicht über das Pinkeln gelacht. Gab es an meiner äußeren Erscheinung ein Detail, das andere zum Lachen reizte?

Ein wenig beunruhigt, aber ohne rechte Absicht ging ich wieder in die Innenstadt zurück. Selbstverständlich wollte ich sofort wissen, ob es ein solches Detail gab und welches es war. Aber wie sollte ich das herausfinden? In der Braubachstraße sah ich einen Zeitungsverkäufer, der dicht am Bordstein stand und die Hand nach vorüberfahrenden Autos ausstreckte. Ich hätte gern gewußt, was er dabei empfand, wenn seine Fingerspitzen sekundenlang über vorüberfahrendes Blech glitten. Dann dachte ich doch wieder an das Detail und an die lachenden Männer. Von heute an gab es mindestens zwei Fotos von mir, die ich selbst niemals sehen würde. Vermutlich werden die Fotos umhergezeigt werden, dachte ich, und vermutlich werden auch andere Personen über mich lachen. Und weil ich mich während des Fotografierens einmal umgedreht hatte, wird man sogar, mindestens teilweise, mein Gesicht erkennen können. Ich spürte, daß diese Vorgänge mein Gefühlsleben beeindruckten. Schon war es mir nicht mehr möglich, einfach nach Hause zu gehen, wie ich es gewohnt war. Ich betrachtete mich in Schaufensterscheiben, konnte aber keinerlei Auffälligkeiten entdecken. Mir fiel ein Mann auf, der ein Antiquitätengeschäft verließ und dabei, vermutlich aus Nachlässigkeit, nur den obersten Knopf seines Trenchcoats schloß. Sofort gefiel mir die Vorstellung, daß dem Mann alles, was sich unterhalb des obersten Mantelknopfs ereignete, mehr und mehr gleichgültig wurde und daß er aus dieser Gleichgültigkeit allmählich eine innere Redensart machte: Das liegt ja weit unterhalb meines obersten Mantelknopfs!

Eine solche Einzelheit fehlte mir. Sie hätte mir das Lachen der Fremden erklären können. Aber die Knopflöcher an meiner Jacke waren alle geschlossen, wenn auch, mindestens in zwei Fällen nur noch mit sehr locker sitzenden Knöpfen. Der Sommer wärmte die Stadt. Da und dort waren Fenster geöffnet, und es war das Tschilpen von Wellensittichen zu hören. Nie wußte ich, ob die Wellensittiche mit dem Tschilpen ihre eigene Peinlichkeit ausdrückten oder die ihrer Besitzer, die vermutlich elementarer war als die der Tiere. Ich kann nicht sagen, warum ich wenig später an Ilona dachte. Ilona war eine von den acht Kassiererinnen im Prezzoprezzo. Es machte mir Freude, die Vornamen von acht nebeneinandersitzenden Frauen zu kennen. Ich wußte nichts von diesen Frauen, dachte aber doch an sie wie an alte Bekannte. Ilona war ungefähr fünfundzwanzig, groß, mager, schnippisch und ein bißchen ungepflegt. Ilona war mir sympathisch, weil sie manchmal zu vergessen schien, daß sie Kassiererin war und jederzeit von jedermann betrachtet werden konnte. Zuweilen hockte sie zusammengesunken in der Preßpappeinfassung ihres Arbeitsplatzes und untersuchte, den Körper tief nach vorne gebeugt, den Saum ihres Rocks. Und doch fiel ihr sofort auf, wenn sich jemand der Kasse näherte. Dann hob sie freundlich das Gesicht und öffnete sich dem Kunden wie ein Kind. Ich hatte dieses überraschende und grundlose Aufleuchten ihres Gesichts schon öfter gesehen und schätzte es. Zuweilen ging ich nur deswegen in den Supermarkt, um das Glimmen ihres Blicks auf mich zu ziehen. Mir fiel ein, daß ich seit Eddas Tod mit keiner Frau zusammen war. Das war mehr als zwei Jahre her. Je mehr Zeit verging, desto undeutlicher wurde mir, ob ich mich noch einmal auf eine Frau einlassen sollte oder nicht. Ich lebte in einer der sonderbarsten Unklarheiten, die ich je kennengelernt hatte. Ich wußte nur, aus dem frauenlosen Leben dürfte kein Dauerzustand werden, und hatte doch manchmal den Verdacht, daß eben dies schon geschehen war. Zu der Unklarheit gehörte, daß ich nicht lange über sie nachdenken konnte. Versuchte ich es trotzdem, beschlich mich bald eine fundamentale Pein, der ich nur entkommen konnte, indem ich mich plötzlich in eine ganz andere Situation begab.

Eben deswegen betrat ich am Rathenauplatz die kleine Schalterhalle meiner Bank. Seit mehr als einem Jahr waren hier zwei Fernsehgeräte aufgebaut, das heißt, sie hingen einander gegenüber in zwei erhöhten Raumecken. Ich hatte die Apparate bisher kaum beachtet. Aber heute, durch Zufall, erkannte ich mich selber, und zwar auf beiden Bildschirmen gleichzeitig. Ich war von hinten zu sehen, wie ich am Schalter stand und mit dem Mann in der Glaskabine ein paar Worte wechselte. Ich hatte mich nie dafür interessiert, wie ich von hinten aussah. Ich hatte bis jetzt nicht einmal gewußt, daß mir meine eigene Rückenansicht gleichgültig war. Es genügte eine leichte Drehung des Körpers, und schon war mein Gesicht zu erkennen. Ich fand es nie wichtig, wie meine Schultern, mein Kopf oder mein Rücken von der Seite aussahen und ob sich zum Beispiel die Schultern während des Gehens bewegten oder nicht. Sagen wir es so: Ich würde mir selbst nie nachgeschaut haben wollen. Mit dieser nie gepriesenen Freiheit war es jetzt offenbar vorbei. Ich merkte, wie ich die Unterhaltung mit dem Mann am Schalter künstlich dehnte, um mich länger im Bildschirm agieren zu sehen. Ja, als ich das Geld hatte, trat ich nur einen halben Meter zur Seite, so daß mir, zwar nur am Bildschirmrand, aber immer noch gut erkennbar, meine Rückenansicht noch eine Weile erhalten blieb. Ich fragte mich, ob ich im Augenblick ansehnlich war oder nicht, ob gegen irgendein Detail meiner Erscheinung Einwände erhoben werden konnten und welche. Ich betrachtete mein dunkles, verschattetes Schwarzweißbild und konnte nichts finden, was gegen mich sprach.

In diesen Sekunden überraschte mich das Gefühl der Lächerlichkeit. Vermutlich lag es in der Nötigung, meine allgemeine Unbedenklichkeit feststellen zu müssen, und zwar öffentlich. Sofort wollte ich wissen, ob es zwischen dem Lachen der Männer, von denen mich einer fotografiert hatte, und der Lächerlichkeitsempfindung in der Bank eine versteckte oder offene Verbindung gab. Tatsächlich beobachtete ich mich jetzt prüfend in den Scheiben und Spiegeln der Stadt. Nun gut, ich war nicht nach der neuesten Mode gekleidet, aber ich hatte es immer abgelehnt, zu den Männern zu gehören, die man früher Fatzkes und heute Fuzzys nannte. Vermutlich war mir anzusehen, daß ich schon längere Zeit nicht mehr von einer Frau begutachtet worden war. Oder ich dachte zu oft über den Tod nach, was mich vielleicht abwesend und gespenstisch machte. Erst hatte ich mir jahrelang vorgestellt, ich selbst werde, wenn es soweit ist, bewußtlos und schwach sein und der Tod sanft und weich. Dann glaubte ich, ich werde widerspenstig und töricht sein und mein Sterben entsprechend undeutlich und wirr. Dann verhöhnte ich mich, weil ich plötzlich nicht mehr verstand, warum ich über mein Sterben überhaupt so genau Bescheid wissen wollte. Die Gewißheit des Todes ist die Erlaubnis der Differenz, dachte ich plötzlich, und dieser Satz war es, der mich mit meiner eigenen Vernachlässigung wieder aussöhnte. Da kam mir Wischinski entgegen und erlöste mich von meinen Erörterungen. Wischinski kannte ich seit ungefähr zehn Jahren. Er war klein, rundlich, agil und redegewandt. Er litt an Kunstsucht und rechnete fast immer mit irgendwelchen Leuten ab, die auf künstlerischem Gebiet über ihre Verhältnissen lebten, wie er es nannte.

Wie gut, daß ich dich treffe! rief er mir entgegen.

Wir blieben stehen und begrüßten uns.

Seit Tagen denke ich an dich, sagte er, ich will dir ein Angebot machen, das dich interessieren wird. Ich werde demnächst, das heißt im Herbst, ein großes Lokal eröffnen, ein Kulturlokal mit einem ganz besonderen, wie soll ich sagen, Kniff. Und zwar werden in meinem Lokal Kunstkenner auftreten, die meine Gäste über das Neueste in Musik, Theater, Literatur und Film informieren werden, sagte Wischinski. Sie betreten am späten Abend eine kleine Bühne und legen los! Verstehst du das?

Aus: Wilhelm Genazino
Die Kassiererinnen
Rowohlt 1998

Bodo Kirchhoff

Haarscharf verfehltes Glück in der Liebe

Nichts fällt mir in den Schoß. Ich sitze in einer Ecke des Schauspielhauscafés, zur Klugscheißerstunde, nach der Abendvorstellung, wo es dort von Musterfällen wimmelt, und lese. Lese in einem Taschenbuch über einen Mörder und warte auf die Sahne, die der Kellner vergaß, als er mir den Apfelkuchen brachte. Der Apfelkuchen steht vor mir und lockt. Ich lege die Lektüre beiseite, schaue einem Vorbeigehenden ins Gesicht, in irreführende Züge vermutlich, und beginne mit dem Verzehr. Der Kuchen hat Geschmack, und so frage ich mich, ob dieser unverzögerte Genuß womöglich einträglicher ist als ein Aufschub, an dessen Ende dann der Sahnezuschlag steht; am schlimmsten ist mir nach wie vor das Unerträgliche.

Ich lehne mich zurück und versuche, durch Menschenstudien den kritischen Zeitraum zwischen dem bloßen Stück Kuchen und dem eigentlichen Apfelkuchen mit Sahne zu füllen. Mir schräg gegenüber, auf einem roten Sofa, zwei plappernde Schauspieler. Ich nehme noch einen Bissen und schnappe auf. Die Rede ist von einem Regisseur, seinen Möglichkeiten, Zutritt zu verschaffen. Plötzlich der Kellner. Ich rufe: Hallo! und gebe ihm ein Zeichen, das heißen soll: Wo bleibt die Sahne ..., und der Kellner nickt, und ich genehmige mir noch ein Häppchen. Lausche wieder hinüber und vernehme einen anderen Namen, für den man wohl den ersten ausgewechselt hat. Auch dies ein großer Regisseur, dem beide sich verbunden fühlen, wie es scheint.

Den Tortenboden mag ich gar nicht. Im Grunde hasse ich dieses Café. Wo ich hinsehe, zwischen Topfpflanzen, Plüsch und exotischen Kellnern, Zeichen heimlicher Verwandtschaft; wo ich hinhöre, zwischen immer gleicher Bandmusik, Namen über Namen: Eigennamen, Ortsnamen, Kosenamen, Spitznamen, Künstlernamen und so weiter. Nichts Überraschendes. Einschließlich der Faxen alles aufeinander abgestimmt. Nirgends etwas Skandalöses, alles gemäßigt.

Die Sahne! Ich häufe sie auf und merke, daß zwischen dem verbliebenen Apfelkuchen und dem hinzugekommenen Sahneberg ein

Mißverhältnis besteht, welches sich kaum noch mit dem Ausgangswunsch, Apfelkuchen mit Sahne, deckt. Die Dinge haben sich rascher verschoben als meine Gelüste. Mir bleibt nur noch zu wählen zwischen einem nachträglichen Verlangen nach Sahne als Hauptgericht und dem Verlassen des Cafés. Da ich ein Süßigkeitenmensch bin, zu jeder Tages- und Nachtzeit, liegt es nahe, zu bleiben. Dagegen spricht mein Wunsch nach Harmonie im Verhältnis beider Speisemengen zueinander: er ist immer noch wirksam. Aber auch die Möglichkeit, es woanders, mit einem ganz anderen Wunsch, um ungeschmälerten Genuß zu finden, von neuem zu versuchen. Alles in allem eine bedrängende Situation.

Und von einem Augenblick zum anderen sehe ich mich einen großen Teil der Sahne wieder wegnehmen, auf den Sahneteller zurückbefördern und nur noch so viel übriglassen, wie ich für den restlichen Apfelkuchen, vorausgesetzt, ich hätte von Anfang an über die Sahne verfügt, aufgehoben haben würde. Diese Entscheidung, die getroffen worden ist, kommt mir voraussichtlich entgegen. Sicherheitshalber teile ich aber die entstandene Portion in drei Happen, einen kleinen, einen mittleren und einen großen, um die Bedingungen für Steigerung zu schaffen. Ich warte noch ein bißchen ab, nehme dann den ersten Brokken und streife unterdessen durch den Raum ... gleite mit meinem Blick von Reiz zu Reiz, stelle mir ein Stück der einen oder anderen Frau in meinen Händen vor, spüre Annäherung an das gewünschte Aroma, versetzt mit Gier auf den nächstgrößeren Happen, und erwarte die noch fehlende Unterscheidungsnote, hoffe auf totale Wiederholung eines ersten Apfelkuchen-Sahne-Glücks.

Die beiden Schauspieler stehen auf, und zwei Mädchen setzen sich auf das frei gewordene Sofa. Der zweite Happen ist ein einziges Versprechen auf den dritten. Ich schlucke hastig hinunter. Die Mädchen fangen an zu wispern. Sie brechen ein in meine Phantasie; gezwungenermaßen stell ich mir vor, wie sie sich paaren. Der letzte Brocken ist eine Enttäuschung. Er füllt den Mund in keiner Weise aus, gibt sich dem Gaumen nicht zu erkennen; weder stimmt die Menge, noch die Zusammensetzung des Geschmacks – der Tortenbodenanteil überwiegt. Ich rufe den Kellner, bezahle, schaue dabei zu den Mädchen rüber, aus den Augenwinkeln, vor allem auf die eine, die brünette, die mit den vollen Schultern, stehe auf und verlasse das Café in Richtung Bahnhofsviertel.

Gehe den kurzen Weg unter dem Vordach von Schauspiel und Oper, vorbei an Schaukästen, in denen Szenenfotos hängen, die mich immer wieder anziehen. Ob es die Abgebildeten genießen, wenn sie sich, vorübergehend, wiedersehen ... Dann sind es nur noch ein paar Meter bis zur Kreuzung. Auf der anderen Seite der Häuserblocks zwischen Münchner- und Kaiserstraße. Hier verläuft die Grenze noch nicht.

Ich gehe hinüber, biege in die Münchner ein und übertrete jene Linie, die das Bahnhofsviertel vom Theaterviertel trennt, hinter der ich vor Klugscheißern sicher sein kann; hinter der das Verlustieren anfängt.

Schon im Bereich der Weserstraße Gemischtes. Der Wäscheladen etwa, in dem, neben Faltenröcken und hochgeschlossenen Blusen, Netzstrümpfe, Strapse, Dessous und andere Reizbekleidungsstücke liegen, in dichten Bildern der Begierde. Ich bleibe kurz stehen und laufe dann weiter. Das verfehlte Apfelkuchen-Sahne-Glück liegt hinter mir, und ein anderer Wunsch nimmt langsam Formen an: volle Schultern ... brünett ...; und ich frage mich mal wieder, weshalb ausgerechnet dieser Wunsch, weshalb gerade ich ..., stromere die Kaiserstraße runter, und das Bahnhofsviertel nimmt mich auf.

Das große Peep-Show-Center liegt im ersten Stock. Über die geschwungene Treppe komme ich in einen Vorraum und wechsle sofort einen Schein; bei dem Angestellten hinter dem Schalter, der auch den Wechsel der Modelle ansagt. Ich nehme die Markstücke, stecke sie ein und schaue mich um. Meine Stammkabine ist besetzt, und so überbrükke ich mit Menschenstudium, wie gehabt. Nicht mehr Ausländer als gewöhnlich, kaum Zeichen von Scham. Erwartung von Kurzweil in den meisten Gesichtern; manchmal sogar Erleichterung, aber das kann auch nur Einbildung sein. Japaner, wie immer, in Gruppen. Pakistanis noch ein bißchen scheu. Alte Männer treten im Alleingang auf. Der Lieblingsplatz wird frei, und ich beeile mich. Laufe an den Rand der halbkreisförmig angeordneten Kabinen, wo es zu einem kurzen Zwischenfall kommt. Mit einem Türken vermutlich, der gleichfalls die entlegene Kabine will.

Nach kurzem Hin und Her setzt sich der Türke durch, obgleich auch ich mich höflich zeige: Er besteht auf Rücktritt. Ich beziehe meinen Stammplatz, schließe die Tür hinter mir, verriegele und schiebe dann das erste Markstück durch den Schlitz. Augenblicklich öffnet sich die Klappe, und durch das Fensterchen, welches ungefähr die Größe meines Taschenbuches hat, kann ich ungehindert einsehen, in das Innere des halbrunden Raumes, in dessen Zentrum sich eine Scheibe dreht. Eine Plattform, auf der, mit dem sonstigen Interieur nicht im Einklang, ein Privathandtuch liegt, blau grün rot gemustert, auf dem sich das Modell in gebückter Haltung vorzeigt.

Sie ist dunkelhaarig – und damit gestorben. Trotzdem versuche ich dabeizubleiben, mich zu konzentrieren, eine Mark ist eine Mark, und einen Punkt auf ihr zu finden, der mir Reiz verschafft, doch es gelingt nicht. Beinahe gleichgültig schau ich ihr zu, nehme fast nur die Gymnastik wahr, hoffe auf baldigen Wechsel, verschwende meine Zeit. Endlich schließt sich die Klappe, und ich stehe im Dunklen, wie schon so oft. Empfinde angenehme Abgeschiedenheit; begrenztes Alleinsein da, wo ich bin. Einen Zustand, den ich variieren kann: durch Nachwurf eines Markstücks oder Entriegeln der Tür, ganz nach Belieben; ich lasse das Modell sich zeigen, kontrolliere es, mache den Zustand zu einem halben Alleinsein, im Hinblick auf den anderen Körper, oder hebe ihn vollständig auf, indem ich meinen Platz verlasse. Möglichkeiten, die mich immer wieder stimulieren. Sie treiben mich hierher.

Zunächst genieße ich eine Zeitlang Möglichkeit eins, das abgeschiedene Alleinsein, mit Wissen um die zweite Möglichkeit, die des geschwindelten Alleinseins. Ich hole eine schmale Taschenlampe aus meinem Jackett, um weiterzulesen. Leider gibt es keine Sitzgelegenheit. Abgesehen davon, ist die Kabine funktional. Es fehlt nicht mal ein Eimerchen für Taschentücher. Manche erleichtern sich auch gegen die Wand; die Spuren lassen keinen Zweifel.

Das Buch über den Kindermörder B. stützt sich auf zuverlässige Quellen. Ich schlage es auf und erwische eine Stelle, an der B. sich zu erinnern versucht. »Ich glaube nicht«, gibt er zu Protokoll, »daß ich je als Kind nackt herumlief. Ich glaube auch nicht, daß ich es gern getan hätte.« Dann folgen Erklärungen, die unwichtig sind.

Der Angestellte sagt den Wechsel an. Vielleicht die eine aus dem Schauspielhauscafe … und ich steck die Münze in den Schlitz und schaue. Suche hastig ihre Oberfläche ab und finde keinen Halt; alles läßt zu wünschen übrig. Ich glaube, ich leide. Suche noch einmal nach einer Mulde, einem Fältchen, nach etwas Bestimmtem, das ich von woandersher kenne, aber nichts dergleichen. In ihrem Schritt ein Wirrwarr aus Büscheln und Läppchen, keinerlei Hilfe. Und ich schaue weg und warte auf die nächste. Lese die Vernehmungen von B. und versäume einen Wechsel und den folgenden auch.

Erst als eine Frau aus Skandinavien angekündigt wird, riskiere ich ein Markstück. Vorsichtig spähe ich hinein, sehe, daß die meisten Klappen zu sind und weiß jetzt, daß die Peep-Show bald geschlossen wird. Das neue Modell hockt auf seinem Handtuch, weiß mit roten Tupfern, den Oberkörper nach hinten gebeugt, stützt sich ab und hat die Beine angezogen. Ein nahezu vollkommenes Bild, bis auf die Fesseln. Unförmig, wie sie sind, verhindern sie mir Harmoniegefühl. Wieder schaue ich weg, nach höchstens vierzig Pfennig Nutzung, und warte auf das letzte Mädchen. Werfe nach, als es soweit ist, und denke auf den ersten Blick: Ende gut, alles gut … volle Schultern, brünett, übersichtliches Geschlecht … Ich streife mit den Augen über ihren Halsansatz, mache Ausflüge nach links und rechts, gleite dann abwärts bis zum Vorsprung der Brust, ziehe Kreise, die allmählich enger werden und bleibe schließlich haften an der winzigen Furche, die die Spitze der Warzen durchzieht. Und so vergeht die Zeit – sie zeigt es, und ich schaue hin. Bis sie plötzlich unterbricht, nach den Klappen sieht und aufsteht, ihr Handtuch nimmt und gehen will, dann aber zögert und sich umdreht. Sie sieht, daß meine Klappe noch geöffnet ist, kommt zurück, legt ihr Handtuch wieder hin und fängt noch einmal an mit dem Zeigen. Zeigt jetzt alles nur für mich und blickt an mir vorbei, haarscharf. Ich sehe ihre Augen, drehe mich um, sperre die Tür auf und laufe; so schnell es eben geht, die Treppe runter, hinaus ins Freie, überquere die Fahrbahn, laufe weiter durch die Moselstraße, über die Münchner rüber und kehre ein ins Moseleck.

Das Moseleck hat offen bis drei, in Messezeiten sogar bis vier. Auf der ganzen hinteren Wand das Moseleck als Poster: eine malerische Biegung der Mosel unterhalb einer Burg; ein Lokal mit Referenz. Ich setze mich in die Nähe der Musikmaschine, wo ich immer sitze, und Renate bringt mir mein Bier. Am Ausschank Jacob – undefinierbar. Aus Gewohnheit sag ich zu Renate: Ein halbes Hähnchen ... und sie zu mir: Wie immer ... Im Moseleck ändert sich gar nichts, und deshalb komme ich hierher. Befasse mich mit einem halben Hähnchen und werfe Geld in die Maschine, um das Hamsterlied zu hören, so wie jetzt, im Augenblick. Das Hamsterlied schlägt ein; die Leute singen mit, Männer wie Frauen ... Es war einmal ein Hamster, der hatte der Weiber vier ... Polygamie, Polygamo ... / da kam ein harter Winter und nahm ihm der Weiber zwei ... Bigamie, Bigamo ... / da kam ein trockner Sommer und nahm ihm noch ein Weib ... Monotonie, Monotono ... / da gabs ein großes Unglück, und er war ohne Frau ... Onanie, Onana ... / da kam ein großer Traktor und schnitt ihm ab sein Krrk ... ohne Krrk, ohne Frau, der Hamster ist ne arme Sau ... / Traktor hin, Traktor her, der Hamster kann nicht mehr ...

Renate bringt mein Bier. Wo sie sich aufhält, ist das Zentrum. Jacob fragt nach meiner Arbeit. Ich sage: Es läuft ... und trinke. Lehne mich zurück und wiederhole im Kopf den Abgang aus der Kabine. Hier war mal wieder was passiert. Diese emotionalen Episoden werden immer seltener, vor allem solche, die sich zum Erzählen eignen, verzichtet man auf Standardfälle, und so bin ich zufrieden mit mir. Knüpfe ich nämlich einen neuen Kontakt, was gelegentlich noch vorkommt, ist es jeweils nützlich, eine Reihe von Gefühlsrichtungen in der Hinterhand zu haben. Von überzeugenden Ereignissen, aus denen ich, wenn möglich, irgendwie verändert hervorgegangen sein könnte. Das findet immer Gehör. Überhaupt haben Selbstbezichtigungen, Bekenntnisse und Geständnisse aller Art, per saldo den größten Erfolg. Und ein Beischlaf bleibt ein Beischlaf, auch aus Mitleid. Ich lüge für mein Leben gern.

Zwei Paare, die ich vom Sehen kenne, betreten das Lokal, mit ihnen ein Hund. Das eine Paar streitet sich meistens. Die Kleine, der der Hund gehört, mit ihrem Freund. Heute ist der Streit besonders heftig. Die beiden anderen tun um so verliebter. Schließlich steht der eine auf, der mit der Brille, den grauen Haaren und der spitzen Nase, den ich am wenigsten mag von den vieren, und läuft hinaus. Die Kleine keift ihm hinterher, und er erinnert mich an irgendwen, jetzt, wo er sich nochmal umdreht, mit diesem tragischen Ausdruck: so impertinent, daß ich gehen würde, falls er wieder reinkommt. Doch er verzieht sich, Gott sei Dank, und ich schaue hinüber.

Die Kleine, die zu ihm gehört oder er zu ihr, je nachdem, hat so was ... so was Begehrenswertes. Ich kann nicht sagen, was im einzelnen, weiß nur, daß es mich reizt, mich piesackt auf der Haut. Das halbe Hähnchen kommt. Ich fange an, es zu zerlegen, was mir, wie immer, Abwechslung gibt, und nehm mir vor, es ihrem Hund zu schenken, obwohl ich nichts übrig habe für Hunde, aber dieser Hund für mich; für meine Hose. Er reibt sich häufig seinen Kopf an meinem Hosenbein. Da ich meistens dieselben Sachen trage, in dieser Gegend hier, kann es natürlich sein, daß der Hund inzwischen seinen eigenen Geruch erkennt und sich nur deshalb an mir reibt, aus Wiederholungsliebe und nicht, weil er mich mag, vorausgesetzt, der erste Kontakt mit meiner Hose war nichts weiter als ein Zufall. Um mir Erfolg bei ihm zu sichern, biete ich ihm gleich ein gutes Stück und locke ihn mit seinem Namen. Fleck kommt auf mich zu, riecht, reibt seinen Kopf an meiner Hose, schnappt den Schenkel, und seine Besitzerin sagt: Er liebt Hähnchenfleisch ... Ich nicke ihr zu, mehrmals, und plane einen Zwischenfall: Schiebe mein Bierglas langsam an den Rand, lotse das Tier mit Versprechungen unter den Tisch und warte dann auf einen günstigen Moment.

Der Zeitungsneger! Schlagzeilen, die den neuen Präsidenten nennen, lenken ab. Ich zwicke den Hund und trete gleichzeitig gegen das Tischbein, so daß der Eindruck entsteht, daß das plötzlich aufspringende Tier, welches auf den Zeitungsneger zurennt, unbedingt Schuld hat am Umkippen des Bierglases, das mir soeben in den Schoß gefallen ist und seinen Inhalt, es war nicht mehr allzuviel, vorsichtshalber, dort ergossen hat.

Der Effekt ist beachtlich. Die Kleine schimpft mit ihrem Hund und fragt mich, ob es schlimm sei. Nur die Hose ..., spiele ich den Fall herunter und verführe sie zu weiteren Fragen. Wir kommen ins Gespräch. Die beiden anderen sind mit sich beschäftigt, reden über Probleme.

Heute ging alles daneben ..., weite ich die Sache aus und bringe die Geschichte mit der Sahne. Da ich nicht unerfahren im Erzählen solcher Kurztragödien bin, gewinne ich das Ohr der Kleinen. Und wie erwartet, vermutet sie schon bald hinter allem, was ich sage, irgendetwas anderes. Fragt, als ob es etwas zu verstehen gäbe, von dem nicht ohnehin die Rede ist.

Es ging doch gar nicht um die Sahne ..., behauptet sie am Ende, und ich breche ab. Springe von der Sahne zu der Peep-Show, schildere ihr meinen Abgang und schließe, noch ehe sie zu Wort kommt, mit dem Satz: Ich bin ein zufriedener Mensch im übrigen ... Verschränke die Arme und grinse sie an. Und nun?

Was und nun ...

Nun sind Sie also zufrieden.

Sie glauben mir das nicht ... Oder schauen Sie immer so, als ob Sie tiefer blicken würden ... Worauf sie nichts sagt, und ich weiterrede, mit Rücksicht auf Verlust, entgegen sonstiger Gewohnheit. Das Thema zu wechseln versuche, um Chancen auszuloten, Risiken. Doch sie bleibt stur. Fängt mich jetzt hintenrum an zu duzen, bohrt: Warum erzählste mir das eigentlich ...?

Warum hörnse sichs denn an?

Die Kleine schweigt und schaut mir ins Gesicht, ich kriege sie nicht in den Griff. Sie hält mir ihre Zigaretten hin, sticht mit der Schachtel in meine Richtung, und ich sage: Überschlagen Sie sich nicht ... und sie schaut auf meine Hose. Sehr naß?

Halb so wild ..., enttäusche ich sie und schweige dann mit. Kürzlich las ich etwas über Schweigen. In manchen Fällen hat das auch Erfolg.

Endlich fragt sie mich, nach einer kleinen, grausamen Ewigkeit: Was willste denn von mir ...?

Überschlagen Sie sich nicht, warn ich noch einmal und bring den Zwischenfall ins Spiel. Ihr Hund ist sehr impulsiv ... Hat er noch nie gemacht, so was ..., verteidigt sie ihn, und ich komme ihr ein Stück entgegen: Schönes Tier ..., obwohl ich Hunde sonst nicht mag ...

Das glaube ich nicht.

Das glauben Sie nicht ...

So benimmste dich gar nicht.

Ich sehe weg und denke mir, den kenne ich, den Kniff ..., und sage laut: Es steckt überhaupt nichts dahinter! Und sie lächelt mich mitleidig an, ohne jeden Zweifel. Als sei ich irgendwie unheilbar krank oder von oben bis unten behindert.

In der neuen Taktik noch ungeübt, halt ich nun nach Kräften meinen Mund. Die beiden anderen empfehlen sich. Vielleicht haben sie ein neues Problem entdeckt. Die Frau wirkt so begeistert. Ich kann jedenfalls Probleme nicht ausstehen, nicht mal die ergiebigen. Meine Welt ist problemlos, bis auf Kleinigkeiten, von Zeit zu Zeit. Das jetzt hier zum Beispiel, obgleich die Sache gar nicht schlecht steht: fünfzig zu fünfzig nach meiner Erfahrung oder auch ein bißchen besser.

Ich wende mich ihr wieder zu und blicke ihr in die Augen, so, als ob tatsächlich etwas sei; mehr als nur der Unfug mit dem Blick – Liebe ... Verzweiflung ... Wahnsinn ... Tod ... – und lächle dazu. Sie hat sehr schöne fröhliche Augen: die Nase vielleicht eine Idee zu groß, aber das macht der Mund wieder wett, ihre genau begrenzten Lippen; eine Spur von Jane Fonda.

Immer noch die Schweigerei. Mir fällt das Buch in meiner Tasche ein. Ich könnte sie fragen –

Sag mir, was du willst! verlangt sie plötzlich, und ich zucke mit den Schultern. Sagen Sie doch, was Sie wollen ... Oder mach ich Sie nervös ...?

Und nach einer Weile äußert sie sich; behauptet hinterher zumindest, sie habe es gerade getan, respektive hingewiesen auf das, was sie will und so weiter.

Womit denn bitte ..., frage ich. Ich habe nichts vernommen. In ihrem linken Auge glänzt es. Nicht ohne Charme der Anblick, nicht ohne Witz. Ich reiche ihr ein Wegwerftaschentuch und sage: Ihr linkes Auge tränt, von mir aus gesehen. Entweder ist es entzündet, oder Sie sind traurig.

Ein paar Sekunden verstreichen. Dann schneuzt sie sich und zahlt, und ich zahle auch. Eine Einladung hätte nicht weitergeholfen. Sie steht auf, geht mit ihrem Hund hinaus, und ich verfolge sie. Hole sie ein und begleite sie nach Hause. Ohne Armumlegen und die anderen Versuche; bloß keine Entgleisungen in dieser Lage.

Und etwas später, während der Hund an meiner Hose schnüffelt, rutscht mir vor der Haustür ein Machsgut heraus. Sie schaut mich an und ich sie auch, aber leicht daneben – und dann schließlich immer mehr – bis sie kehrt macht und im Haus verschwindet.

In Ordnung, denke ich. Drehe mich um und lauf die Münchner hoch. Überschreite die Grenze zum Theaterviertel und gehe noch weiter. Sehe mir die Bilder an in den Schaukästen am Schauspiel und lese die Texte darüber.

U. B. gewidmet

Aus: Bodo Kirchhoff
Die Einsamkeit der Haut
Suhrkamp 1981

Stephan Wackwitz

Frankfurter Bordelltüren

I

Wie vollständig eine Gesellschaft die Idee des Fortschritts in sich aufgenommen hat, läßt sich an ihrem Verhältnis zu den Schwellen ablesen. Im Innern der westdeutschen Großstädte zum Beispiel wird die Erfahrung der Schwelle durch architektonische Arrangements systematisch überspielt. Ein besonders typisches: die Rolltreppen, über die man, von der U-Bahn kommend, die Stadt überhaupt und weiterhin ihre allerheiligsten Stätten, die Kaufhäuser, betritt.

Aus einem liegenden Metallkamm am Boden fließen die Stufen als gezahnte Metallplatten hervor und bilden, jeweils zwei hintereinander, eine ebene Fläche, auf die man tritt, bevor die Stufen sich dann, voreinander hervorwachsend, zur Treppe aufrichten, um schließlich, weiter oben auf dem Niveau der Stadtoberfläche angekommen, in einem zweiten Metallkamm wieder zu verschwinden, wobei die Fußgänger sanft abgestreift werden. Nur eingefleischte Individualisten, Waldgänger und Anarchen nehmen ohne Not die leeren, immer irgendwie ärmlichen Betonstufen neben der überfüllten Rolltreppe (die Enttäuschung auch, wenn man sie betritt und sie sich als abgeschaltet erweist).

Man wird von der verflüssigten Schwelle abgestreift, geht ein paar Schritte und nähert sich, wie zögernd auch immer, dem Eingang der Kaufpassage. Im selben Moment öffnen sich deren Glastüren automatisch und stumm. Ein scheinbar völlig ernstfallsloses Gleiten hat sich eingefädelt. Unter der Erde rücken Normaluhren lautlos weiter. Die Waren liegen in ihren Schaufensterhöhlen wie Schätze.

Traditionale, »kalte« Gesellschaften sind umstellt von Schwellen. Auf Schritt und Tritt öffnen sich Übergangszonen in grundlegend verschiedene Sinnbereiche. Riten sind zu beachten und Gefahren zu berücksichtigen. Noch vor vielleicht 100 Jahren gab es in Deutschland, wenn auch nicht mehr in den großen Städten, Reste einer solchen traditionalen Gesellschaft. Im »Handwörterbuch des Deutschen Aberglaubens« füllt der Artikel »Schwelle« 18 engbedruckte Seiten.

Unter der Schwelle, das ist damals die Grundvorstellung gewesen, wohnen die Gespenster. Die feindlichen, von außen kommenden, wurden dort festgebannt, die guten, die man sich im Hause wünscht, hielten hier Wache und durften sich weiter als bis zur Schwelle nicht entfernen. Böser Zauber konnte hier von Hexen vergraben worden sein. Aber auch Abwehrmaßnahmen waren hier zu treffen. Wer über die Schwelle stolpert, bringt das Unglück ins Haus oder nimmt es mit in die Welt. Dem Gesinde, damit es im Haus blieb, mußte ein pulverisierter, von der Schwelle geschnittener Span ins erste Essen gegeben werden.

Bei zwei Gelegenheiten war der Schwellenzauber besonders wichtig: beim Kauf (vor allem von Vieh) und beim Schatzsuchen, das noch im 19. Jahrhundert in den Dörfern eine richtige Industrie gewesen sein muß (in fast jedem Dorf gab es Schatzsuchexpeditionen zu den Bergruinen in der Umgegend, gutbezahlte Experten des Schatzhebens reisten im Land herum).

Das vom Markt heimgeführte Vieh mußte unter komplizierten Riten einige Male über die neue Stallschwelle geführt oder auf ihr umgedreht werden. In die Schwelle geschlagene Nägel bannten es an den Hof. Und beim Schatzheben besteht der wichtigste Moment darin, die Schwelle zur Schatzkammer ausfindig zu machen (der Schatz steigt ja nur alle sieben Jahre vom Erdinneren an die Oberfläche empor) – und dann diese Schwelle offenzuhalten, bis der Schatz geborgen ist, damit man nicht für immer in der unterirdischen Kammer verschollen bleibt und der Teufel einen holt.

Schatzheben und Kaufen sind mit großer Angst verbunden. Werden Schätze und Waren falsch über die Schwelle gebracht, bedeuten sie Unglück. Die Waren liegen in ihren Schaufensterhöhlen wie Unglück. Die Waren liegen in ihren Schaufensterhöhlen wie Schätze. Wir gleiten über die Schwellen hinweg, und die Türen öffnen sich zu jeder Zeit. Aber unsere Angst ist nicht besänftigt. Das macht den Geisterbahnreiz der kapitalistischen Innenstädte aus und erklärt, warum die Menschen dort soviel mehr kaufen, als sie wirklich brauchen. Je vollständiger eine Gesellschaft die Idee des allgemeinen Fortschritts und des individuellen Fortkommens in sich aufgenommen hat, je lückenloser auch sich ihr zentrales Motivensemble in allen ihren Lebensbereichen ausprägt, desto weniger wird diese Gesellschaft die Erfahrung der Schwelle anerkennen wollen. Unsere Innenstädte sind noch in ihrem letzten Winkel Kauf-Arrangements, und unter ihren Rolltreppen können sich keine Gespenster verstecken. Aber unsere Angst ist nicht ganz besänftigt. Aus den Waren, die wir heimgeschleppt haben, könnten die Feinde hervorbrechen. Die Marktöffnungsriten sind versäumt, den Schwellendämonen ist nicht geopfert worden. Alles scheint möglich.

II

Zu den Huren geht es anders als zu den Waren. Vor einiger Zeit veröffentlichte der »SPIEGEL« den Artikel eines Bordellbesitzers und gelernten Religionspädagogen, der seinen Bataille ersichtlich gelesen hatte. Seinem Artikel war zu entnehmen, daß im Verhalten der Freier eben die rituell-ängstlichen Verzögerungen noch in Kraft sind, die in den »kalten« Gesellschaften vor Kauf und Schatzgräberei gesetzt waren und die im »Handwörterbuch des Deutschen Aberglaubens« so ausführlich beschrieben sind. Das Sich-den-Huren-Nähern, nicht Zu-den-Huren-Gehen, die Verzögerung, das rituelle Verhalten, die mühsam und lustvoll überwundene Angst bringen den monatelang hinausgeschobenen »Erstkontakt«, wie das der religionspädagogische Bordellier nannte, zustande, bei dem (denn darum ging es in jenem Artikel) der Freier vor lauter Kopflosigkeit eben auch nicht mehr die Nerven hat, das gesundheitsschützende Kondom überzuziehen. Nicht das zielstrebige Hineinspazieren, sondern die mäandernde Schwellenkontemplation bestimmt den Gang der Freier. Die Wicca, die germanische Hexe, saß auf dem Zaun. Die Hure lebt hinter der Schwelle. Die Erfahrung des Freiers ist in der Schwellenerfahrung inkorporiert, die das Kaufarrangement der Innenstadt sonst so sorgfältig beseitigt hat. »In der Prostitution wurde die Prostituierte der Übertretung geweiht« (Bataille). Treten wir über ins Hurenviertel in Frankfurt am Main. Betrachten wir die Schwellen.

III

Im Schneematsch stehen wir vor einem im 19. Jahrhundert einmal eleganten Mietshaus in der Frankfurter Bahnhofsgegend. Etwas stimmt mit diesem Haus nicht. An allen oberen Kanten seiner großen Fenster, die mit gelblich verrauchten, halbdurchsichtigen Gardinen verhängt sind, hat die Geschäftsleitung einheitlich rote Neonröhren anbringen lassen, was dem Gebäude etwas Expressionistisch-Höllenhaftes gibt, als seien dämonische Potentiale, die sich seit dem letzten Jahrhundert in diesem Haus aufgespeichert hatten, mit einem Schlag an seine Oberfläche getreten. Die schwer beschreibbare Atmosphäre des *Ernstfalls* (»So also sieht ein richtiges Bordell aus!«) geht am intensivsten vom Eingang in das Gebäude aus. Hier ist das alte Portal aufgebrochen und erweitert worden. Im ebenfalls neonerleuchteten Eingangsraum ist ein Aufgang sichtbar; das alte gußeiserne Treppengeländer. Männer laufen vor die Schwingtüren, werden langsamer, manche sehen sich um, und mit einem Rucken, schleichend und entschieden zugleich, nehmen sie die Wendung von der novemberlichen Straße ins Reich des dämonischen Leuchtens. Das Außen der alten Schwellenerfahrung hat sich in das Innere eines Hauses verlegt. Das Rucken der Männer ist eine Ernstfallbewegung; sie sagt: »Schluß jetzt, einmal muß es sein!« Es reißt die Freier hier sichtbar aus einem Bereich in einen anderen, fremden. Ein Einbruch ist passiert.

Die Austretenden zeigen einen komplementären Gestus, ein abschüttelndes, fast erleichtertes Wiederaufnehmen. Der Blick faßt entschlossen die Straße, die vorigen Zwecke, Ziele und Normalitäten. »Jetzt essen wir erst mal eine Currywurst!« Die Gesten des Ein- und Austretens zeigen sich auf der Schwelle des illuminierten alten Hauses in fortlaufendem Wechsel, wie auf einer Leiter in die Unterwelt, auf der sich Alltag und Ernstfall begegnen.

Die traditionelle bürgerliche Gesellschaft, in der sich das Motiv des gleitenden Fortschritts vielleicht noch nicht in jeden Bereich des Lebens verbreitet hatte, kannte noch mehr solcher Schwellen zum Ernstfall: Das Duell, die Hausgeburt, den Schützengraben, die Exekution, das halböffentliche Sterben im Kreis der Familie, den Straßenkampf, die

Barrikade. Einen Moment lang wirkt der Eingang ins Bordell, als würde hier jemand standrechtlich erschossen. In eine der wenigen verbliebenen Schwellenerfahrungen sind historische Erinnerungen eingedrungen, die ortlos im Bewußtsein flottieren (ein altes Foto von Freikorpsleuten hinter Sandsäcken und Maschinengewehren an der Hauptwache, betrachtet von Passanten in Wintermänteln und mit großen weichen Hüten auf dem Kopf ...)

IV

Die vollständige Sichtbarkeit der Waren ist das Grundgesetz in der Innenstadt sonst. Hier im Neonlichtviertel ist dieses Grundgesetz suspendiert. An den gegenständlichen Waren ist so viel sichtbar, daß sie selbst fast schon nicht mehr zu sehen sind. Eine Flasche Rum steht auf dem Tisch, aber wir sehen gebräunte schöne Menschen im Wasser, die sportlich planschen, und hören die Melodie »Lalala, Bacardi-Rum«.

Was man im Hurenviertel kaufen kann dagegen, soll man so nicht ansehen. Der durch Nebenvorstellungen und Begleitbilder um die Waren erzeugte Nimbus ist hier einer Schäbigkeit gewichen, die die Phantasie eher abstößt. Die Fassaden der Bordelle selbst demonstrieren die Unwichtigkeit der Oberfläche, der psychologischen Verkaufsstrategien. Viele von ihnen sind mit Plastikplatten verkleidet, die durch Würfe mit Flaschen oder Steinen beschädigt sind (»vielleicht auch durch Schüsse ...«, denkt es sofort); Betonverschalungen sind sichtbar geworden. Hier werden keine Bilder verkauft, sondern die Sache selbst. Hier soll nicht gegafft werden, hier soll man etwas tun.

Eine Frau sieht einen Moment lang aus einem roterleuchteten Zimmer auf die Straße hinunter. Sie hat eine himmelblaue Korsage an, ihre Haut ist sehr weiß. Als sie meinen Blick bemerkt, verschwindet sie sofort hinter den Vorhängen. Eine andere Hure tritt schnell auf einen gußeisernen Balkon hinaus. Ihre Schulter blitzt auf im Nachthimmel. Einmal sieht man hinter einem nicht ganz geschlossenen Vorhang eine Frau im roten Licht vorbeigehen. Im Fenster eines der vermutlich winzigen Appartements ist eine Waschecke zu sehen mit Haarsprays und

Hautcremebüchsen. Eine Flasche »Odol« mit dem giraffenartig gebogenen Hals und dem türkisblauen Etikett zeigt sich als etwas Besonderes. Das Unsichtbare, das im Raum hinter den Fenstern vorgeht, scheint sich in den wenigen sichtbaren Details konzentriert zu haben. Die Dinge jenseits der Schwelle leuchten. Es ist dieser Glanz, der mit den Schwellen verschwunden ist, eine alte Würde der Objekte, die jetzt nur noch dem Voyeur und dem Fetischisten einleuchtet.

V

Jedesmal, wenn ich mich einem der Eingänge nähere, habe ich Angst. Schüler, Kollegen, Nachbarn könnten mich sehen. Die Schwelle übt ihren Sog aus. Sie verkörpert das Verbot und das Verbotene zugleich, wodurch dem Verbot etwas von der Anziehungskraft des Verbotenen mitgeteilt worden ist. Der Schrecken ist süß. Die Negation ist aufgeladen mit so vielen positiven Setzungen, daß die Substanz hinter ihr schon gar nicht mehr vorstellbar ist.

Die durchsichtigen Plastikschwingtüren, hinter denen die Freier verschwinden, zwischen denen sie wieder auftauchen, sind von vielen fettigen Händen abgegriffen (gleich nebenan gibt es Pommes frites). Die Flecken an ihren Innenrändern leuchten auf in dem farbigen Licht, das aus dem Innern des Gebäudes kommt. Die zarten Muster sehen von der gegenüberliegenden Straßenseite aus wie der Saum von Spitzenunterwäsche. An diesem Haus (es erstreckt sich fast über einen ganzen Block, und seine Fenster sind über seine volle Länge mit gelben Neonlichtern ausgestirnt) wurden wiederum das Untergeschoß und die Eingänge neu gestaltet, es ist mit braunen, »rustikal« gebrannten Kacheln verkleidet, wie das Innere fortschrittlicher Metzgereien. Die Etablissements heißen »Crazy Love« (eine nackte Frauenfigur auf einem durchgehenden schwarzen Pferd als Wandmalerei-Signet), oder sie sind angezeigt einfach durch zwei nach unten zeigende rote Neonpfeile und die weiße Neoninschrift: »Zu den Girls«. Ein Eingang ist als »Kontakthof« bezeichnet, ein Pfeil auf einem Messingschild weiter innen verweist auf die »Kundentoilette«. Weiter hinten im farbig ausgeleuchteten Unbestimmtheitsraum ist schließlich in sachlichen schwarzen Schablonenlettern auf einem weiß gestrichenen Betonquerbalken die Inschrift aufgesprüht: »Für Frauen und Jugendliche verboten«. Die Unsichtbarkeit des hier Verkauften, die Angst vor der Schwelle, das Gefühl des Ernstfalls, die frei flottierenden Anmutungen bevorstehender Gewalt finden in dieser Inschrift durch eine unbewußte Theorietätigkeit des Viertels selbst eine Erklärung. Hier ist inmitten der Moderne eine archaische Zugangsberechtigung aufgerichtet. Eine biologische Institution ist Kraft, übt Apartheid, ohne daß die Polizei einschreitet. Stonehenge-Gefühle und Steppenernst überfluten mich, etwas wie ein Steinzeitstolz oder ein Rudelbewußtsein. Es ist ausgesprochen wohltuend. Denn ich wäre im Zweifelsfall innen.

Daher also die gleichmütig-freundliche Schonung im Blick der Männer, die einander in diesen Straßen so entspannt ansehen wir nirgends sonst in der Stadt.

VI

Ein anderer Eingang zu einem anderen Puff. Anstelle des alten Hauseingangs ist eine garagengroße Eingangsbox in den Jugendstilbau hineingebrochen worden. Sie ist vollkommen leer, weiß gestrichen und beleuchtet von unterirdischem Grüngelb einer verborgenen Neonröhre. An der hinteren Wand der Schleusenbox führt eine Treppe nach oben. Wer ein- und austritt, steht einen Moment lang in dieser Leere unter diesem Licht. Eine Versuchsanordnung hat sich hergestellt, ein Arrangement wie in einem Gemälde von Francis Bacon. Wer auf die Schwelle tritt, wird jemand anderes, verändert sich durch das Licht und durch die Angst. Ein Mann bindet sich im Hinausgehen einen Mantel aus weichem grauem Nappaleder zu. Die Entschlossenheit, die seiner Geste in diesem Raum zugewachsen ist, gibt seinem Gesicht einen abenteuerlichen Ernst. Er sieht in diesem Augenblick nicht banal aus, und ich fühle eine anonyme Männerhaussolidarität mit ihm.

Über der Eingangsbox in der Dunkelheit der Fassade leuchtet die Neonsilhouette einer Frau in einer wie schwimmenden Haltung, bäuchlings durch die Luft schwebend wie ein spätmittelalterliches Leuchterweiblein, wie eine Galionsfigur oder eine Nereide. So banal oder enttäuschend die Erlebnisse sein mögen, die hinter dieser Schwelle möglich sind: Wer hier eintritt, läßt einmal wirklich alle Hoffnung fahren und fährt in eine Art Meer hinaus, Sirenenstimmen nach. Wenn er zurückkommt, ist ihm eine gewisse Art geblieben, seinen Mantel zuzubinden.

Auch ich stelle mich für einen Augenblick in den Verwandlungsraum. Nun bin ich von der Straße aus und wahrscheinlich auch im Gebäude, wo ein Rausschmeißer Wache hält, sichtbar. Hier ist die Angst am größten. Der kahle Raum, einfach durch seine Schwellenlage, füllt sich mit einem Vorgefühl unkontrollierbarer, gefährlicher Lust. Ich sehe auf meine Hände. Sie leuchten in einer Weltraumfarbe, die ich an meinem Körper noch nie gesehen habe. Auf meiner dunkelblauen Jacke kriechen weißlich phosphoreszierende Würmer: Staubfäden, die unter der Schwellenlampe plötzlich zu sehen sind. Ich werde durchleuchtet. Ich bin nicht mehr ich selbst. Die Schwelle hat mich verwandelt. Auch wenn mich jetzt niemand hier sieht, ist das Schande-Opfer vollbracht: Für einen vorübergehenden Bekannten wäre ich jetzt »einer, der es nötig hat«. Ich habe den Status des selbstgenügsamen, unbeteiligten Beobachters, des kritischen Konsumenten, des Bürgers, fast schon des Individuums geopfert. Ich sehe auf die Straße. Hinter meinem Rücken liegt nur noch das Reich der Biologie. Gerade noch das Geld könnte ich als Rationalisierungsmedium zwischen mich und meine Eigenschaft als Geschlechtswesen legen, wenn ich mich jetzt umdrehen würde und, die Treppe hinauf, weiterginge. Ich trete wieder auf die Straße hinaus.

VII

Die Aufgabe des sozialen Gedächtnisses tritt hierbei als mnemische Funktion klar zutage, durch stets erneute Berührung mit den Denkmälern der Vergangenheit selbst das Säftesteigen aus dem Muttergrund der Vergangenheit zu wahren, damit nicht aus der energetisch-erfüllten Gestaltung ein kalligraphiertes Dynamogramm werde.

Aby Warburg

Einige Schritte entfernt vom Eingang in die Unterwelt, in der Blockmitte zwischen den beiden Hauptstraßen des Bordellviertels, liegt ein Café wie aus den früheren Romanen von Heinrich Böll. »Seit 50 Jahren«, steht auf der Speisekarte; unmittelbar vor dem Krieg also ist es gegründet worden (dann die grauen Trümmer zwischen den stehengebliebenen Häusern, die zu vielen jungen Frauen mit den über der Stirn aufgesteckten Frisuren, die hier einmal Heimkehrer und GIs bedient haben; dann kamen die schönen Sommer, die Kinder und das Wirtschaftswunder). Seine Schaufensterfront gibt durch sehr saubere Scheiben den Blick frei auf die holzgetäfelte Kuchenverkaufstheke und altmodische Glasaufbauten. Im Glaspapier glitzern preziös Marzipanschweine in Reih und Glied. Die immer gleich seriös und luxuriös wirkenden Kuchenzylinder und die billigen Holzstühle um viereckige kleine Tische mit dem holzfarbenen Kunststoffurnier. Ein leerer Kleiderständer aus Messing, als stünde er in der Designabteilung des Museums of Modern Art. An der Decke und an den Wänden Leuchter aus schlangenartig gebogenen Messingrohren, die sich um eine zentrale Messingkugel ringeln und in tulpenförmige schwarze Bakelitfassungen münden. Im Zeitungsständer die schleiflackrosa um ihren Stab gerollte »Financial Times« (die jeweils wichtigste rechts- und linksliberale Zeitung der Republik, das geht mir in der Betrachtung des Stillebens wieder auf, sind hiesige Lokalblätter). Tapetenflächen voller goldfarbener Rosen in großen, neubarock-cremefarben gefaßten Medaillonfeldern auf hellgelbem, gediegen vollgerauchtem Ölanstrich. Ein Konditordiplom. Das Saubere neben dem Abgenutzten. Braune Plastikpolster in der Bankecke. Hier saß bei meinem letzten Besuch ein ältliches Liebespaar, verhandelte halblaut seine offenbar recht problematischen Angelegenheiten und sah scheu herüber (ich war für sie der Detektiv). Hier bewegen sich korrekte und professionelle Bedienungen mittleren Alters sicher und mit Chefinbewegungen.

In einem Winkel plauderten zwei alte Frauen, verfilzte tortenförmige Pelzhüte auf dem Kopf. Die strähnigen Haare darunter, als eine ihren abnimmt, sehen aus wie eine Pelzkappe zum Druntertragen, auf dem kahlen Schädel. »Scheene warme Fiß hat mä hie, gell?« Später dann. »Die Wohnung steht leer und miä mise raus.« Und »Allehöxschtens drei Woche.«

Ein hübsches türkisches Mädchen mit zehn bis fünfzehn verschiedenfarbigen Kämmchen in den aufgesteckten schwarzen Haaren bewirbt sich bei der an der Kasse lehnenden Patronne um einen Aushilfsjob. Sie erwähnt offen, vertrauensvoll und naiv, daß es irgendwelche Schwierigkeiten mit irgendeiner Behörde gibt. Die ältere Frau, die ihre Ruhe und Autorität keinen Augenblick lang verliert, sagt ihr freundlich, sachlich und mütterlich, sie solle morgen wieder vorbeikommen. Es werde sich etwas machen lassen. Das türkische Mädchen geht auf die Straße hinaus. Der großstädtische Ausblick durch die Glasfront unter den in regelmäßigen Abständen aufgehängten Cafélampen hindurch auf Autos, graue Fassaden, das Licht der Ampeln hat sich vermischt mit den rhythmisch zuckenden Glühbirnenbändern und -feldern der um die Ecke gelegenen Peepshows, die verlorene, irgendwoher gefährdet, aber zugleich fraulich energisch wirkende Gestalt des Mädchens in ihrem sehr schönen grauen Popelinemantel mit stark wattierten Schultern.

Drei schlimm smarte, verdächtig wohlkonservierte und gepflegte Herren um die Vierzig, in Hirschlederjacken, mit Studiobräune, pferdehändlerisch taxierenden Augen, flüchtig aufsehend von Geschäftsgesprächen, sitzen am Nebentisch (es könnten aber auch aus der Studentenbewegung hervorgegangene Germanistikprofessoren sein; man weiß es eben nicht). Die Nähe der Gefahr hat im Bürgerlichen einen Distanz- und Schwellenraum entstehen lassen, der den Ursprung des Bürgerlichen fühlbar macht.

Dies hier ist keins der im vorigen Monat aufgemachten »Bistros«, wo sich die zweiundzwanzigjährigen pomadisierten Kellner in ihren überlangen Schürzen verheddern wie auf einem Kostümfest. In jenen ornamentalen Etablissements, denke ich hier hinter einer leeren Kaffeetasse, muß ja auf der Schwelle nichts geopfert werden. Die Urbanitätsschätze, die dort gehoben werden sollen, sind fabrikfrisch. In der Drehtür dort zittert man nicht, und jeder darf uns da gern sehen. So soll es hier, im Hurenviertel, auch bald werden (Sperrzone laut Stadtratsbeschluß ab 1991). Dann liegt hinter keiner Tür mehr etwas anderes. Auf dem Gehsteig wird man gleiten. Keinem Schwellengeist wird mehr etwas dargebracht werden, »Vergiß das Beste nicht!« ruft es, und wer das Beste vergessen hat, den holt der Teufel.

Aus: Stephan Wackwitz
Kleine Reisen
Steidl 1997

Alexander Kluge
Goldgräberstadt

[Eine Boxgroßveranstaltung] Die crème der Gesellschaft, darunter Banken, Gattinnen, Verbrecher, ist versammelt. Namensnennung der Anwesenden im Stil eines Gesellschaftskolumnisten. Schmuck und Brieftaschen. Noch während der Veranstaltung werden Einladungskarten verteilt: eine Nachfeier im geschlossenen Kreis.

Nach Schluß der Veranstaltung stehen draußen Luxusautos bereit, um die Eingeladenen zu einer Villa zu bringen. Vorfahrt der Gäste.

Die Gäste werden im Foyer zum Ablegen veranlaßt. Sie werden in einen Keller geführt, dort an die Wand gestellt und unter Vorhalt von Schußwaffen beraubt. Während einige Gäste schon »verarbeitet« sind, warten andere auf der Treppe der Villa oder im Foyer darauf, hereingelassen zu werden.

Die beraubten Gäste, auch ihrer Pelze entledigt, liegen gefesselt am Kellerboden.

Es ist die Tat der Amateure Köckermann und Großherr, typische Projektemacher, Verbrecher im konservativen Sinne. In Neapel, Hafennähe, wird ihr Wagen ausgeräumt gefunden. Köckermann und Großherr in Hockstellung unmittelbar hinter dem Fahrersitz. Kriminalrat Kobras: »Herz zerrissen, Aorta beschädigt, Leber und Blase geplatzt, Rippen gebrochen, Rückgrat gebrochen, der Hüftknochen zerschmettert, das Becken nach innen zum Magen hin einwärts gedreht. Offenkundig nachträglich so hingesetzt, wie wir sie fanden.« Immerhin haben verschiedene Angehörige der Frankfurter Verbrecherwelt durch sie ihr Gesicht verloren, haben zweifellos Brieftaschen, Schmuck von Freundinnen usf. herausgeben müssen.

[Ein Nichts, das lebt] Morgenstunde, Restaurant »Reichshof«; im »La Plaza – Fischerstuben«, nebenan, Frühgäste, einige Vertreter, die sich vor Arbeitsanfang mit einem Geschlechtsverkehr erfrischen wollen. Die Jung-Prostituierte Gilda durchtrabt das langgestreckte, schlauchartige Lokal »Reichshof«, strebt zu einer der hinteren dunklen Ecken.

35 cm Haarturm, für diesen Moment vor Arbeitsbeginn voll intakt. Mit einem rosa Tempotaschentuch wischt Gilda die Sitzbank, besieht sich in einem der Rundspiegel. Heute ein ganz frischer sauberer Anfang. Sie muß gleich etwas ganz Kaltes trinken. »Ich schlafe sonst ein.«

Noch ist das Lokal leer. »Ich bin doch nicht unterzukriegen.« Sie trägt ein Kleid, auf das ein Kragen aufgepinnt ist: zwei große gepunktete Lappen, die bis zum Mittelbauch reichen. Das Kleid kann sie als Dienstkleidung 6 bis 12 Wochen tragen, falls nur dieser Kragen täglich oder zweitägig gewechselt wird. Nach zwei Stunden stehen vor Gilda geleert: 1 Kaffeegeschirr, 1 x Campari, 3 x etwas ganz Kaltes zum »Wecken«.

Sie ist noch völlig ungebraucht, als gegen 11 Uhr Kriminalobermeister Mürke eintrifft und sie zum Polizeipräsidium mitnimmt. Sie soll in der Mordsache Berends aussagen; Mürke nimmt an, daß sie irgend etwas mitteilen könnte.

Gilda: Ihr könnt mich doch hier nicht fertigmachen.

Mürke: Hältst du mich für blöd?

Gilda: Ich halte euch nicht für blöd.

Mürke: Vor einem Jahr hattest du noch die Perücke. Damals hast du dich geweigert, der Polizei zu helfen. 1970 bestraft wegen Begünstigung. Warum sollen wir dir irgend etwas glauben?

Gilda: Ihr könnt mir doch nichts andichten.

Mürke: Ich könnte jetzt beleidigt sein. Was heißt »andichten«?

Gilda: Ich kann aus meinem Herzen keine Mördergrube machen.

Mürke: Ich habe von Mord doch gar nichts gesagt. Ich habe gefragt, was du gesehen hast.

Gilda: Ich habe überhaupt nichts gesehen. Ich habe geschlafen.

Mürke: Du willst uns auf den Roller nehmen.

Gilda: So weit bin ich nun doch, daß ich niemand auf den Roller nehme.

Mürke: Da gibt es nichts zu vertuschen.

Gilda: Seid doch mal vernünftig.

Mürke: Wir sind vernünftig.

Die Sprache ist die Magd des Vorteils. Etwas darin mitteilen, ist einfach; aber nichts mitteilen, die Mitteilung in lauter Sprache verschwinden lassen, dies ist eine Arbeitsleistung von außerordentlicher Qualität.

Nach vier Stunden Verhör, überrollt von den Kräften, die sie benutzen wollen, sagt Gilda mit auf 8 cm Höhe zusammengefallener Frisur alles, wovon sie annimmt, daß die Beamten es hören wollen. Zurück im Revier, Wartestellung im »Reichshof«, wird sie von Experten des Syndikats gefaßt. Es ist hier schon bekannt, daß sie im Polizeipräsidium war. Sie soll ihre Aussage schriftlich widerrufen. Es wird ihr gedroht. Ganz unscheinbar, ein Nichts, das fremdem Willen folgt, widerruft sie, erreicht so, daß man von ihr abläßt. Von einem solchen Nichts gilt weder die Aussage noch der Widerruf. Wenn das so weitergeht, siegt sie sich zu Tode. Mürke holt sie spät nachmittags erneut zum Verhör. »Ich haue dich zu Puppendreck.« Sie widerruft den Widerruf. Wieder zurück im »Reichshof«, warten schon die Syndikatoren. Sie läßt sich in ein Hotelzimmer führen; hier setzen sie gemeinsam einen hieb- und stichfesten Widerruf von Gildas Aussage auf.

Allmählich wird so diese Zeugin für die Polizei wertlos. Es wird zu einem Interessenwegfall sowohl für die Polizei wie für das Syndikat kommen, wenn sie nur durchhält. **Das ist Schwerstarbeit; einen greifbaren Gegenwert für die Arbeit erhält sie nicht**. Gerade, daß sie aus der Zange herauskommt. Sie rennt zum Speiselokal »Vávra«, auf einer Toilette hat sie ihren Haarturm durch Striegeln in Form gebracht. »Sie lächelte, ihr Haar leuchtete, und sie trat schnell, wie ein verschwitzter Bauarbeiter, an die Theke.«

[Einer äußert sich] Ein in diesem Lokal bekannter Angestellter eines Pelzversandhauses rennt in den schmalen Schlauch »Reichshof« hinein: »Ich komme gerade vom Totschlag. Bin freigesprochen.« In seiner Firma darf er sich in dieser Tonlage nicht äußern. Die Lokalinsassen, eine junge Hure, eine Alt-Hure, die sich kürzlich in die Rente eingekauft hat, lachen. Der Angestellte läuft aus dem Lokal hinaus. Jetzt eilt er wieder herein: »Mein Bruder war Totschläger, ich bin Rattenfänger.« In diesem Zustand, einmal in der Woche, kommt er zur »Äußerung«. Der Ober fordert ihn zum Verlassen des Lokals auf; der Angestellte, sich zurückziehend: »Ich gehe vor, Sie kommen nach.« Selbstverständlich bleibt der Ober, wo er ist.

»Das ist wichtiger als Geld, daß man mal lacht.« Dies sagt die pensionierte Alt-Hure, eine dicke, pferdeschenkelige Natur, die sich jetzt zur Toilette begibt. Sie sagt es zu der jungen Hure hin, die Apfelmus ißt und mit ihr noch eben »silberhell« gelacht hat. Die Alte: »Wir haben das Geld auf dieselbe Art zusammengekriegt.« Sie will die Möglichkeit ausschließen, daß die Jung-Hure vielleicht (wegen des Alters der Alten) sich darüber täuscht, daß sie demselben Geschäftszweig zugehören. Die Junge billigt die Worte der Veteranin, nickt mit vollem Munde heftig. Vielleicht bringt ihr dieses kurze, nicht absatzbezogene Gespräch Glück.

[Müselchen] Sie wäre in der Lage, sechs männliche Säcke samt Feger gleichzeitig zu trösten, wenn die »Affenköppe« nicht Hemmungen hätten, sich nebeneinander aufzustellen, so, wie sie sich vor dem Pissoirbecken ja schließlich, wenn Hochbetrieb ist, ebenfalls nebeneinander aufstellen.

Sie ist Anhängsel ihrer Geldkassette, in die sie Teile ihres Gewinns, soweit sie die vor Fred verbergen kann, hineinspart; sonst Anhängsel ihres Zuhälters. Soweit dieser sie nicht zu schützen vermag vor der »Organisation«, sind beide Anhängsel dieser Organisation, aber auch, wenn sie in dessen Räderwerk geraten, Anhängsel des Polizeiapparats. Anhängsel sind ihre Wünsche (z. B. nach einem Bier, einem 50-Pfennig-Stück, das sie in die Musikbox stecken kann). Sie sitzt in Wartestellung, füllt Maggi in Stonsdorfer Fläschchen, die sie geleert hat. Überschießende Arbeitskraft; 4 Flaschen sind verarbeitet.

Alle die Anhängsel und Eigenschaften zusammengenommen ergeben eine schöne Wucht von Person, aber sie wollen einzeln berücksichtigt sein: wie eine Rotte eigensinniger Verbrecherspezialisten, die sich nicht auf einen gemeinsamen Plan vereinigen lassen; wenn es aber darum geht, sich zum Verschwinden zu bringen, entwickeln sie Gemeinsinn.

[Nahrungsmittelchemiker Hiesel, Kaiserstraße:] »Was hier in den von uns untersuchten Würsten von uns in der letzten Zeit gefunden wurde, stellt den Tatbestand der vorsätzlichen Körperverletzung dar. Gott sei Dank hat diese Metropole eine hohe Fluktuation der Bevölkerung. So treffen die gleichen Würste immer wieder auf andere Menschen. Trotzdem planen wir hier einen grundsätzlichen Wandel. Wir haben auf Kosten der Stadt eine Modellküche errichtet, in der gesunde uns bekömmliche Kost in Beispielen hergestellt wird. Wir versprechen und hiervon eine zumindest moralische Auswirkung auf die Verbesserung des Niveaus der verkauften Lebensmittel. Selbstverständlich ist es uns mit den beschränkten Mitteln nicht möglich, gleich auf Anhieb den Standard der französischen Küche zu treffen.«

[Suggestion von oben; mimetische Betäubung] Fluß Main und Dampfer, nachts drei Uhr. Aus einem Leck fließt ein breiter Schwall Öl. In dem sich ausbreitenden Ölfilm spiegeln sich die Lichter des Hafens. Der Kapitän: »Leck dichten!« Mit Lappen und Holzwolle versuchen Mitarbeiter dieses formschönen Transporters, den Ölfluß einzudämmen. Der Kapitän. »Volle Fahrt voraus!« Er versucht, eine Ölspur hinter sich herziehend, den Dampfer bis zum Morgengrauen zu einem Punkt 60 km flußaufwärts zu bringen, in der Hoffnung, so einer Strafverfolgung zu entgehen.

Die Beamtin der Umweltkontrolle, Frau Dagmar Holtzmann, 8 Uhr früh, springt in ein Polizeimotorboot und verfolgt die Ölspur. Die Morgensonne veredelt das Sprühwasser der Bugwelle sowie das Kielwasser zu einem Klarwassereffekt; an sich handelt es sich um eine bräunlich-sandige Brühe. Als Frau Holtzmann zwischen Stadtprozelten und Wertheim vom Motorboot auf den gestoppt daliegenden Dampfer übersteigt, das Leck ist inzwischen dicht, bietet ihr der Kapitän, Kavalier alter Schule, Tee mit Rum an. Der Inhaber der Dampferlinie erscheint, begleitet von einem Anwalt. Beide Herren tragen dunkle Anzüge mit Nadelstreifen. Philosophisches Geplauder über Flüsse. Frau Holtzmann sagt nichts von Strafe, antwortet in der Art, wie diese Herren sie anreden. Momentan ist sie rechtsblind. »Man müßte dieser Charaktermaske von Kapitän den Bart abreißen, ihn, den Chef und den Anwalt in Häftlingskleidung stecken, das Geplauder durch einen Kanonenschuß unterbrechen, um der nächtlichen Straftat ganz sicher zu sein.« Es wird ihr als Falschheit ausgelegt, daß sie, in ihre Kanzlei zurückgekehrt, doch Strafanzeige erstattet: Fahrerflucht mit Dampfer.

[Staatsanwalt Berg gegen eine Übermacht] Der junge Staatsanwalt Dr. Berg, wenig Amtserfahrung, hat vom Beobachtungspunkt der Wasserschutzpolizei aus im Strom eine deutlich erkennbare Abwässerfahne von rötlich-grüner Farbe, etwa 12 bis 20 Meter breit, festgestellt. Er besteigt, begleitet von einer Schreibkraft, den Polizeihubschrauber und verfolgt die Spur flußaufwärts bis zu einem Industriekomplex, aus dessen Abwässerleitungen diese Fahne in die Strömung des Flusses eingeführt wird. Er landet auf Werksgelände, füllt an diesem Ursprungsort Proben der aus 2–3 m dicken Röhren in den Fluß geleiteten Flüssigkeit in Reagenzgläser; der Tatort wird mit Polaroidkamera fotografiert. Beauftragte des Werkschutzes versuchen vergebens, den Start des Hubschraubers zu verhindern. So, jetzt hat der junge Staatsanwalt Berg Beweismaterial in den Justizpalast heimgebracht. Die Geschäftsleitung des betroffenen Industrieunternehmens setzt 6 Volljuristen der Rechtsabteilung sowie 8 Mitarbeiter der Abteilung Werbung und Öffentlichkeitsarbeit auf seine Spur. Staatsanwalt Dr. Berg hat übersehen, daß er rechtswidrig den Grund und Boden eines »eingerichteten und ausgeübten Gewerbebetriebes« betreten hat. Er hat die Proben an einer Stelle entnommen, an der die Mischung aus Zink, Blei, Farbstoffen, die er als Fahne klassifiziert, noch Eigentum des Unternehmens ist. Erst 30 m flußabwärts gehen diese Substanzen in den öffentlichen Flußbereich über. Die Beauftragten des Werkschutzes, 7 Zeugen, haben den Rechtsbrecher Dr. Berg auf frischer Tat gefaßt, auch wenn sie ihn momentan nicht halten konnten.

[Privataufzeichnungen des Steuerfahnders Muschmann] In dem Betonneubau der Oberfinanzdirektion hat Steuerfahnder Muschmann sich mit ein paar Kissen, Andenken, einem Plaid ein nettes Stübchen eingerichtet. Er sammelt außerdienstlich Informationen »für wen es angeht«. Irgendwann einmal wird jemand kommen, der sich für diese Aufzeichnungen interessiert. Hätte die linke Mehrheit im Unterbezirksvorstand der SPD Muschmanns Vertrauen, so würde er diese Aufzeichnungen zur Verfügung stellen. Ein multinationaler Konzern hat Waren, im Einzugsgebiet der Stadt produziert, zu einem Spottpreis an eine Filiale desselben Konzerns nach Übersee geliefert und somit einen Bilanzverlust ausgewiesen. Dies verursacht der Finanzverwaltung einen Steuerverlust von 7 Milliarden DM in fünf Jahren. Eine namhafte Bankgesellschaft hat einen internationalen Rentenfonds errichtet, dessen Papiere nicht zu einem Endfälligkeitstermin zurückzuzahlen sind. Die Papiere sind zu 100 Prozent begeben, haben jetzt einen Marktwert von 62 Prozent. Die Bankgesellschaft löst die Papiere zu 62 Prozent ein. Sie hat ein zinsloses Darlehen von einigen Milliarden DM zwangsweise auf die Kunden umverteilt. In fünf Jahren 35 Prozent Zinsen auf die Gesamtsumme stehen gegenüber 38 Prozent Kursgewinn. Hierzu rechnet Muschmann den Inflationsgewinn von rund 35 Prozent, da die Bank mit entwertetem Geld zurückkauft. Die Kunden haben also der Bank Zinsen gezahlt. Diese Berechnungen betreibt Muschmann als Hobby. Die Kenntnisse, insbesondere die Tatsache, daß niemand weiß, daß er diese Kenntnisse besitzt, machen Muschmann potentiell aufsässig. Irgendwann will Muschmann, wenn er dafür Partner findet, das »Wirtschaftsverbrechen mit der eisernen Ferse« ankratzen. Er sammelt, sammelt.

[Stadtentwicklung drückt auf die Lebenszone des Verbrechens] Die Grundstückspreise im Bankenviertel und im Zentrum sind so hoch, daß die Filialen großer Verkaufsapparate zur Kaiserstraße hin ausweichen. Weserstraße, rechte Seite Kaiserstraße (vom Hauptbahnhof gesehen) schiebt sich eine tote Zone solcher Filialen vor: Koffer-Sachs, Foto-Hahn, Nürnberger Haus (Versicherungsgesellschaften),

Uhren-Hermann, Fluggesellschaften (Iberia, Bulgaro-Flug, Aeroflot, Saudiarabian, Portugiesische Luftfahrtgesellschaft usf.). Auf der gegenüberliegenden Straßenseite: Rohneubau der Kaufhalle, glatter Beton. Früher existierte hier Kleinhandel, Cafés, Tanzhallen, Treffpunkte, Fortbildungsinstitute, Mietobjekte. Das Verbrechen bedarf einer solchen Zone von Wuselleben, menschlichem Massenumsatz. Freitag, 17 Uhr, strömen hier Menschenmassen zum Bahnhof; Kleinhandel, Vergnügungsstätten, Pornokinos, Abendschulen versuchen, einen Teil dieser Menschen abzufangen.

Vor den Filialen großer Verkaufsapparate muß das Verbrechen zurückweichen. Verbrechensorganisator Guthermut: »Wir bedauern dies, können jedoch weder durch Schlägertrupps noch durch Mietpreisangebote diese Stadtentwicklung aufhalten.« Das Verbrechen arbeitet individualistisch, es entfaltet seine Macht durch die Köpfe wirklicher Menschen; gegen Apparate, die von Köpfen geleitet werden, die sich in auswärtigen Zentralen befinden, ist es relativ machtlos. Guthermut: »Ich bedaure diesen Kulturverfall der Stadtlandschaft, der nicht einmal dem organisierten Verbrechen eine Lebenszone beläßt. Ich sehe den Tag unseres Umzugs aus der Region Kaiserstraße kommen.«

[Baade kommt an] Der Kriminalbeamte Baade aus Oberhessen ist zur verstärkten Bekämpfung der Kriminalität in die Metropole versetzt worden. Er möchte vom Hauptbahnhof zum etwa 800 m entfernten Polizeipräsidium gelangen und nimmt hierzu ein Taxi. Die Fahrt geht über Umleitungen, Einbahnstraßen etwa 8 km weit, kostet 14,80 DM; und dann muß Baade nach Hinweis des Taxifahrers noch 400 m laufen, da man direkt zum Polizeipräsidium auf diesem Straßensystem nicht gelangen kann. Baade klettert über verschiedene Baustellen zum Haupteingang.

Auf die Verkehrsplanung während des Umbaus dieser Stadt hat ein Taxifahrerkonzern Einfluß genommen. Schon viele Reisende haben sich über die Länge und Kreisförmigkeit der Strecken gewundert. Kriminalkommissar Baade muß in einem Aktenvermerk begründen, wieso er für die kurze Strecke vom Hauptbahnhof zum Polizeipräsidium

14,80 DM ausgeben mußte. Die Vorgesetzten unterstellen ihm eine Privatfahrt.

[Einheit der pluralistischen Gesellschaft] Vom selben Regen eingedeckt, vom selben Fernsehprogramm berieselt, im Umkreis von 1500 m in derselben Stadt tätig, Bekenner ein und derselben verfassungsmäßigen Grundordnung – anderes als dies verbindet sie nicht:

G. Guthermut, ein Verbrecher, der mit Gewalt umgehen kann, der ein langfristiges Konzept sucht –

F. Hacke, Polizeichef, der die Wahrheit ergründen will –

Jeschke, Fellermeier und F. Dose, ein junges Wissenschaftlerteam, das die Wahrheit besitzt, aber nicht mit Gewalt umgehen kann –

Guthermuts Apparat

[Nichtorganisation als Herrschaftsform] Der Verbrecher G. Guthermut, Brillenträger aus Nordhessen*, verwaltet eine Gesellschaft in der Gesellschaft: Kaiserstraße, Moselstraße, Elbestraße, Weserstraße, Teile der Münchner Straße usf. Er versorgt die ihm Anvertrauten nicht mit materiellen Mitteln, sondern mit der Mangelware Frieden. Die von ihm aufgebaute Organisation heißt »Das Syndikat«. Da das Verbrechen alles, was es berührt, gewaltsam aneignet, kann eine äußerlich faßbare Organisation kein Sicherheitssystem darstellen. Das Syndikat ist deshalb eine Nichtorganisation, d. h. unter Einsatz unmittelbarer, langjähriger Gewalt hat Guthermut die Idee des Rechtsfriedens zwischen den ihm anvertrauten Gesellschaftsmitgliedern mit einer materiellen Realität auszustatten versucht. Das Materielle daran ist nicht zu greifen.

* Falls einer den Verbrechensorganisator Guthermut unmaskiert sieht: ein kleiner Mann mit Bauch, die Jacke spannt über dem übermäßig dicken Po. Flinke, natürliche Bewegungen, trägt Lackschuhe, Wildlederanzug. Wer ihm so begegnet, sagt: »Der ist mies.« Ißt seine Haarschuppen. Maskiert wirkt er dagegen eher hochgewachsen, schlank. Guthermuts Vorfahren: schlaue Bauern (Nordhessen). Er ist ein verkappter Charakter: »Charaktere werden gebrochen, Charaktere machen dumm.« Guthermut verbirgt seinen Charakter, so gut er kann.

[Lernen von der Wissenschaft] Das Verbrechen kann heute nicht mehr kunsthandwerklich und individualistisch betrieben werden. Wie jede Disziplin braucht es eine wissenschaftliche Grundlage. Der Verbrechensorganisator G. Guthermut sandte Mitarbeiter in Seminare der Universität, die ihm in stark gekürzter Zusammenfassung den Stand von Forschung und Lehre vorlegten. Was sie brachten, erschien Guthermut oft wenig praxisnah.

Guthermut: Was soll da hier z. B. heißen: »Wenn sich die bürgerliche Gesellschaft mit aller Glieder Einstimung auflöste (z. B. das eine Insel bewohnende Volk beschlösse, auseinanderzugehen und sich in alle Welt zu zerstreuen), müßte der letzte im Gefängnis befindliche Mörder vorher hingerichtet werden, damit jedem widerfahre, was seine Taten wert sind«, usf., usf. Das soll ein Honorar-Professor Oberlandesgerichtspräsident Staff geäußert haben?

1. Assistent Guthermuts, Herr Knoll: Darüber wurde mehrere Stunden gesprochen. Es handelt sich offenbar um einen Kernpunkt. Ich habe das gekürzt wiedergegeben. Ich dachte, wir sollten das mal prüfen.

Guthermut: Wir würden selbstverständlich diesem Mörder, wenn er unserer Organisation angehört, erstklassige Anwälte besorgen. Das würde schwierig, ihn, insbesondere in einem solch unpraktischen Fall, noch kurz vorher zu erledigen.

Knoll: Das hier scheint sich auf einen Spezialfall zu beziehen, daß ein »auf einer Insel wohnendes Volk beschlösse, auseinanderzugehen.« Dieser Fall ist ja recht wenig wahrscheinlich.

Guthermut: Würde ich auch sagen. Welche Insel meinen die? Die Seychellen?

Knoll: Das wurde nicht vorgetragen.

Guthermut: Und sie müßten ihn haben!

Knoll: Das wird ja vorausgesetzt. »Der letzte im Gefängnis befindliche Mörder.«

Guthermut: Nehmen wir das mal praktisch. Das ist vor allem eine Zweckmäßigkeitsfrage. Mord ist tatsächlich das Lähmendste, er zerstört die Arbeitsgrundlage der Organisation. Deshalb würde ich das anders formulieren. Wenn »das eine Insel bewohnende Volk«, also z. B. unsere Truppe Kaiser-/Elbestraße usf., »sich auflöste«, weil wir z. B. an eine fremde Organisation verkaufen, dann muß der letzte Mörder, falls er nicht absolut als Schweiger gilt, noch beseitigt werden.

Knoll: Die haben im Seminar nicht so den praktischen Fall ins Auge gefaßt.

Guthermut: Lassen Sie das mal. Wir können ja von hier aus bei der Auswertung der wissenschaftlichen Ergebnisse die praktische Schlußfolgerung einbringen. Verwirren Sie das nicht. Das ist alles subtil. Es bringt aber auf Gedanken. Ich stimme da vom praktischen Standpunkt mit diesen Kernsätzen völlig überein. So ein Mord durchschlägt die ganze Arbeitsbasis. Da sind wir strikt dagegen.

Knoll: Ich weise darauf hin, wie sich z. B. Die-Tote-von-Darmstadt-Levi mit Zeugenerpressung und Anwaltstricks in seinem Strafverfahren aufführt. Das schädigt außerordentlich. Es entsteht für den Leser der Eindruck, daß hier in der Stadt ein organisiertes Verbrechen existiert.

Guthermut: Sehen Sie, wie man aus wissenschaftlichen Grundlagen praktische Erkenntnisse ziehen kann. Diesen Levi muß man beseitigen, unauffällig. Der Kernsatz hier in Ihrem Skript heißt im Klartext: Mörder, die sich noch zuletzt, also bei Auflösung der Organisation, aber meines Erachtens schon vorher, als komplette Individualisten entpuppen, müssen selbstverständlich außer Aktion gesetzt werden, nicht damit »sie erhalten, was ihre Taten wert sind«, sondern weil ihre Taten grundsätzlich überhaupt nichts wert sind. Ich denke da ganz im Sinn der traditionellen Wissenschaft. Dieser Levi ist unauffällig zu beseitigen.

Knoll: Durch Mord?

Guthermut: Das ist in der Untersuchungshaft nicht einfach. Nicht durch Mord. Ich möchte dieses dreckige Wort überhaupt ausschließen. Aber im Ergebnis, ja: man muß ihn auslöschen.

Knoll: Also tot schon, aber nicht als Mord dargestellt?

Guthermut: Genau. Das muß begrifflich anders gefaßt werden. Der erlebt zuletzt noch einen Unglücksfall. Organisieren Sie das mal.

Knoll: Wenn nun aber die Öffentlichkeit das als Mord bezeichnet?

Guthermut: Sie meinen die Polizei?

Knoll: Oder einzelne erpresserische Teilorganisationen, die zuviel wissen, Konkurrenzorganisationen, die Presse, die Anstaltsleitung usf.

Guthermut: Deshalb sage ich ja: machen Sie das, aber es darf kein Mord sein.

Knoll: Und wie soll ich das machen?

Guthermut: Deshalb schicke ich Sie ja auf die Universität zum Mitschreiben, daß Sie auf wissenschaftlicher Grundlage völlig neue Lösungen entwickeln.

Knoll: Aber ich weiß keine.

Guthermut: Davon will ich nichts hören. Machen Sie ein Geschehnis, das nicht Mord ist, nach dem Levi aber nicht mehr existiert.

Knoll: Ein Unglücksfall ...

Guthermut: Ich sage einfach: ein organisiertes Geschehnis. Das Wort Mord ist aus meinem Gedächtnis gestrichen. Es läßt sich mit der Menschenwürde nicht vereinbaren. Sie ist Selbstzweck, wie ich hier lese.

Knoll: Verstanden. Es geht ja auch gerade darum, von der Organisation her einem Mörder wie Levi das Handwerk zu legen. Man könnte von einer Antimordaktion sprechen.

Guthermut: Das ist mir einen Versuch wert. Wir stehen hier Seite an Seite mit der Polizei. Da ich grundsätzlich gegen Morde bin, ordne ich diese Maßnahme ja an. Doch nicht aus Mordfreundlichkeit.

Knoll: Ich lege Ihnen morgen Abend einen Plan vor.

Guthermut: Gut. Wir dürfen nie aufhören zu lernen. Gute Nacht, Knoll.

[Veräußerung einer Nichtorganisation] Von Genf herüber kam ein unscheinbarer Buchprüfer, der Vollmacht vorwies, im Namen einer Organisation im Westen der USA die Zentrale der Frankfurter Verbrechensorganisation aufzukaufen. Vertrauensleute Guthermuts holten ihn vom Rhein-Main-Flughafen zum Versteck, eine ehemalige Kegelbahn, Holzvertäfelung, darin eingebaut mehrere Uhren. Das Geschäft zerschlug sich.

Guthermut: Es ist vollständig irrsinnig, das Syndikat selber kaufen zu wollen. Sie können die einzelnen Gruppen kaufen.

Fremder Verbrecher mit dem Aussehen eines Buchprüfers: Es ist die zentrale Organisation – meine Auftraggeber wollen die haben.

Guthermut: Es ist eine Friedensorganisation. Die Arbeit wird, streng professionalisiert, von Unterorganisationen und Spezialisten geleistet. Die müssen Sie kaufen.

Fremder Verbrecher: Meine Auftraggeber wollen nicht einzelnes Kroppzeug kaufen, sondern das Ganze.

Guthermut: Wenn Sie doch einmal verstehen würden: das Ganze gibt es nicht.

Fremder Verbrecher: Sie wollen damit doch wohl nicht sagen, daß das Frankfurter Verbrechen, das immerhin einen guten Ruf hat, nicht existiert? Ich kann daraus nur schließen, daß Sie sich weigern, zu verkaufen. Sie möchten die Sache verwirren. Dann ist Ihre Person ein Hemmschuh für die klaren Absichten unserer Organisation. Prüfen Sie diese Perspektive einmal sorgfältig: ein Einzelner, der sich den erklärten Zielen einer Organisation entgegenstellt.

Guthermut hatte anfangs diesen Buchhaltertyp unterschätzt. Er hielt ihn für einen Boten, einen Rechnungsprüfer. Dahin deutete auch, daß dieser Rechnungsprüfer, der sich Wilke nannte, darauf bestand, die Verhandlungen um 6 Uhr pünktlich zu beginnen und bis 17 Uhr durchzuhalten. Dies war jedoch nur seine Außenseite: Fleiß, Zeitausnutzung, Zähigkeit. Guthermut, der gegen 12 Uhr hungrig und durstig wurde, erkannte die Verhandlungsstrategie dieses Aufkäufers: der fremde Verbrecher war gewohnt, seine Verhandlungspartner auszusitzen. Guthermut behalf sich mit Keksen, stellte sich, jetzt nachträglich, auf diesen Gegner ein, der sich zunächst als Bevollmächtigter ausgab, sich dann aber als Organisator eines weltweiten Netzes erwies.

Guthermut: Die Organisationsmuster in den EWG-Ländern sind völlig andere als in den USA. Damit müssen Sie sich abfinden.

Fremder Verbrecher: Wir wissen, wie Verbrechen organisiert werden. Brauchen Ihre Belehrungen nicht.

Guthermut: Ihre Kapazität zu lernen ist äußerst begrenzt. Sie gehen von einem vorgefaßten Bild von Verbrechen und Organisation aus. Das Verbrechen bildet keine Einheit. Es besteht aus Einzelnen und kleinen Organisationen. Das Syndikat garantiert dieses Nebeneinander.

Fremder Verbrecher: Und woher sollen die Befehle kommen?

Guthermut: Mit Ihren Organisationsmethoden zerstören Sie das Verbrechen. Das ist doch nicht mit Befehlen zu machen. Jede einzelne Organisation und jeder Spezialist weiß selber, was er zu tun hat. Würde das Syndikat auf der Ebene dieser wirklichen Arbeit der Einzelnen organisiert, so würde der eine oder andere oder einige Gruppen versuchen, sich dieses Syndikat anzueignen. Hiervor schützt das Syndikat seine Nichtsubstanz.

Fremder Verbrecher: Und sein internationaler Ruf?

Guthermut: Eben nur ein Ruf.

Fremder Verbrecher: Sie wollen also nicht verkaufen?

Guthermut: Ich wüßte nicht, was ich Ihnen für den Kaufpreis liefern sollte. Sie können meinetwegen dieses Nichtvorhandene kaufen. Ich nehme jede Summe entgegen.

Fremder Verbrecher: Wir wollen von Ihnen wissen, was zum Syndikat gehört, wie die Befehlswege laufen, wie es organisiert ist.

Guthermut: Denken Sie denn, da sitzt eine Sekretärin und ein Apparat?

Fremder Verbrecher: Ich denke überhaupt nichts. Ich will diese Organisation kaufen, denn ich kenne ihren Ruf.

Guthermut: Dann würden Sie diesen Ruf kaufen?

Fremder Verbrecher: Nein, die Organisation mit allem, was dazugehört.

Guthermut: Das habe ich Ihnen doch gerade erklärt – es existiert in dem Sinne keine Organisation.

Fremder Verbrecher: Was ich verstehe, ist dies: Sie wollen nicht. Diese Weigerung ist für Sie äußerst gefährlich.

Guthermut erschien diese Situation riskant. Es gelang ihm nicht, diesen Buchprüfertyp zu einer differenzierteren Betrachtungsweise zu bewegen; der fremde Verbrecher übertrug Organisationsverfahren aus den USA auf die Bundesrepublik. Er hätte das organisierte Terrain: Moselstraße, Elbestraße, Gruppen von Spezialisten, zusätzlich: Banken und Baugeschäfte in der Stadt, Schlägertrupps, die Grundstücksverkäufe erzwangen, Systeme der Unterbringung von heißer Ware, Depots, eine Erpresserorganisation usf., usf., erwerben können; statt dessen interessierte ihn nur »das Ganze«.

Es blieb nur übrig, diesen »Organisations-Fetischisten« auf der Rückfahrt zum Flughafen in einen Verkehrsunfall zu verwickeln. Tödlich verletzt wurde der fremde Verbrecher in eine Privatklinik eingeliefert, die unter Guthermuts Einfluß stand. Guthermut fusionierte die wichtigsten seiner Teilgruppen mit einer Pariser Organisation, Tochterorganisation eines New Yorker Verbandes, der in der Lage war, die kaufwillige Organisation im Westen der USA auszuräumen. Jede Halbheit wäre hier gefährlich gewesen.

Die New Yorker Organisation suchte eine Zeitlang, den Wert der Fusion für sich zu realisieren. Sie ließ (nach Untertauchen Guthermuts) einen Frankfurter Verbrecher, den sie für Guthermut hielten, liquidieren, suchte eine Zeitlang auch die zentrale Stelle, von der aus sie das Guthermutsche Syndikat übernehmen wollte. Die Zusammenarbeit mit den einzelnen Gruppen und einzelnen Tätern war für die nach hochindustrialisierter Norm arbeitende Organisation uninteressant. Als sie kein faßbares Syndikat fand, kam es zum Interessenwegfall, wie Guthermut vorausgesehen hatte.

Aus: Alexander Kluge
Lernprozesse mit tödlichem Ausgang
Suhrkamp 1973

Helmut Heißenbüttel

Versuch der Rekonstruktion einer Stadt

Die Stadt Hamburg ist eine gute Stadt; lauter solide Häuser. Hier herrscht nicht der schändliche Macbeth, sondern hier herrscht Banko. Der Geist Bankos herrscht überall in diesem kleinen Freistaat, dessen sichtbares Oberhaupt ein hoch- und wohlweiser Senat. Hamburg ist die beste Republik. Seine Sitten sind englisch und sein Essen ist himmlisch. Wahrlich, es gibt Gerichte zwischen dem Wandrahmen und dem Dreckwall, wovon unsere Philosophen keine Ahnung haben. Die Advokaten, die Bratenwender der Gesetze, die so lange die Gesetze wenden und anwenden, bis ein Braten für sie dabei abfällt, diese mögen noch so sehr streiten, ob die Gerichte öffentlich sein sollen oder nicht; darüber sind sie einig, daß alle Gerichte gut sein müssen, und jeder hat sein Leibgericht. Am Hafen liegt ein Gebäude, das das Baumhaus genannt wird, mit einer Galerie oben auf dem Dache, worauf zuverlässig einer der schönsten Prospekte in Deutschland ist. Ich erwähne nur dies, daß man hunderte von dreimastigen Schiffen auf einmal übersieht. Alles lebt und wimmelt, da wird repariert, gebaut, aus- und eingepackt, und alles wacht, ist geschäftig. Auf einmal sieht man die Segel von einem solchen Gebäude voll werden und unter dem Freudengeschrei von Matrosen von den anderen Schiffen geht es mit einem Zuge, dessen Majestät nichts auf der Erde gleichkommt, den prächtigen Strom hinunter. Die Hamburger Innenstadt liegt zwischen dem Wallring und der Ost-West-Straße. Die Innenstadt hat funktional längst die Grenzen des historischen Hamburg gesprengt und umfaßt beträchtliche Teile rechts und links der Alster und an der Elbe. Die City hat sich zu einer in Deutschland einmaligen Konzentration von Geschäften, Warenhäusern, Banken und Büropalästen entwickelt. Die Tagesbevölkerung dieses nur rund vier Quadratkilometer großen Areals beträgt wochentags zwischen 8 und 18 Uhr schätzungsweise eine halbe Million Menschen.

Bäckerbreitergang Valentinskamp Caffamacherreihe ABC-Straße.

Richtung Mühlenkamp. Blaues Licht. Etwas Helles. Aufleuchtendes. Staub. Autos. Kleine schwarze Senkrechte überqueren langsame schwarze Waagerechte. Regenförmiges überquert Regenförmiges. Scharen von Wänden. Kleine schwarze traurige unaufhörlich wandernde Rechtecke. Zögernde Diagonalen.

Manche Historiker behaupten, Karl der Große habe Hamburg nur erweitert, die Phönizier aber hätten Hamburg und Altona gegründet und zwar zu derselben Zeit als Sodom und Gomorra zugrunde gingen. Vielleicht haben sich Flüchtlinge aus diesen Städten nach der Mündung der Elbe gerettet. Man hat zwischen der Fuhlentwiete und der Kaffamacherei einige alte Münzen ausgegraben, die noch unter der Regierung von Bera XVI. und Birsa X. geschlagen wurden. Und noch ein Hinweis: Wer sich in gewissen Lokalen der Großen Freiheit zum Beispiel in der Monica-Bar oder im Barcelona eines der schönen Kinder anlacht, wird, wenn er sich nicht über den besonderen Charakter dieser Vergnügungsstätten im klaren ist, eine höchst unliebsame Überraschung erleben.

Langsam vorsichtig reglos treiben die Unbekannten ans Ufer. Eine Flotille von fünf gerade gestreckten Schwanenhälsen. Ich sah sie fliegen: dunkel schwer nahe am Wasser. Die Hamburger Innenstadt liegt zwischen dem Wallring und der Ost-West-Straße. Die Innenstadt hat funktional längst die Grenzen des historischen Hamburg gesprengt und umfaßt beträchtliche Teile links und rechts der Alster und an der Elbe. Die City hat sich zu einer in Deutschland einmaligen Konzentration von Geschäften, Warenhäusern, Banken und Büropalästen entwickelt. Die Tagesbevölkerung dieses nur rund vier Quadratkilometer großen Areals beträgt wochentags zwischen 8 und 18 Uhr schätzungsweise eine halbe Million Menschen.

Als er 47 am Hofweg aus der Straßenbahn gestiegen war, hatten Passanten eine Blutspur entdeckt. Ein Mitgeschleifter, ein junger Mann, war zwischen Triebwagen und Anhänger hervorgezogen worden. Eine ältere Frau hatte sich vorgedrängt und an den Haaren des leblos Daliegenden gezerrt. Sie wollte, wie sie hysterisch lachend geschrien hatte, nachsehen, ob der Kopf noch fest saß. Ein grauer Spätnachmittag kurz vor Dunkelwerden. Die leeren Tennisplätze des Uhlenhorster Hockey-Clubs. Die graue Häuserwand der Averhoffstraße. Autoverkehr in beiden Richtungen.

Möven, niedrig um eine Pappel. Grauer Volkswagen vom Dammtor. Straßenbahn vom Klosterstern. Zwei Männer, grauer Hut und blauer Hut, wartend. Hochbahnuniform, Schirmmütze, graues Haar, Stock, hinkend, Richtung Klosterstern. Weißer Dunst, blauer Regenmantel Richtung Dammtor. Vier Mädchen und drei Männer Richtung Dammtor. Grauer Straßenbahnreinigungswagen mit rotweißer Kantenzeichnung. 12.2.1840: Heute auf dem Petri-Thurm. Himmlischer Frühlingsnachmittag. Die Stadt, sich herausschälend aus dem Rauch. Das Glockenspiel: wachet auf, ruft uns die Stimme.

Das alte Hamburger Kaufmannshaus hat sich auf den schmalen, aber tiefen Grundstücken der elbnahen Marschinseln zu seiner eigentümlichen Form und Anordnung entwickelt. Es besteht aus dem vorderen Wohn- und Kontorhaus, dem rückwärtig anschließenden Mittelbau oder Steinhof und dem dahinter am Fleet gelegenen Speicher. Wie lernt man etwas kennen? Indem man seine Einzelheiten auswendig lernt? Eine Stadt zum Beispiel. Man wohnt in ihr, erst in einem, dann in einem anderen Stadtteil. Man macht bestimmte regelmäßige Wege, zu Fuß, mit der U-Bahn, mit dem Wagen. Kennt man die Stadt? Verkehrsmittel, Straßen, Arbeitsplätze, Lokale, Kinos, Museen, Theater, Spaziergänge, kennt man die Stadt, wenn man das kennt? Vielleicht wenn man in Gedanken beliebige und beliebig viele Wege abgehen kann. Wenn man weiß, wie man sich zurechtfindet, wo man was einkaufen kann usw. Muß sich nicht noch außerdem etwas ansetzen? Was? Historisches zum Beispiel. Objektive geschichtliche Entwicklung, Veränderung und die Spuren davon. Persönliche Erinnerung. Beides miteinander gemischt und einander ergänzend. Kennt man zum Beispiel eine Stadt, wenn sie soetwas wie ein Abbild, ein Aufbewahrungsraum, eine Spur geworden ist von dem, was man in ihr gelebt hat?

Die Verteilung von Barkassen und Fährdampfern auf einer Hafenfläche. Die wechselnde Dichte der Verteilung von Barkassen und Fährdampfern auf einer Hafenfläche. Bäckerbreitergang Valentinskamp Caffamacherreihe ABC-Straße. Nachmittage in Nachmittage die Zelle, in der er gelebt hatte. Eine ganze Kette von Nachmittagen dieses Zimmers, während er daliegt, ins Fenster starrt, zum Schreibtisch geht, schreibt, liest. Abendlicht über den regennassen Dächern. Spaziergänge um die Alster herum. Abendliche Heimwege auf der Adolfstraße. Und abends immer geht der Weg zusammen mit dem spiegelzweiten Silberufer Orion entgegen. Tägliche Fahrten mit dem Alsterdampfer. Die Abendsilhouette der Innenstadt über der Lombardsbrücke.

Ganz Hamburg für drei Mark fünfzig; zu Wasser und zu Lande. Die Sehenswürdigkeiten der Stadt in dreieinhalb Stunden. Käses Stadt- und Hafenfahrten gehen mit gelben, hochbordigen Mail-Coaches morgens um 10 und nachmittags um 3 Uhr vom Sammelplatz vor dem Alsterpavillon ab. An den Vorsteven werden die staunenden Quiddjes eingeschifft zur Fahrt durch die Häfen oder nach Blankenese. Hans Stahl: Ecke Hein Hoyerstraße und Simon von Utrechtstraße. Ecke Hopfensack und Kattrepel. Ecke Trummersweg und Gaedechensweg. Ecke Hallerstraße und Rothenbaumchaussee. Normaluhrreklame: Moravia-Pils. Zwei Männer mit Aktentaschen. Weißhaariger Mann ohne Hut. Auf den Bus wartend.

Von Celle nach Hamburg hat sich mit mir nicht viel Sonderliches zugetragen, es war abscheuliches Wetter und ich saß in einem Fußsack bis unter die Arme. Diese angenehme Lage bei einem kalten nassen Wetter brachte bei mir ein paar Gedanken auf die Flügel, die bisher sich immer eingehalten hatten. O wenn Sie wüßten, wenn Sie wüßten, was ich in Hamburg gesehen, gehört, gegessen, gelacht und getan habe.

Die Villenviertel der Uhlenhorst und Winterhudes gehören zu Hamburgs ruhigsten und teuersten Wohngegenden, deren besonderer Reiz eigentlich erst durch eine Bootsfahrt auf den Kanälen, die sich hier hindurchziehen, erfaßt werden kann. Ich selber sage nie etwas und betrachte die Mädchen und den heiter sanften Himmel und den langen Petriturm mit der schlanken Taille und die stille blaue Alster, worauf die Schwäne so stolz und so lieblich und so sicher umherschwammen. Krugkoppelbrücke 12 Uhr 10: Streifen von Windrippen. Geschwader von Enten. Vom eisernen Poller hängen Wassertropfen. Der Klinker der Brücke grauviolett und feucht. Rotes Gebüsch vor grünem Gras. Mövenfeld auf der Fläche des Eichenparks. Feuchte Fußspur im Wartehaus. Gleichmäßiges Geräusch des Autoverkehrs auf der Brücke.

Zwei Kinder durch den Eichenpark sich entfernend zwischen den Möven. Spiegelbilder im Wasser. Blaugrau. Verschiedene Helligkeitsgrade. Grünrostige Flecke. Geschwader von Enten. Eine Viertelstunde bis Klosterstern. Einzelne Möve schräg um eine Pappel. Wind unter den Brückenbögen, plötzlich Rippelung, plötzlich abflachend, Schatten in Schatten. Autoverkehr in beiden Richtungen.

Alsterschiff-Restaurant; Böges Schiffchen; Café Bosporus; Cölln; København; Pak-Sun-Lam; Schünemanns Austernkeller; Wehrle; Zur Himmelsleiter; Lembcke; Efes Izmir; Madrid; Mühlenkamper Fährhaus; Meson Castellano (Schultheiß am Hallerplatz); Fischereihafen-Restaurant; Fischkajüte; Dill sin Döns; Jacob; Alt-Pöseldorfer Bierstuben; Brahmskeller; Funk-Klause.

Als er 47 am Hofweg aus der Straßenbahn gestiegen war, hatten Passanten eine Blutspur entdeckt. Ein Mitgeschleifter, ein junger Mann, war zwischen Triebwagen und Anhänger hervorgezogen worden. Eine ältere Frau hatte sich vorgedrängt und an den Haaren des leblos Daliegenden gezerrt. Sie wollte, wie sie hysterisch lachend geschrien hatte, nachsehen, ob der Kopf noch fest saß. Ein grauer Spätnachmittag kurz vor Dunkelwerden. Die leeren Tennisplätze des Uhlenhorster Hockey-Clubs. Die graue Häuserwand der Averhoffstraße.

Stichworte zu einer erinnerten Gegend. Eine Gegend der Erinnerung, Stichworte, die einen Grundriß bilden. Grundriß von was?

Alter Wall Große Bleichen Neuer Wall: drei Straßen von Weltruf. Hier fahren Damen und Herren in Equipagen vor, um in Gemessenheit einzukaufen. Alles, was in den Auslagen der Salons, Magazine, Kunsthandlungen und Juweliere arrangiert ist, genießt den Ruf erlesener Qualität. Weit urwüchsiger geht es am Ende des Neuen Walls zu, wo das Görzsche Palais noch im Jahr 1888 von Wohnhäusern eingezwängt wird. Dort sieht man den Altonaer Pferdeomnibus, der an dieser Stelle stets ein Vorspannpferd erhält. Mit Hüh und Hussassa treibt der junge Vorreiter die Pferde den steilen Alten Steinweg hinaus zum Großneumarkt, um dort der Pferdebahnkonkurrenz möglichst die Fahrgäste wegzuschnappen.

Die Villenviertel der Uhlenhorst und Winterhudes gehören zu Hamburgs ruhigsten und teuersten Wohngegenden, deren besonderer

Reiz eigentlich erst durch eine Bootsfahrt auf den Kanälen, die sich hier hindurchziehen, erfaßt werden kann.

Autoschlangen in beiden Richtungen. Wechselnde Gruppen von Wartenden.

Langsam vorsichtig reglos treiben die Unbekannten ans Ufer. Eine Flottille von fünf gerade gestreckten Schwanenhälsen. Ich sah sie fliegen: dunkel schwer nahe am Wasser. Ecke Hallerstraße und Rothenbaumchaussee; Astragaststätte, Tabakladen, Bäckerladen, Zeitungsstand, Mode, Blumen. Normaluhr. Große Pappel. Bücherstube Greta Stolterfoht. Litfaßsäule mit Attikareklame: ein Paar, Zigarettenschachtel, Zigarette; Spritereklame (Cappireklame, Tom-Jones-Reklame, Erlaubt ist was Spaß macht: Mädchenkopf, Pinsel im Mund, Pinsel grün). Bus vom Mittelweg Richtung Altona: rot mit gelbem Oberteil.

Von Celle nach Hamburg hat sich mit mir nicht viel Sonderliches zugetragen. Es war abscheuliches Wetter und ich saß in einem Fußsack bis unter die Arme. Diese angenehme Lage bei einem kalten nassen Wetter brachte bei mir ein paar Gedanken auf die Flügel, die bisher sich immer eingehalten hatten. O wenn Sie wüßten, wenn Sie wüßten, was ich in Hamburg gesehen, gehört, gegessen, gelacht und getan habe.

Kleine schwarze Senkrechte überqueren langsam die schwarze Waagerechte. Regenförmiges überquert Regenförmiges. Scharen von Wänden. Kleine schwarze traurige unaufhörlich wandernde Rechtecke. Zögernde Diagonalen. 12.2.1840: Heute auf dem Petri-Thurm. Himmlischer Frühlingsmittag. Die Stadt, sich herausschälend aus dem Rauch. Das Glockenspiel: wachet auf, ruft uns die Stimme. Die Villenviertel der Uhlenhorst und Winterhudes gehören zu Hamburgs ruhigsten und teuersten Wohngegenden, deren besonderer Reiz eigentlich erst durch eine Bootsfahrt auf den Kanälen, die sich hier hindurchziehen, erfaßt werden kann. 12.12.1840: Heute auf dem Petri-Thurm. Himmlischer Frühlingsmittag. Die Stadt, sich herausschälend aus dem Rauch. Das Glockenspiel: wachet auf, ruft uns die Stimme. Als er 47 am Hofweg aus der Straßenbahn gestiegen war, hatten Passanten eine Blutspur entdeckt. Ein Mitgeschleifter, ein junger Mann, war zwischen Triebwagen und Anhänger hervorgezogen worden. Eine ältere Frau hatte sich vorgedrängt und an den Haaren des leblos Daliegenden gezerrt. Sie wollte, wie sie hysterisch lachend geschrien hatte, nachsehen, ob der Kopf noch fest saß. Ein grauer Spätnachmittag kurz vor Dunkelwerden. Die leeren Tennisplätze des Uhlenhorster Hockey-Clubs. Die graue Häuserwand der Averhoffstraße. Scharen von Wänden.

Aus den Tunneln tauchen die beleuchteten Vorderflächen empor. Holzfeuerhimmel der hinten liegenden Gegenden. Offenstehende Türen zu abgestellten Eisenbahnwaggons in der Novembersonne. Flachgezogene Rauchgelände über Rangierbahnhöfen. Aufgegitterte Spiegelbilder im Wellblech der Kanäle. In diesem Kanal- und Brückengelände. Die glitzernden Parallelen des vor mir liegenden Geländes. Scharen von Wänden.

Autoschlangen in beiden Richtungen. Wechselnde Gruppen von Wartenden. Plötzliches Erkennen des Frühlings am Hofweg. Blick in Richtung Mühlenkamp. Blaues Licht. Etwas Helles. Aufleuchtendes. Staub. Autos. Sommer 46 an der Elbe. Das Gewitter in Blankenese. Die tintenfarbige Fläche der Elbe. Das Gesicht Lore Schieblers. Der Eisenzaun vor dem Haus, in dessen Eingangstür sie sich vor dem Regen untergestellt hatten. Dieser Zaun vor diesem Haus, der heute wie stehengeblieben ist von damals. Was mit seinem objektiven Vorhandensein nichts zu tun hat. Autoschlangen in beiden Richtungen. Wechselnde Gruppen von Wartenden. Sichtworte zu einer erinnerten Gegend. Eine Gegend der Erinnerung? Stichworte, die einen Grundriß bilden. Grundriß von was? Sommer 46 an der Elbe. Das Gewitter in Blankenese. Die tintenfarbige Fläche der Elbe. Das Gesicht Lore Schieblers. Der Eisenzaun vor dem Haus, in dessen Eingangstür sie sich vor dem Regen untergestellt hatten. Dieser Zaun vor diesem Haus, der heute wie stehengeblieben ist von damals. Was mit seinem objektiven Vorhandensein nichts zu tun hat.

Museen und Galerien: Hamburger Kunsthalle; Museum für Kunst und Gewerbe; Museum für Hamburgische Geschichte; Museum für Völkerkunde und Vorgeschichte; Altonaer Museum; Jenisch-Haus; Helms-Museum; Ernst-Barlach-Haus; Bauzentrum; Kunsthaus Hamburg; Kunstverein Hamburg; Galerie Helmut Brinkmann; Galerie Brockstedt; Galerie Cometer; Galerie Hamburg 13; Helmut von der

Höh; Künstlerclub die insel; Neues Kunstzentrum; Atelier Mensch; Galerie Neuendorf; galerie uhu. Kleine schwarze Senkrechte überqueren langsame schwarze Waagerechte. Regenförmiges überquert Regenförmiges. Scharen von Wänden. Kleine schwarze traurige unaufhörlich wandernde Rechtecke. Zögernde Diagonalen.

Das alte Hamburger Kaufmannshaus hat sich auf den schmalen, aber tiefen Grundstücken der elbnahen Marschinseln zu seiner eigentümlichen Form und Anordnung entwickelt. Es besteht aus dem vorderen Wohn- und Kontorhaus, dem rückwärtig anschließenden Mittelbau oder Steinhof und dem dahinter am Fleet gelegenen Speicher. Oft kehrten wir uns noch im Wagen um und blickten traurig zurück, bis endlich auch die letzten Türme in graue Ferne versanken. Eine gute Chaussee führte uns bis zu dem niedlichen Städtchen Wandsbeck, welches eigentlich nur ein großer Garten voller schöner Landhäuser ist. Hier wohnt der Dichter Claudius.

Das Echo des Stundenschlags tropft. Die schwarz gehöckerte Zunge des Bootshauses redet mit sinnlosen Schnarchgeräuschen. Die ferne Lichtbank der Lombardsbrücke äußert sich sekundenlang mit dem Rattern der S-Bahn. Die Zeit ist ein Loch aus Stille. In weißen Wolkengittern glänzt Cassiopeia. Kleine schwarze Senkrechte überqueren langsame schwarze Waagerechte. Regenförmiges überquert Regenförmiges. Scharen von Wänden. Kleine schwarze traurige unaufhörlich wandernde Rechtecke. Zögernde Diagonalen.

Ich bin viereinhalb Tage in Hamburg gewesen. Habe auf dem göttlichen Fortifikations-Hause einmal mit Herrn Professor Gisecke gefrühstückt; habe mit Herrn Professor Büsch, Herrn Magister Ebeling, Herrn Sonin und der ganzen Handlungs-Akademie, die aus 16 jungen Leuten besteht, gespeist. Nach Tisch kegelte ich mit einigen. Auf dem Baumhause, in der Mitte des Hafens, habe ich auch einmal gefrühstückt und einmal einen halben Nachmittag zugebracht. Ich habe die Börse, das Rathaus und ein eines reisenden Weltweisen Achtung nicht unwürdiges Stück, den Ratskeller, besehen, auch die neue Michaeliskirche habe ich besucht, aber sie nicht so gefunden, als ich wohl erwartet hatte. Unterwegs zwischen zwei Situationen sehe ich ein Fenster, das durch die Nacht leuchtet. Immer derselbe Weg. Kleine kahle Bäume. Wind drängt entgegen, Regen schlägt ins Gesicht. Ich gehe. Während ich gehe, bewegt sich der Weg in immer derselben Richtung mit mir und ich komme nie ans Ende. Kleine schwarze Senkrechte überqueren langsame schwarze Waagerechte. Regenförmiges überquert Regenförmiges. Scharen von Wänden. Kleine schwarze traurige unaufhörlich wandernde Rechtecke. Zögernde Diagonalen.

Oft kehrten wir uns noch im Wagen um und blickten traurig zurück, bis endlich auch die letzten Thürme in graue Ferne versanken. Eine gute Chaussee führte uns bis zu dem niedlichen Städtchen Wandsbeck, welches eigentlich nur ein Garten voll schöner Landhäuser ist. Hier wohnt der Dichter Claudius.

4.1.1857: Ich war gestern bei Hofrath Nordberg in Gesellschaft mit einem Oberkriegscommissair, der sich lange in Hamburg aufgehalten hatte. Dieser erzählte, daß dort in den vornehmen Häusern kein Domestik Lohn erhalte, sondern daß jeder auf die Trinkgelder angewiesen sey, die denn auch eben bei Diners und Soupers in colossalem Maaß gereicht würden, 3 Thaler jedes Mal. Dieß hatte die Madame Jenisch ihm selbst gesagt und hinzugefügt, daß die Bedienten es immer meldeten, wenn irgend ein Gast aus Unkunde der Sinne oder aus sonstigen Gründen mit der Steuer im Rückstand geblieben sey.

Sommer 46 an der Elbe. Das Gewitter in Blankenese. Die tintenfarbene Fläche der Elbe. Das Gesicht Lore Schieblers. Der Eisenzaun vor dem Haus, in dessen Eingangstür sie sich vor dem Regen untergestellt hatten. Dieser Zaun vor diesem Haus, der heute wie stehengeblieben war von damals. Was mit seinem objektiven Vorhandensein nichts zu tun hatte. Bäckerbreitergang Valentinskamp Caffamacherreihe ABC-Straße. Das Gewitter, das sie in der Straßenbahn überrascht hatte. 49? 50? Die Regenwand, die hinter der Petrikirche auf die Mönckebergstraße prallte. Erinnerung dabei an Erzählungen von Hamburgern im Lazarett aus der Zeit der Luftangriffe. Autoschlangen in beiden Richtungen. Wechselnde Gruppen von Wartenden.

Krugkoppelbrücke 12 Uhr 10: Streifen von Windrippen. Geschwader von Enten. Vom eisernen Poller hängen Wassertropfen. Der Klinker der Brücke grauviolett und feucht. Rotes Gebüsch vor grünem Gras. Mövenfeld auf der Fläche des Eichenparks. Feuchte Fußspur im Wartehaus. Gleichmäßiges Geräusch des Autoverkehrs auf der Brücke. Zwei Kinder durch den Eichenpark sich entfernend zwischen den Möven. Spiegelbilder im Wasser. Blaugrau. Verschiedene Helligkeitsgrade. Grünrostige Flecke. Geschwader von Enten. Eine Viertelstunde bis Klosterstern. Einzelne Möve schräg um eine Pappel. Wind unter den Brückenbögen, plötzliche Rippelung, plötzlich abflachend, Schatten in Schatten. Die Tintenschrift, mit der dies notiert ist, ausgelaufen von einem Wassertropfen. Das Muster der ausgelaufenen Schrift auf der Notizblockseite.

Aus: Helmut Heißenbüttel
Projekt Nr. 1: D'Alemberts Ende
Klett-Cotta 1970

Christian Geissler
Fahndungsversuch

Mit der aufkommenden Sonne, den Vogelstimmen im Elbgartendunst, dem Ticken in den noch leerstehenden Ampeln, dem Schlagen der Stechuhr, den Gesichtern der ersten Schicht kommen auch Hubschrauber auf. Vor der Stadt, im Nordosten, in Feldern und Mooren und Knicks, der Bahnhof Bad Oldesloe. Hier ist vor Jahren, zu spät, auf Mörder geschossen worden. Hier laufen jetzt neue Straßen nach Südsüdwest spitz auf den Stadtrand zu. Im Süden der Fluß, die Sonne auf Inseln, auf Tierkäfiggittern in Süderstraße, Tierheim für streunende Hunde und Katzen, dreißig Tage für jedes Tier, danach der Stich ins Genick für die Ordnung in dieser Stadt.

Das Morgenlicht ist schon weiß, fließt auf dem Wasser nah an die Stadt, Bugsier achtundzwanzig, Ellerholzhafen, Maakendamm, ein Deichstück mit Wohnbuden drauf, mit alten Leuten und Stachelbeerbüschen und immer leicht Wind von BP, vom Rattenwasser im Kümohafen.

Kümos sind kleine Motorschiffe, die in Küstennähe nach Holland fahren, nach Dänemark, Schweden und Finnland, nach Wismar, Rostock, Stralsund. Sie bringen und holen Holz, Futtermittel, Baumaterial, Ladegut, das billig transportiert werden soll. Kümos sind grau, die wenigen Aufbauten am Heck sind weiß, der Ladebaum vorn ist sandfarben gelb. Alle Farben an Bord sind ausgeblichen und alt. Nur an Waschtagen hängt bunte Wäsche über den Luken.

Kümos werden von einer Familie gefahren, von einem Mann, einer Frau und einem Jungen. Manchmal ist ein zweiter Junge an Bord. Solche Schiffe heißen nach der Frau des Kapitäns, Elfriede, Gesa, Sophie. Schiffe müssen Mädchennamen haben, alles andere sind bloß Maschinen, hat neulich Merkatt gesagt. Er weiß Bescheid. Er haust mit seinem Hund auf einem alten Rettungsboot, das er sich auf der Abwrackwerft besorgt hat. Das Boot heißt Alwine. Die Frau, die so hieß, ist seit zehn Jahren tot, Fettsucht. Seither wohnen Merkatt und der Hund draußen im Schlick.

Die Nachbarn im Holzbudenrasen sind angenehm, alte Leute, die sich freuen, wenn der Schnittlauch und die grünen Bohnen wachsen, die ihren Dackel fettfüttern und die, wenn die Postkarte aus Port Said rechtzeitig ankommt, nach einem bestimmten Schiff Ausschau halten. Die meisten von ihnen sind selbst mal gefahren und haben jetzt einen Sohn oder Schwiegersohn unterwegs und winken vom Gartenzaun aus, wenn er losfährt, und backen Kuchen, wenn er kommt. Denn auch die großen Überseeschiffe fahren hier unmittelbar am Gartenzaun vorbei.

Maakendamm, kaum sechzig Schritt breit, reckt sich wie ein leicht gekrümmter langer dünner Finger vom Rand des westlichen Hafenbeckens über knapp zwei Kilometer ins Flußwasser hinaus bis an den Rand der Fahrrinne, noch vor Köhlbrand, gleich hinter Athabaskahöft. Man erkennt vom Wohnzimmersessel, Bantumak von seiner Ochsenhaut aus, die Namen der Schiffe, die Flaggen, manchmal auch die Gesichter. Man hört das Dröhnen der Maschinen. Die großen Schiffe stoppen, um den Fahrrinnenboden nicht aufzureißen, auf der Höhe vom Maakendamm ab, werden von Schleppern übernommen und an den vorbestimmten Kai gebracht. Auf einem Schlepper, auf Bugsier achtundzwanzig, fährt eines Tages Pit Vreese als Maschinist, die Waffe von Ahlers im Schaltkasten hinter den Druckmeßgeräten. Kein Glück für Ossi und dessen Tochter, aber für Larry Tack.

Jetzt Aufschwung über den Fluß, das Steilufer hoch über Emkendorfstraße und Övelgönne, Dichterstuben und Kapitänsquartiere, Parkbäume mit Pirol, Schatten für Golf, Geldhäuserhochzeiten ganz in Weiß in Reedergärten bis oben nach Falkenstein, bis zum Bauunternehmersohn Karl Gustav Ratjen. Ratjen wird mal ein reicher Mann sein, jeder so gut er kann, aber vorher, als Junior, schießt er sich oben in Rahlstedt, als Hauptmann der Boehn-Kasernen, auf Ordnungsgegner ein für den Tag X, »ihr Herrn, wir schwören euch Rache, für vergossenes Arbeiterblut, es kommen die Zeiten der Rache, dann bezahlt ihrs mit eigenem Blut«. Wer singt denn in Hamburg noch Leunalieder?

Fiete im Erdbeergarten, im Bahngleisdreieck zwischen Bahrenfeld, Eidelstedt, Altona, im friedlichen Rauchdreck der Arbeitergärten, kann dir das Lied heut noch krächzend singen, hustend und lachend von Arbeiterkampfglück und zu wenig Sonne an der Werkzeugklappe bei Menck. Das hatte als Lehrling angefangen noch ein Jahr vor Verdun, und am Tag nach den Überfallbomben auf Nordvietnam, am Tag nach den Lügen vom Tonkinggolf, kam er krummgepuckelt und grau da erst raus, Hohn in der Tasche von Oberstrolchen, Taschenuhr von der Anselmsau für Treue durch all die Zeit.

Von oben her aus der Kanzel aus Glas sieht keiner, daß Fiete von unten her droht, Hustenfaust hinter Holunderbüschen, lachend ein winziger blaugrauer Mann. Die Sonne steht über ihm leuchtend hoch.

Auch über Bonnepark, Bauplatz für Ratjen, Autobahntunnelbau Richtung Nord, Baggerwüste und Grundwasserteiche, Schußfeld für Sonderkommandos, von oben her Einsicht frei. Für einen, der Deckung sucht, keine Chance. Für einen, der damit rechnen kann, daß nach ihm andere aufstehen, andere mit ihm lachen werden, mit ihm die Ziege braten und Lieder singen, zehn Jahre Knast. Wer recht hat, der freut sich. Trotz alledem.

Aber Liebknecht läuft durch das Silberhaus, durch den Sender in Lokstedt noch als Novemberverbrecher, die Aluplatten der Hochhauswände werfen das Sonnenlicht kalt zurück, Herrschaft hat keine Lieder, nur Gebrüll und Geschwätz und hohe Bezahlung für den, der ihnen gehorcht.

Henning Specht hat ihnen niemals gehorcht. Noch als er im Raakmoor in Dornen festsaß, hat er sich über die Frösche gefreut, die der Froschalten singend den Bauchspeck halten. Und als er mit Kasten, dem Sprengstoffrocker, im Irrenhausgarten in Ochsenzoll mal zugeguckt hat, wie sie den Schornstein da, leicht vierzig Meter über NN, von Amts wegen hatten wegpusten wollen, da hatte er klug gedacht: Sechs Kilo Stoff sind zu wenig. Und hatte auch recht gehabt. Erst beim zweiten Versuch ging der Scheiß in die Grütze, schön Staubwolke über Bullengesichter, Specht und Karl Kasten hatten gelacht: War wieder nett, bloß leider erlaubt.

Aber schwing dich mal hoch, zieh den Kreis um die Stadt mal eng, einmal sind wir schon rum.

In Eppendorf, in den Klinikbetten, hoffen Fiete und Robby auf Hilfe vom Arzt, der kommt aber nur für privat mal ans Bett, und bestimmt nicht für AOK, für Proleten nur dienstags, und auch, trotz Sonne und Amseln im Mai, bestimmt kein Balkonbett für die. Robby denkt, er hat Wasser im Herz, hat Angst und möchte nach Barmbek zurück, dort sind seine Frau, sein Bier, seine Dachschützenfenster von 23, sein Grammophon mit den Spanienliedern, Thälmannkolonne, Jaramafront, »und einmal dann, wenn die Stunde kommt, da wir alle Gespenster verjagen, wird die ganze Welt zur Jaramafront, wie in den Februartagen«. Robby singt wie ein Stier. Das hat auch der Könner aus Kirchenallee schon gesagt, der Theatermacher vom Schauspielhaus, den schleppt ihm Erni manchmal ans Bier, und Robby muß für den feinen Mann dann schön am Klavier in der Gästestube laut mal die alten Kampflieder singen, macht nichts, Robby singt gern. Deswegen will er nach Haus. Deswegen hat er jetzt Angst.

Robby ekelt sich vor dem Tod. Er denkt an die Kiste der Schwarzmänner von St. Anschar, an die Ofenmänner im Ohlsdorfer Friedhofskeller. Er sagt nicht Tod, sondern Dreck, Schweinerei, Gemeinheit, und Fiete hört wortlos zu. Aber Erni, der alte Genosse, lacht ihm das weg und sagt, als er bei ihm mal auf der Besuchskante sitzt: Der Tod, Robby, ist die einzige Schweinerei, die dich nichts angeht. Weil dagegen bist du machtlos. Sonst alles nie. Komm, steh auf!

Robby kommt bald noch mal hoch. Fiete nimmt er gleich mit.

Kreisflug jetzt eng über Dammtor und IGA bis Knast, schöner Abend mit Sonne im Mai, Schichtwechsel bei den Schließern vom Holstenglacis, tschüs auch, die Pflicht ist getan. Balthasar mit den Grübchenhänden freut sich auf seinen Hund, läuft beim Fernsehturm durch bis Grindelhof Ecke Rutschbahn, wirft seinen Blick gegen Lenin, gegens Schaufensterglas vom Buchladen Arbeiterbuch, gegen Kanzki und Antje Steen. Die möchte er fangen und schließen. Aber das Abendlicht ist noch mild.

Ossis Gesicht im Hinterhof in der Bleicherstraße schimmert für einen Moment schön rosa und goldig gelb, Feierabend nach acht Stunden Schicht mit Handhaken, Ellerholzhafen. Jetzt schnuppert er Abendbrotdüfte aus allerhand Küchenfenstern rings um den Hof. Er reckt seinen faltigen Hals, sieht sich die hellblauen Eier mal an. Die Amsel hat dies Jahr ihr Nest auf dem Sims vorm Lokusfenster gebaut.

Warum gehn die Biester zum Brüten nicht raus nach Bresan? Da sind Bäume und Ruhe und Hechtuferbüsche, soviel du willst.

Weil da Herrschaften sind, da draußen am See, Gutsherrschaftsflinten mit Zielfernrohr, und hier drinnen, im Dreck, hier sind wir. Wir auch bei Kantfisch im Röhrenkeller. Wir auch bei Atsche im Ledersofa. Wir auch bei Jürgen hinter Tapeten. Wir auch bei Reinhold und Schweinepest. Wir auch in Prag und Djakarta. Wer wir?

Diese Stadt ist im Westen und Osten von Kasernen umstellt, im Norden der Hubschrauberlandeplatz, im Süden der Fluß.

In dieser Stadt leben Menschen.

Sie sind ungeschützt.

Aus: Christian Geissler
Das Brot mit der Feile
Bertelsmann 1973

Peter Stamm

Das reine Land

Als ich einzog, war das einzige Fenster des Zimmers so schmutzig, daß der Raum selbst am Mittag im Zwielicht lag. Noch bevor ich meinen Koffer auspackte, putzte ich das Fenster. Als Chris am Abend nach Hause kam, lachte er und rief Eiko.

»Schau, was unser Gast gemacht hat«, sagte er.

»Die Schweizer sind sehr sauber«, sagte Eiko.

Ich lachte. Das war im April. Ich war nach New York gekommen, weil ich von der Schweiz genug hatte. Mit viel Glück hatte ich für ein halbes Jahr eine Stelle in einem Reisebüro gefunden, das einer Schweizerin gehörte. Aber ich wurde so schlecht bezahlt, daß ich mir nur ein billiges Zimmer leisten konnte. Das Haus lag an der Ecke Tieman Street und Claremont Avenue, am Rand von Spanish Harlem. Auf der anderen Straßenseite standen hohe, heruntergekommene Backsteinhäuser, in denen fast nur Hispanics wohnten.

Während der ersten Woche ging ich jeden Abend mit meinen Arbeitskollegen in irgendeine Bar. An den Wochenenden war ich meistens allein. Dann waren Chris und Eiko bei Freunden oder in der Stadt, und die Wohnung war still und leer.

An einem regnerischen Sonntagmorgen machte ich mich auf, das Viertel zu erkunden. Ich ging den Riverside Drive hinunter nach Süden. Der Verkehr war dicht, aber Fußgänger gab es kaum, und ich genoß es, allein zu sein. In der Nähe der 100th Street entdeckte ich in einer Hausnische die überlebensgroße Statue eines buddhistischen Mönchs. Er stand barfuß da, hinter einem schwarzen Gitterzaun, und schaute hinaus auf den Hudson River. Es begann, stärker zu regnen, und ich kehrte um.

Im Geschäft, unten im Gebäude, kaufte ich die Wochenendausgabe der *New York Times* und verbrachte den Rest des Tages damit, die Zeitung zu lesen. Als ich mich gegen Abend auf die Fensterbank setzte, um eine Zigarette zu rauchen, fiel mir im Haus gegenüber ein rot erleuchtetes Fenster auf. Dort sah ich eine schlanke Frauensilhouette, die sich über eine Stehlampe beugte und sie ausmachte. Kurz darauf blitzte im Hintergrund des Raumes ein helles Licht auf. Danach blieb das Fenster dunkel.

Ich dachte nicht mehr an die Frau im Haus gegenüber, als ich mich einige Tage später ans Fenster setzte, um zu rauchen. Wieder war ihr Zimmer erleuchtet von der roten Stehlampe, und wieder sah ich sie. Sie bewegte sich langsam, als tanze sie. Ihr Fenster war geöffnet, aber ich hörte keine Musik, nur den Verkehr vom nahen Broadway und dann und wann die Subway auf ihrem Viadukt vorüberfahren. Ich rauchte eine zweite Zigarette. Die Frau hatte aufgehört zu tanzen. Als sie das Fenster schloß, glaubte ich kurz, sie schaue zu mir herüber. Aber sie war wohl zwanzig Meter entfernt, und im roten Licht konnte ich nur ihre Konturen erkennen. Sie legte einen Schleier über die Lampe, dann verschwand sie aus dem Ausschnitt des Zimmers, der von mir aus zu sehen war.

Unten auf der Straße schaukelten einige Kinder parkende Autos, bis die Alarmanlagen losgingen. In den Lärm der Stadt mischte sich das Heulen der Sirenen, aber niemand schien sich darum zu kümmern. Ich warf die Zigarettenkippe auf die Straße, schloß das Fenster und legte mich hin.

Chris stammte aus Alabama. Er lebte seit Jahren in New York. Er war Politologe und hatte eine schlechtbezahlte Stelle bei einer kirchlichen Organisation. Eiko studierte noch. Sie war Heidin, sagte sie, um Chris zu ärgern. Sie war überzeugte Marxistin und Feministin.

»Wenn meine Mutter anruft«, sagte Eiko einmal, »sag nichts von Chris. Sie weiß nicht, daß ich einen Freund habe. Ich habe gesagt, ihr seid schwul.«

Chris lachte, und ich lachte auch. »Und wenn sie vorbeikommt?« fragte ich.

»Meine Eltern wohnen auf Long Island«, sagte Eiko, »sie kommen nie nach Manhattan.«

Manchmal trank ich ein Bier mit Chris. Dann klagte er über Eikos politische Ansichten, über ihre Starrköpfigkeit und darüber, daß sie so ganz andere Vorstellungen von einer Beziehung habe als er. Er liebte sie sehr, aber er war sich ihrer Liebe nicht sicher. »Sie glaubt an nichts«, sagte er, »auch nicht an mich.«

Ich hatte aufgehört, mit meinen Kollegen auszugehen. Nach der Arbeit fuhr ich nun meist gleich nach Hause. Dann setzte ich mich ans Fenster und rauchte und sah manchmal meine Tänzerin.

Es wurde Sommer und unerträglich heiß in den Straßen. Eiko fuhr für drei Monate nach Japan. Bevor sie abreiste, luden sie und Chris mich zum Abendessen ein.

»Du mußt auf Chris aufpassen, wenn ich weg bin«, sagte Eiko. »Er ist so unselbständig.«

Wir tranken kalifornischen Wein und redeten bis lange nach Mitternacht.

»Chris ist pervers«, sagte Eiko. »Er liebt Country-music.«

Chris wurde verlegen. »Meine Eltern haben immer Country gehört. Es sind nur Erinnerungen. Ich mag die Musik nicht wirklich.«

»Das mußt du dir anhören«, sagte Eiko. *»Home, sweet home.«*

Sie legte eine Kassette ein. Chris protestierte, aber er rühte sich nicht.

»No more from that cottage again will I roam, be it ever so humble, there's no place like home«, sang eine tiefe Stimme. Ich hatte Eiko noch nie so herzlich lachen gehört. Auch ich lachte, und schließlich lachte auch Chris, zögernd und etwas verschämt.

Mir war schwindlig vom Wein, von den vielen Zigaretten und vom langen Reden, als ich gegen zwei Uhr morgens in mein Zimmer kam. Aber ich bemerkte sofort, daß im Fenster gegenüber noch Licht war. Als ich meine letzte Zigarette rauchte, sah ich, wie die Tänzerin sich wieder über ihre Lampe beugte und sie ausmachte. Ich schaute noch eine Weile hinüber, dann machte auch ich das Licht aus und legte mich schlafen.

Eiko war abgereist, und Chris kam nun oft erst spät nach Hause. Manchmal merkte ich, daß er getrunken hatte. »Ich vermisse sie«, sagte er.

Der 1. August war ein Montag. Meine Chefin organisierte die Feier des Schweizer Clubs und gab uns den Nachmittag frei. Ich fuhr mit meinen Kollegen an den Strand, der jetzt, während der Woche, fast leer war. Wir badeten, und als es Abend wurde, zündeten wir hinter einer Düne ein Feuer an und grillten Steaks. Jemand hatte einen Kassettenrecorder mitgebracht und spielte Schweizer Rockmusik.

Ich aß mein Steak und ging dann über die Düne und den breiten Strand ans Meer hinunter. Der Himmel, der Sand und das Meer hatten jetzt fast dieselbe Farbe, ein dunkles Rosa oder Hellbraun. Ich zog mich aus, ging ins Wasser und schwamm weit hinaus, bis ich hinter den Wellen das Land nicht mehr sah. Es war mir, als könne ich immer weiterschwimmen, bis nach Europa. Und zum erstenmal, seit ich hier war, wünschte ich mir heimzukehren. Plötzlich bekam ich Angst, nicht mehr ans Land zurückzukommen, und ich kehrte um und schwamm zurück. Als ich wieder über die Düne ging, hörte ich jemanden flüstern. Dann sah ich einen meiner Kollegen mit seiner Freundin im Sand liegen. Sie war vor kurzem nach Amerika gekommen, um ihn zu besuchen, und die beiden hatten schon den ganzen Abend verliebt getan.

Ich kam erst nach Mitternacht nach Hause. Es brannte kein Licht in der Wohnung, und es war sehr still. Es roch nach Marihuana. In der Küche stapelte sich schmutziges Geschirr.

Mitte August fuhr Chris in die Ferien. Er wollte seine Eltern in Alabama besuchen.

»Paß auf dich auf«, sagte ich.

Er lachte. »Meine Mutter paßt schon auf mich auf. Du wirst sehen, wenn ich zurückkomme, bin ich zehn Pfund schwerer.«

Die Hitze ließ nun auch in der Nacht nicht mehr nach. Das Zentrum der Stadt war voller Touristen, aber die Untergrundbahn war weniger voll als sonst. In meinem Viertel waren bis spät in die Nacht Samba und Salsa zu hören. Überall saßen Menschen auf den Treppen vor ihren Häusern und redeten. Die jungen Männer standen in Gruppen herum und lehnten sich an Autos, die ihnen nicht gehörten. Die jungen Frauen spazierten zu zweit oder zu dritt hin und her und schauten sich lachend nach den Männern um und riefen ihnen manchmal ein paar Worte zu. Paare waren kaum zu sehen. Ich hatte lange nicht an meine Tänzerin gedacht, aber jetzt schaute ich mir die Frauen auf der Straße an und überlegte, welche von ihnen sie sein könnte.

Einmal kam eine Postkarte von Eiko. Die Karte war an Chris adressiert, aber ich las sie trotzdem. Es stand nichts Persönliches darauf. Die Karte endete: »*Love, Eiko.*«

An einem Abend gegen Ende des Monats saß ich im Zwielicht in meinem Zimmer. Da hörte ich von draußen das Heulen von Sirenen näher als je zuvor. Ich schaute aus dem Fenster und sah Feuerwehrautos, die in unsere Straße einbogen. Männer in Schutzkleidung sprangen von den Wagen, blieben dann aber untätig stehen. Sie nahmen ihre schwarzen Helme ab und wischten sich den Schweiß von der Stirn. Jeder für sich standen sie da, in einsamen Posen wie Statuen.

Viele Menschen waren zusammengelaufen, und einige der Feuerwehrmänner hatten die Straße abgesperrt. Sonst geschah nichts. Nach einer Weile verstummten die Sirenen. Ich wollte das Fenster schließen, da sah ich, daß auf der Feuerleiter am Haus gegenüber meine Tänzerin stand. Zum erstenmal sah ich sie ganz, aber ihr Gesicht war in der Dämmerung nicht klar zu erkennen. Sie lehnte am Geländer und schaute zu mir herüber. Sobald ich sie entdeckte, wandte sie den Blick ab. Sie war schlank und nicht sehr groß. Ihr Haar war lang und schwarz und fiel, wie sie so vornübergebeugt stand, über ihre eine Schulter. Sie trug einen knielangen Rock und dazu ein enganliegendes Oberteil. Sie war barfuß. Als sie sich nach einiger Zeit umdrehte, um durch das Fenster zurück ins Zimmer zu steigen, fiel das Licht der roten Lampe kurz auf ihr Gesicht. Ich war mir sicher, daß ich sie noch nie auf der Straße gesehen hatte.

Nach Wochen andauernder Hitze wurde es kühler. Noch immer war der Himmel wolkenlos blau, aber es wehte jetzt meistens ein leichter Wind durch die Straßen der Stadt. Wenn ich am Wochenende mit Freunden an den Strand fuhr, waren die weiten Parkfelder hinter den Dünen fast leer. Dann legten wir uns flach in den Sand, um dem Wind auszuweichen, oder gingen, ohne uns auszuziehen, am Strand entlang und schauten zu, wie das graue Wasser den Sand aufwühlte.

Eines Tages, an einem einsamen Sonntag, entschloß ich mich, meine Tänzerin zu besuchen. Ich hatte seit zwei Tagen mit niemandem gesprochen und fühlte mich elend. Es war heller Nachmittag, als ich über die Straße ging. Vor dem Haus blieb ich stehen und zündete mir eine Zigarette an. Es begann zu regnen. Erst fielen ein paar dicke Tropfen auf die schiefen Betonplatten des Gehsteigs, dann brach der Regen los. Ich sprang in den kleinen gläsernen Vorbau, in dem die Klingeln waren und von dem aus eine zweite, abgeschlossene Tür ins Treppenhaus führte.

Draußen stürzte der Regen nieder und spritzte gegen die Scheiben. Es roch nach nassem Asphalt. Ich schaute durch das eiserne Gitter der Tür in die Eingangshalle, die still und dunkel dalag. Den Boden bedeckte ein Mosaik, das an manchen Stellen mit Zement notdürftig ausgebessert worden war. Die Wände waren ockerfarben gestrichen. Im Hintergrund sah ich die Tür eines Aufzugs und daneben eine enge Treppe, die, von einem schmutzigen Fenster schwach erleuchtet, nach oben führte. Irgendwo stand ein Kinderwagen und in einer Ecke ein verrostetes Fahrrad.

Eine Frau mit einem Hund trat aus dem Aufzug und kam durch die Halle auf mich zu. Sie öffnete die Tür, hielt sie für mich geöffnet und sagte: »Dieser Regen. Da haben Sie Glück gehabt. Wollen Sie zu jemandem?«

»Ich habe mich nur untergestellt«, sagte ich, »bis der Regen vorüber ist.«

»Ich wollte mit dem Hund raus«, sagte sie, »aber bei dem Wetter … Sie sind nicht von hier?«

»Aus der Schweiz«, sagte ich.

»Ein schönes Land«, sagte sie, »so sauber. Ich komme aus Puerto Rico. Aber ich wohne schon lange hier. Jahre.«

»Gefällt es Ihnen?« fragte ich.

»In Puerto Rico konnte ich nicht leben, und hier kann ich auch nicht leben«, sagte sie. »Ich weiß nicht. Aus dem Spaziergang wird wohl nichts. Viel Glück.«

Sie ging zurück zum Lift und zog den Hund hinter sich her. Ich hielt meinen Fuß in die Tür, dann zog ich ihn wieder heraus, und die Tür fiel mit einem Knall ins Schloß. Als der Regen nachließ, rannte ich über die Straße zurück. Ich fror. Ich nahm eine heiße Dusche, aber es half nichts. In der Wohnung war es kalt und feucht.

Eine Woche später kam Chris zurück. Wir verbrachten einige schöne Abende zusammen, aßen und redeten bis spät in die Nacht. Am Tag bevor Eiko zurückkommen sollte, putzten wir zusammen die Wohnung und hörten Country-music.

»Erzähl ihr bitte nicht, daß ich Marihuana geraucht habe«, sagte Chris.

»Natürlich nicht«, sagte ich, »es geht mich nichts an.«

»Wir sind Freunde«, sagte Chris. »Wir Männer müssen zusammenhalten.«

»Gegen wen?« fragte ich und dachte, wir sind keine Freunde.

Chris lachte. »Früher habe ich mehr geraucht. Aber seit ich mit Eiko zusammen bin, habe ich fast ganz damit aufgehört. Sie mag es nicht. Und ich brauche es nicht, wenn sie da ist.«

Dann kam Eiko zurück, und Chris kümmerte sich nicht mehr um mich. Die beiden hatten nun oft Freunde zu Besuch, und ich ging ins Kino und blieb, wenn ich zu Hause war, meistens in meinem Zimmer. An den Wochenenden las ich manchmal den ganzen Tag und ging nur nach draußen, um Bier zu kaufen oder Essen beim chinesischen Take-Away. Mein Interesse an der Tänzerin hatte nachgelassen. Ich versuchte, nicht an sie zu denken. Manchmal sah ich sie noch. Sie saß nun oft im Hintergrund des Zimmers, wo ich sie nur vage erkennen konnte.

Als ich eines Abends an meinem Fenster saß und rauchte, rief jemand von der Straße etwas zu mir herauf. Ich schaute hinunter und sah eine junge Frau mit einem Pudel auf dem Gehsteig stehen. Sie winkte.

»Ich komme für meine Freundin«, rief sie. »Sie wohnt dort drüben und sieht Sie immer am Fenster.«

»Ja«, rief ich, »ich sehe sie auch.«

»Sie möchte Sie gern kennenlernen«, rief die Frau, und als müsse sie die Freundin verteidigen. »Sie wollte nicht, daß ich zu Ihnen komme.«

»Ja«, rief ich. Ich war wie gelähmt. Wir schwiegen.

Dann sagte die Frau: »Sie heißt Margarita. Wollen Sie ihre Telefonnummer?«

Sie gab mir die Nummer und sagte noch einmal: »Sie wollte nicht, daß ich mit Ihnen spreche.«

»Sicher«, sagte ich, »es ist nett, daß Sie gekommen sind.«

Ich schaute hinüber zum Fenster mit der roten Lampe, aber ich konnte die Tänzerin nicht sehen. Ich setzte mich auf mein Bett und atmete ein paarmal tief durch. Dann nahm ich das Telefon vom Nachttisch und wählte die Nummer.

»Hallo«, hörte ich eine warme Frauenstimme.

»Hallo«, sagte ich. »Ich bin der Mann vom Fenster.«

Das Mädchen lachte verlegen.

»Deine Freundin hat mir die Telefonnummer gegeben.«

»Ich wollte nicht«, sagte sie leise.

»Sollen wir uns treffen?« fragte ich.

»Ja«, sagte sie. »Ich heiße Margarita.«

»Ich weiß«, sagte ich. »Jetzt gleich?«

»Immer«, sagte sie. Ihr Englisch war sehr schlecht.

»Wir können ein Bier trinken gehen.«

Sie zögerte. Dann sagte sie: »Morgen.«

»Dann warte ich um acht vor deinem Haus«, sagte ich.

»Ist das gut?«

»Ja. Das ist gut.«

»Gute Nacht, Margarita.«

»Gute Nacht«, sagte sie.

Ich war den ganzen nächsten Tag nervös und überlegte, ob ich zu der Verabredung gehen sollte. Um acht wartete ich vor Margaritas Haus, aber sie kam nicht. Ich wartete eine Viertelstunde, dann ging ich in mein Zimmer und wählte ihre Nummer. Ich stellte mich ans Fenster und ließ die Straße nicht aus den Augen.

Margarita nahm ab. »Hallo«, sagte sie.

»Hallo«, sagte ich. »Wir wollten ein Bier trinken gehen.«

»Jetzt?« sagte sie erstaunt.

»Es ist acht Uhr.«

»Acht Uhr.«

»Ja.«

»Bist du am Fenster?« fragte sie. »Warte, ich winke.«

Ich schaute zum Zimmer der Tänzerin, aber ich sah nur die schwachen Umrisse der Stehlampe. Dann hörte ich wieder Margaritas Stimme am Telefon.

»Hast du mich gesehen?« fragte sie.

»Nein«, sagte ich.

»Zuoberst«, sagte sie, »in der Mitte. Achtung, noch einmal.«

»Ja, natürlich«, sagte ich erschrocken.

Ich schaute zum obersten Stockwerk des gegenüberliegenden Hauses, aber konnte noch immer niemanden sehen. Dann endlich sah ich zwei Häuser weiter jemanden an einem Fenster stehen und mit beiden Armen gestikulieren.

»Hast du mich gesehen?« fragte Margarita kurz darauf.

»Ja.«

»Ich komme jetzt herunter.«

»Ja«, sagte ich. »Ich bin auch gleich da.«

Margarita war hübsch und ziemlich klein. Sie trug Jeans und eine bunte Bluse. Ich kann nicht behaupten, daß sie mir nicht gefiel, aber sie war mir fremd. Sie war nicht die Frau, die ich seit Monaten zu kennen glaubte. Wir gingen nebeneinander die Straße hinunter. Als wir in den Broadway einbogen, kam uns Chris entgegen. Es blieb mir nichts übrig, als die beiden einander vorzustellen. Chris lächelte und wünschte uns einen schönen Abend.

Wir gingen in die erstbeste Bar und setzten uns an einen Tisch. Es war laut. Margarita verstand nur ganz wenig Englisch. Sie erzählte, sie komme aus Costa Rica und sei seit zwei Monaten in den Vereinigten Staaten. Sie wohne bei ihrer Schwester und deren Mann. Beide arbeiten, und sie sei den ganzen Tag über allein in der Wohnung. Sie langweile sich sehr. Als ich sie fragte, ob sie Arbeit suche, wurde sie mißtrauisch und sagte, sie sei hier in den Ferien.

»Was machst du den ganzen Tag?« fragte ich.

»Ich gehe an den Strand«, sagte sie. »In Costa Rica gibt es sehr schöne Strände.«

»Auch New York hat schöne Strände«, sagte ich.

Sie lachte und schüttelte ungläubig den Kopf. »Palmen«, sagte sie, »in Costa Rica. Und der Sand ist ganz weiß.«

Ich frage, wie lange sie hier bleiben werde, und sie sagte, sie wisse es nicht. Ich erzählte ihr, daß ich aus der Schweiz käme, aber sie wußte nicht, wo das war. Das Gespräch stockte, und wir saßen uns stumm gegenüber, schauten uns an und tranken unser Bier. Einmal nahm ich Margaritas Hand in meine, dann ließ ich sie wieder los. Sie lächelte mich an, und ich lächelte zurück.

Wir trennten uns vor ihrem Haus. Ich ginge bald zurück in die Schweiz, sagte ich, es tue mir leid. Margarita lächelte. Sie schien zu verstehen.

»Danke für das Bier«, sagte sie.

»Viel Glück«, sagte ich.

In den nächsten Tagen mied ich das Fenster. Wenn ich rauchen wollte, ging ich nach draußen und spazierte durch den Riverside Park. Wenn es regnete, stellte ich mich beim Grabmal des General Grant unter. Manchmal ging ich bis zur 100th Street und stand lange vor der Statue des buddhistischen Mönchs. Auf der Bronzetafel darunter hieß es, die Statue stelle Shinran Shonin dar, den Gründer der wahren Sekte des reinen Landes. Sie stamme aus Hiroshima und habe dort den Abwurf der Atombombe unbeschadet überstanden. Am Abend fragte ich Eiko nach der wahren Sekte des reinen Landes.

»Willst du Buddhist werden?« fragte sie.

»Nein«, sagte ich. »Ich möchte nicht wiedergeboren werden.«

Eiko sagte, nach der Lehre Shinrans reiche es, den Namen Amida Buddhas auszusprechen, um in das reine Land zu gelangen.

»Glaubst du, daß es das gibt, ein reines Land?« fragte ich.

»Die Schweiz«, sagte Eiko und lachte. Dann zuckte sie mit den Achseln. »Es würde das Leben leichter machen, wenn man daran glauben könnte.«

»Ich weiß nicht«, sagte ich. Und Eiko sagte: »Hoffnungsvoller.«

Meine Abreise war nun schon so nahe gekommen, daß sie mich lähmte. Ich hatte noch ein paar freie Tage und zog mit meinem Fotoapparat durch die Stadt, um einige Orte zu fotografieren, an die ich mich erinnern wollte, mein Viertel, mein Stammlokal, die Fähre nach Staten Island und das Geschäftsviertel, in dem ich gearbeitet hatte. Aber es war, als entgleite mir die Stadt, während ich sie fotografierte, als erstarre sie schon jetzt zum Bild, zur Erinnerung.

Einmal überkam mich ganz plötzlich das Gefühl, zu Hause zu sein. Zuerst konnte ich mir nicht erklären weshalb, dann merkte ich, daß ich zum erstenmal, seit ich in New York war, Kirchenglocken hörte.

Am Tag vor meiner Abreise schneite es. Innerhalb weniger Stunden legte sich eine dicke Schneedecke auf die Stadt. Im Radio kamen Meldungen über ausgefallene Subway-Linien und Staus auf den Ausfallstraßen. Aus Monmouth und Far Rockaway wurde Hochwasser gemeldet. Chris, der mit Eiko auf einer Party bei Freunden war, rief an und sagte, sie würden auswärts übernachten und mich vor meiner Abreise nicht mehr sehen.

»Ich werde euch besuchen«, sagte ich.

»Sicher«, sagte Chris. »Viel Glück.«

Ich hatte meine Sachen schon gepackt und schaute fern, um die Zeit totzuschlagen. Auf allen Kanälen liefen Sendungen über das Hochwasser und den Schnee. Irgendwann setzte ich mich dann doch noch einmal ans Fenster und rauchte. Im Fenster der Tänzerin war kein Licht, und auch nicht bei Margarita. Unten auf der Straße spielten Kinder im Schnee. Ich schaute ihnen zu und dachte an meine eigene Kindheit und daran, wie wir im Schnee gespielt hatten. Und ich war froh, zurück in die Schweiz zu fahren.

Dann entdeckte mich eines der Kinder und warf zaghaft einen Schneeball in meine Richtung. Die anderen schauten zu mir herauf.

Sie unterbrachen ihr Spiel und warfen nun alle ihre Schneebälle nach mir. Sie schafften kaum die Höhe, aber einer der Schneebälle zerplatzte direkt unter mir, und Schnee spritzte in mein Gesicht. Ich schloß das Fenster und trat einen Schritt zurück in den Schatten. Bald darauf nahmen die Kinder draußen ihr Spiel wieder auf. Sie schienen mich schon vergessen zu haben.

Aus: Peter Stamm
Blitzeis
Arche 1999

Jürg Federspiel

Die beste Stadt für Blinde

Im März dieses Jahres – halb fünf Uhr nachmittags, wurde auf Long Island ein blinder Mann, 41 Jahre alt, von der Plattform der IND-Subwaystation geschleudert, und der Täter, ein junger Mann, entfernte sich ohne sonderliche Eile; erst als er sich beobachtet glaubte, begann er zu rennen. Die Absicht, das Opfer auszurauben, war nicht zu unterstellen. Er hatte einfach einen Blinden von der Plattform gestoßen; der Blinde blieb besinnungslos liegen.

Das war am 14. März. Vier Tage später wurde dem taubstummen James Pacheco, 23 Jahre alt (auch Mundo genannt) in der Untergrundbahn die Kehle durchgeschnitten, und der Täter war ein alter Mann, ein Strolch und Stadtstreicher, ein Sechziger. Er ließ sich willenlos verhaften. Das Opfer, der Taubstumme eben, gehörte zu der *Gang der Crazy Homicides* (Verrückte Mörder), die ihre Rechte als Minorität wahrnehmen wollen, das Unrecht auch, das ihnen restliche Millionen »Normaler« (gewollt oder ungewollt) zufügen, und für ihre ›Rechte‹ und ihre ›Anerkennung‹ ist kein Messer zu scharf, kein Schlag zu heftig. Der in der Untergrundbahn getötete James Pacheco war 1975 zu acht Jahren Zuchthaus verurteilt worden, weil er in einem Subway-Waggon zwei halbwüchsige Mädchen vergewaltigt hatte. Im Herbst 1977 wurde er auf Bewährung entlassen.

Zwischen der Tat an dem blinden Mann und der Tat an dem Taubstummen gibt es keinen Kausalzusammenhang.

Im *Light House* an der 57. Straße Manhattans, einer Schule und Kontaktstelle für Blinde dieses New Yorker Stadtteils, treffen oft Klagen ein, telefonische und schriftliche, etwa: Die Blinden behindern den Straßenverkehr für die Fußgänger; andere beklagen sich, der Anblick von Blinden rufe bei ihnen Depressionen hervor, und wiederum andere wollen wissen, daß »gewisse« blinde Bettler ihr erbetteltes Einkommen nicht versteuern oder daß für die Blinden und andere körperlich Behinderte zuviel Steuergelder ausgegeben würden. Natürlich sind das

Ausnahmen und wie Ausnahmen nicht von *besonderer* Bedeutung. Von Bedeutung sind sie trotzdem. In der Metropole leben über zwei Millionen Invalide: unmittelbar körperlich Behinderte, dann die Taubstummen, die als Kategorie meist falsch erfaßt werden (es gibt weit mehr taube Menschen, also Gehörlose, als Stumme) und die Blinden; und all diese Blinden sind in ihrer Zahl eine politische Macht: Über 36 Millionen im Land sind *handicapped*, verkrüppelt also. Für Präsident Carter stimmten allein im Staat New York 100 000 Behinderte, und wenn er Wort halten will, muß die Regierung Milliarden für sie ausgeben. Spezielle Zugänge oder Brücken zu Bahnen und Schiffen, Subways und Busse; mechanische Treppenhilfen oder Fahrstühle und so weiter. *(Und so weiter?)* Die Körperbehinderten gehören zu jener Minorität *(Minorität?)*, die von der wachsenden Arbeitslosigkeit betroffen ist.

»Das Bedürfnis und die Forderungen des Gehandikapten sind rasend im Wachsen«, sagte laut *Daily News* Julius Shaw, Boß im Büro für Körperbehinderte.

Täglich zwischen 500 und 1000 Anrufern, hilfebittend, aber alles deutet den Niedergang der Demut an. Nötigenfalls werden die Krüppel in ihren Rollstühlen den Verkehr der City lahmlegen, wie es unlängst in San Francisco geschehen ist: »Wir haben von den Frauen und den Schwarzen gelernt, wie man sich wehren kann. Entweder müssen wir um Mitleid bitten oder Gleichberechtigung verlangen ...« Nötigenfalls werden die Krüppel mit ihren Krücken Gewalt anwenden. Und in den Schulen drohen und klagen Eltern, das Niveau ihrer Kinder würde auf das von Krüppeln reduziert. Jene *Crazy Homicides* sind als Bande entschlossen, immer Gewalt anzuwenden, wenn ein Taubstummer beleidigt oder diskriminiert wird. Auch verlangen sie vom Fernsehen zu jeder Sendung entweder Untertitel oder Zeichensprache für Gehörlose – dies jedenfalls behaupten die Gegner der *Rollstuhl-Lobby*, wie sie genannt wird, jener Interessenvertretung von eben 36 Millionen im Lande ...

Die Revolte hat begonnen, und es ist mehr als eine Revolte: Es ist ein Aufstand gegen die Schöpfung, und wer möchte nicht am Untergang ihrer Absurdheit teilnehmen? Einer wird zum Linken, weil er den linken Arm bei einem Unfall verloren hat; die rechte wäre ihm lieber gewesen. Die Epileptiker machen nicht mehr mit, endgültig nicht mehr. Die Asthmatiker versammeln sich zu Tausenden, weil es keine Luft gibt, die ihnen bekömmlich ist, keine, früher nicht und heute schon gar nicht. Die Nierenleidenden haben schon lange genug von den Klagen der Leberleidenden – wo sind die Rechte der Leberleidenden? Welches Gesetz hilft Frauen, die ihre Mütter hassen? Keins. Und wer hat das Cholesterin im Schweinefleisch erhöht? Wahrscheinlich die Juden. Wer hat die Haut der Neger schwarz gefärbt? Ist die Sonne für ihre Pigmentkonsistenz verantwortlich oder ein Gott? Welche Partei von Hundsfotten hat den Rheumatismus erfunden, unter die Menschen gebracht? Die Temperenzler wollen die Weintrauben abschaffen, endgültig, sonst saufen die Säufer weiter. Wer nur Gelbrüben frißt, stirbt an Vitaminmangel: Nieder mit den Gelbrüben! Hämorrhoiden sind eine Zivilisationskrankheit – man muß zuviel sitzen. Man verbrenne die Stühle! Jedes Mädchen ist inzestgefährdet. (Schauen Sie bloß mal das Gesicht ihres Vaters an, na?) Lehrer sind Masochisten, Schüler Sadisten geworden. Bevor wir endgültig nichts mehr zu essen haben: Nieder mit den Zahnärzten und raus mit den Zähnen! Die Juristen fürchten den Untergang der Ungerechtigkeit und fordern: Mehr Unrecht! Und bei dem Wohnungs- und Platzmangel: Dürfen die Kirchen weiterhin leerstehen? Die Automobilisten fragen: Ist das nicht Parkplatz-Verschwendung? Die Inder verhungern und der Glaube verbietet ihnen sogar Kannibalismus.

Ratten überfallen Menschen: Tod den Gegnern von Vivisektion! Weh mir, ich schmelze, schreit das Eis. Nieder mit der Sonne. Nur noch ein paar Milliarden Jahre werde ich strahlen, schreit die Sonne. Nieder mit der Zeit – es lebe die Gerechtigkeit …

Was für eine Schöpfung! Irgend etwas ist schiefgegangen mit ihr. Was? Wann? Nieder mit der Demut!

»I'm Thora. Pleased to meet you. How are you today?« Thora, sanft und mit einer Ausstrahlung, die ihr Innerstes preisgibt, ist eine füllige Enddreißigerin; sie arbeitet im *Light House* und hilft vor allem alten Leu-

ten, die meist durch Diabetes blind geworden sind: wie man eine Blindenuhr anfaßt und die Glocke richtig einstellt; wie man Pfannen mit dem Deckel schließt, ohne sich zu verbrennen, oder wie man telefoniert. (Man versuche einmal mit geschlossenen Augen zu telefonieren ...) Sie hilft Blinden, blind zu sehen. Thora stammt aus dem Süden, Alabama. Ihr Vater wurde umgebracht, als sie noch ein kleines Mädchen war.

»Eine dieser Geschichten aus den Südstaaten«, sagt sie beiläufig. Das Geschrei und die Schüsse und wieder das Schreien – das gehörte zu ihren ersten Erinnerungen. Thora rannte aus dem Haus und versteckte sich hinter einem Baumstrunk. Schon am Morgen hatte ihr Vater gesagt, es werde etwas ›geschehen‹; und es geschah. Sie brauchte Jahre, um ein Gewehr berühren zu können. Das hat sie nun gelernt, überstanden. Sie kann ein Gewehr betasten, ohne in Angst zu geraten.

Sie lebte auf dem Lande, und der Arzt hatte gesagt, daß Blindheit, jedenfalls Augenkrankheiten häufig seien in der Nähe von Viehweiden; während der Schwangerschaft war die Mutter Thoras infiziert worden, ja, auch während der anderen Schwangerschaften. Das Augenlicht ihrer Geschwister konnte dank rascher ärztlicher Hilfe teilweise gerettet werden. Nur Thora ist blind geworden; sie ›sieht‹ Schatten und Farben. Nach der Ermordung ihres Vaters wuchs sie bei den Großeltern auf. Der *Lions Club* von Alabama brachte das Geld für eine Operation auf, nichts mehr zu retten. Dennoch – sie war das erste schwarze *und* blinde weibliche Wesen, das in *High School* wie *College* mit Erfolg promovierte. 1959 kam sie nach New York und wurde im *Light House* als Lehrerin angestellt.

»*Life's objective*«, sagt sie, und natürlich verstehe ich den Satz nicht. Sie lacht. Sie lacht immer, so, als sähe sie etwas, was andere nicht sehen.

Am Freitag besucht sie ihre Schützlinge in Harlem, und wir verabreden uns im *Light House*; ein junger Schwarzer (Er ist strohbohnendumm und unwissend – kennt er seinen Job überhaupt?) wartet schon auf uns.

»Ich muß Leute begleiten«, sagt er lieb. »Blinde, *you know*.« Er blättert stundenlang im Telefonbuch und bewegt die Lippen dabei.

Thora wollte, daß er mitkommt. Sie hängt ihren Arm nicht ein, sie hält bloß seinen Ellenbogen in der linken Hand. »Harlem kann gefährlich sein«, sagt sie und lächelt. Die Quartiere in der Nähe der 140. Straße sind teilweise ausgebrannt; Arbeitslose lungern herum: Totale Armut ist statisch und apathisch. Von oben, sagt Thora, sehe das Quartier aus wie *Hamburg after the war*. Woher sie das weiß? Freunde haben es ihr beschrieben. Wir fahren mit dem Fahrstuhl ins 15. Stockwerk. Eine dunkelhäutige schwarze Frau öffnet; die blinde, wartende Schülerin ist ihre Schwester, 62 Jahre alt; sie sitzt da, lächelt, reicht ihre Hand ins Ungewisse, doch einst Vertraute. Sie und ihre Schwester sind ›Zeuginnen Jehovas‹; im Zimmer nebenan liegt die 85jährige Mutter und wartet aufs Sterben. Es riecht nach Schlafzimmer.

Die Lektion mit Thora beginnt. Alle lachen, ein freundliches Lachen, wie Kinder, die »Blinde Kuh« spielen. – Thoras neue Patientin ist voller Lernbegierde. Das Einfädeln einer Nadel mit einem besonders großen Öhr gelingt ihr bald. »Sie müssen immer versuchen, wie es war, als Sie noch sehen konnten«, teilt Thora der Patientin mit. »Alles ist gleich geblieben, bloß können Sie es nicht mehr sehen. Aber das gibt sich schon.«

»Ja«, sagt die alte Frau gehorsam. Sie lächelt. Thora lächelt auch. Eine Art Triumph der Geduld, denke ich. (Die ›Zeugen-Jehovas‹-Wohnung ist unerträglich – man verzeihe die Arroganz.) Jesus hängt überall herum, zwischen den Farbfotos von Kindern und Vätern und Verwandten, und einmal ist Jesus sogar vor das Matterhorn gemalt, *das Matterhorn*! Hatte er dort einen Souvenir-Shop? Das Sofa ist mit durchsichtigem Plastiktuch überzogen, damit der Originalkunststoff geschont bleibt.

Thora öffnet den kleinen Deckel ihrer Armbanduhr und betastet die Zeiger. Die Lektion ist vorbei.

Wir alle bedanken uns nach allen Seiten zurück. *»It was beautiful.«*

Es regnet draußen. Düster.

Im Parterre befindet sich eine Schule, die den Namen von Langston Hughes trägt, dem schwarzen Lyriker, der Mitte der sechziger Jahre starb: *Night coming tenderly. Black like me.«*

Ein Midtown-Hotel mit einer vornehmen Fassade wie alternde, gepuderte Haut. Die Lobby ist domhoch, silbern, gespenstisch und vornehm, Kerzenlicht ohne Kerzen; die Gesichter sind Hotelgesichter, unpersönlich, unfröhlich erstarrt durch jenen Tourismus, den Amerika immer wieder auf höchster Leistungsebene betrieben hat: Erlebnis ohne Leben. Das Leben wird nie in den Ferien entdeckt. Ferien (Urlaub, wie die Deutschen sagen, so, als wäre es Abwesenheit vom Krieg) sind Strapazen; man wäre am liebsten wieder zu Hause, doch das bereits ausgegebene Geld *zwingt* zum Erleben, und das Ergebnis ist Furcht, Zwang, wie ein Christbaum im Jahre 1984. Und nirgendwo ein Fenster. Als die Menschen das Fenster erfanden, entdeckten sie das Abenteuer, und diese hier, die Touristen, sind wieder Höhlenbewohner, und draußen wartet eine gefräßige Dinosaurierwelt. Sie gehen hinaus, bleiben einen Augenblick im hellen Tageslicht stehen und zögern, wie Blinde.

Zoltan K., ein Künstler, lebt im 12. Stock. Diabetes (er ist 84 Jahre alt) hat ihn blind werden lassen. Fast blind. »Rufen Sie nochmal an, bevor Sie kommen«, sagte er am Telefon, »ich hab ein schlechtes Gedächtnis. Richtig, im 12. Stock. Nein, nicht vor 10 Uhr. Ich hab' ein schlechtes Gedächtnis.«

Zoltan K. hat zwei Zimmer. Er lebt hier seit 44 Jahren, kann zunächst die Türe nicht öffnen, *»something is wrong«*; ein *bellboy*, der eben vorbeiging, öffnet die Türe von außen. Zoltan ist ein Skelett in einem seidenen Pyjama, der so elegant ist, daß er damit auf die Straße gehen könnte, ins Restaurant; seine nackten Füße, die oberhalb der Knöchel weinrot sind, stecken in Lederpantoffeln.

»Sie sind also die Photographin?« fragt er und streckt dann die Hand an meiner Begleiterin vorbei. »Ist das Ihr Gatte?« Nein, antwortet sie, und dankt, daß er unseren Besuch empfängt. Er versucht, die Türe hinter uns zu schließen, ich helfe, das heißt: Ich versuche zu schließen, das Schloß zuzudrehen, doch er will es selber machen.

Zoltan hat ein schönes Gesicht. Die Haut spannt sich über die Knochen, und wenn die Nase fehlte, wäre er nurmehr Mumie; nein, da sind noch immer die dicken Venen auf der Haut – er ist nicht blutleer.

Zoltan ist Ungar; lebte in Paris, London, Tokyo und New York. Er kennt die Uhr nicht mehr; man müsse ihn an die Zeit erinnern. Ende Mai will er zu einer Zusammenkunft mit Blinden gehen – ob Beatrice mitkommen wolle? Sie nickt bloß. Photographiert.

Dort, irgendwo, auf dem Tisch vor mir, liege die Einladung, Brooklyn. Ich finde sie nicht.

»Neben der Lampe«, sagt er.

Welcher Lampe? Ach ja, da ist eine Lampe, die *nicht* brennt, und neben der Lampe eine zweite Brille und ein Nußknacker, der zerzauste Kleenextüchlein gefangenhält.

Ich habe einen Schreibblock auf das angewinkelte Knie gelegt, und jedesmal, wenn ich eine Notiz kritzeln will, werden die Blätter hochgewirbelt. Ja, alle Papiere werden hochgewirbelt von dem sich drehenden Ventilator, der summt und zügige Bewegung ins Zimmer bringt. Zoltan sieht das nicht.

Woran er zur Zeit arbeite? frage ich.

Ausnahmsweise will er mich verstehen.

»Zur Zeit arbeite ich wenig«, antwortet er. »Das ist gut. Ich mache immer, immer, immer etwas anderes. Schauen Sie die Bilder an.«

Ich schneuze die Nase – er soll das als meine interessierte Antwort betrachten. Natürlich habe ich die Bilder schon lange gesehen.

»Jedes ist anders«, sagt er. »Wie bei Picasso.«

Zoltans Bilder erinnern an Jackson Pollock. Eines ist mit Schnüren überspannt.

»Das ist neu«, sagt er. »Sehen Sie die Schnüre?«

Ich beginne ihn, zögernd, über Kunst zu befragen. Er legt die Hand an die Ohrmuschel, einmal das Ohr rechts, dann das andere, links: Er hat keine Lust, mit mir zu reden.

»Lesen?« wiederholt er plötzlich eine frühere Frage. »Früher las ich Kafka. Der hat alles gesehen. Alles. Kennen Sie Kafka?« Ich nicke, und er wiederholt die Frage.

»Natürlich. Ja.« (Mein plötzlicher Verdacht, er könne doch etwas sehen; von Blindheit haben wir bisher nicht gesprochen.) Er überlegt und starrt im Zimmer herum: »Ist da Licht?« Die Vorhänge und

Stores verdecken die Fenster; sonst überall brennende Lampen, in jeder Ecke, auch in seinem Schlafzimmer, in der kleinen ›Küche‹, überall.

»Ja«, sagt Beatrice und öffnet die *Stores.* »Stört es Sie? Ich brauche Licht.«

Wie er sich zurechtfindet in diesem ganzen Wirrwarr: aufgestapelte Zeitschriften, auch neue, Tonbandanlagen, Radio, Briefe, immer wieder Briefe, Rechnungen, Ordner, übergroß geschriebene Adressen (er hält sie dicht vor die Augen, ganz dicht); die Briefe seiner früheren Frauen könne er ganz normal lesen, sagt er kichernd; die zweite lebe in Spanien und wolle ihn unbedingt wieder heiraten, doch er denke nicht daran. Nette Frau sonst. Aber die Handschrift könne er ohne Schwierigkeit lesen. Andere Briefe ließe er vergrößern, um sicher zu sein. Mit den Leuten hier im Hotel könne man nicht rechnen – sie sind oft ungebildet, unzuverlässig.

Der Sohn ist Anwalt und Makler in Florida, hat zwei Kinder, seine Großkinder.

»Waren Sie mehrere Male verheiratet?«

Er kicherte und fragt in Richtung Beatrice: »Was hat er gesagt?«

Sie wiederholt die Frage.

(Er mag *mich* nicht. Er mag Frauen, geniert sich jedoch, davon zu reden.)

»Sie tragen Hosen?« fragt er Beatrice. Sie stellt die Scheinwerfer um und er tastet nach ihr; vornehm. »*Wie? Overalls?* – das mag ich besonders. Man ahnt das Weibliche.«

Beatrice lacht. Er grinst.

Dann schnuppert er. »Sie sind eine junge Frau, nicht wahr?« fragt er. Meine Begleiterin lacht. »Meine zweite Frau roch ähnlich. Sicher sind Sie hübsch.«

Beatrice lacht.

»Sie ist *sehr* hübsch«, bemerke ich, ungewollt sadistisch, und drücke seine Hand. Zoltan umklammert meine Hand mit seiner Hand, preßt, ich presse auch. Es sind eiserne Klauen. »Sie haben starke Hände«, sagt Zoltan.

Nun lache ich, erzähle, daß ich schwachen Händedruck nicht ausstehen kann, und mein Händedruck sei bloß eine Antwort gewesen.

»Meine Hände wurden stark« – er zeigt auf die seinen – »weil ich die Leinwand meiner Bilder immer selber auf den Rahmen gespannt habe. Kennen Sie Picasso?«

»Er ist tot«, bemerke ich sinnlos.

»Haben Sie ihn gekannt?«

»Wen?«

»Picasso.«

Er überlegt.

»Picasso? Kannten Sie ihn?« wiederhole ich.

»Oohja«, sagt er. »Bitte setzen Sie sich irgendwo. Ich muß einen Augenblick hinaus. Mein Mund ist so trocken, ja?« Er tastet sich hinaus, sechs oder sieben Schritte.

Vermöchte er zu sehen, so könnte man seine Wohnung unordentlich nennen. Dokumente stapeln sich auf drei kleinen Tischen, Zeitschriften, Kataloge (auch *seiner* Werke); dort und hier steht ein klebriges Glas, Orangensaft, man könnte überall die Ringe zählen, um zu erfahren, wie viele Male er das Glas jeweils nach dem Trinken abgesetzt hat. In einer Ecke scheint sein Stammplatz zu sein. Der Tisch ist mit einem verkleckerten Frottiertuch belegt, und zwischen den Ohrenbügeln der Brille liegt ein Salatkopf mit matten Blättern, ein Glas mit Mayonnaise und etwas Kleines aus Wolle, das an Pulswärmer erinnert. Kein Teller, kein Messer, nichts. Kleine Teller mit ausgedrückten Zigarettenenden, nein, keine Kippen, er hat die Zigaretten bloß angezündet und die Glut wieder ausgedrückt. Keine Bücher. Nur Broschüren über Kunst oder Juristisches.

Zoltan kehrt zurück, bringt den seidenen Pyjama in Ordnung.

»Wann begannen Ihre Schwierigkeiten mit dem Sehen, mit den Augen?« fragt Beatrice; sie will mir helfen.

»Jaja, die Augen«, antwortet er, fixiert ihren Sitzplatz.

»Ich, wissen Sie, ich hatte immer kritische Augen. Wenn ich etwas wirklich *anschaute*, wurde das Betrachtete kritisch für mich. Daher ist meine Situation zur Zeit schwierig. Ich sehe so schlecht.«

Ja, er hatte bisher kein Wort über seine Blindheit gesprochen. *Die Welt war blind geworden: Nicht er, Zoltan.*

»Meine Freunde sind alle tot«, sagt er. »Jedenfalls hab ich seit Wochen nichts mehr von ihnen gehört.«

Paris? frage ich, London?

»Paris? Da war ich anderthalb Jahre im Gefängnis, 1940 oder so, ich habe im Bois de Boulogne photographiert. Liebespaare zum Beispiel. Ich mag Liebespaare. Aber die Polizei dachte, ich hätte Befestigungen photographiert. Vielleicht gab es sogar militärische Befestigungen dort, ich weiß nicht.« »Sie waren *Art-Designer*, nicht wahr?«

»Jaja, schon. Die Sache war einfach die, daß ich gerne mit dem Rad herumgefahren bin, und da ich eine Kamera hatte, hielt man mich eben für einen ...« Er dachte nach.

»Spion?« fragte ich.

»Ja. So etwas. Ich hab aber nur Liebenspaare photographiert.« »Ist ja auch etwas Schönes«, sagt Beatrice.

Er sucht mit den Augen nach ihr.

»Tragen Sie wirklich einen *Overall*?« Die Augen tasten, als sie sich erhebt und an seinen Knien vorbeigehen will. »Ich mag *Overalls.*« Zoltan hebt tastend die Hände und läßt sie wieder sinken; willenlos, nicht hilflos.

»Hören Sie Radio?« frage ich. Das Rundfunkgerät steht auf einem der Tischchen.

»Fast nie«, antwortet er. »Die wollen immer irgend etwas verkaufen, die Amerikaner. Ich *will* nichts kaufen. Was soll ich kaufen?«

Zoltan K. lebt seit 44 Jahren in diesem Hotel. Seit vierundvierzig Jahren; der Hotel-Manager möchte ihn schon lange loswerden; die Vorhänge sind zerfetzt, die ›Küche‹ ähnelt einer Toilette, sie ist dreckig (»Blinde sehen nicht« – das Personal), schmierig, Teller für Tote, Ungeziefer. Ein vornehmes Hotel, *Midtown.*

Sein Anwalt will einen Präzedenzfall schaffen, damit hilflose Alte nicht mehr aus einem Hotel verjagt werden können. Der Anwalt hat ihm sogar Geld angeboten – eben, um ein Gesetz zu ändern. Zoltan will es sich erst überlegen.

Stille.

»Ich wollte mir etwas überlegen«, sagt Zoltan. »Was war das.« Wir antworten nicht.

»Mein Leben ist düster«, bemerkt er grinsend.

Pause.

Ob ich die Toilette aufsuchen dürfe?

»Durch das Schlafzimmer«, sagt er. »Gleich rechts.« Die Toilette ist, wie alles, sehr hell beleuchtet; auch ein anschließender, winziger Raum mit Besen, Staubsauger, Waschlappen und Bürsten verharrt in sinnloser Beleuchtung. Einsamkeit im Scheinwerferlicht. Die Toilette ist eitrig. In der Schüssel schwimmen Rührei und halbierte Radieschen; durch das Schlafzimmer zurück: Kleidungsstücke, überall Wäsche, an Kleiderbügeln baumelnde Anzüge wie bei einem Trödler; hinter dem Bett ist ein breiter, doch nicht hoher Spiegel angebracht, und zwei kleine Lampen brennen, verstärken das Licht über der Bettwäsche, auf die das Hotelpersonal achtlos zwei frische Frottiertücher geworfen hat. Die Küche ist eine Art Telefonkabine. Auf dem Fußboden liegen Gabeln und Löffel (keine Messer) und Papierservietten, unbenützt, und ein Stück Papier, wie von Gespensterhand beschrieben, mit großen Buchstaben: I WOKE UP BEWILDERED – YOU TRIGGERED SOME UNBELIEVABLY BEAUTIFUL EMOTION.

Ein Telegramm aus der Finsternis, das er vielleicht an sich selber abgeschickt hat.

»Haben Sie die Toilette gefunden?« fragt er.

Ich bejahe überlaut. Beinahe strapaziere ich meine Höflichkeit – bin versucht zu sagen, es habe mir dort gefallen, wirklich gefallen. Wird man so zum Heuchler und Lügner? Was hält man eigentlich von seiner sogenannten Wohlerzogenheit? In einem stillen inneren Wutanfall, den ich sanft gegen ihn richte, stelle ich die Frage über seine Zukunft, *just the Future.*

»*Well*«, sagt er (Englisch wie bei Karl May, nicht wahr?) und denkt nach. »*Let me think.* Eine gute Stadt, nicht wahr? Besser als Paris.«

Ob er nachdenkt? Ja.

»In letzter Zeit habe ich sehr wenig gemalt. Die Augen, *you know.* Aber schauen Sie die Bilder an« – seine Hände deuten auf die Wände:

»Ich mache nie dasselbe. Jedes Bild ist anders und neu. Wie Picasso. Ich kannte ihn gut. Wir mochten uns. *Very, very much.* Picasso liebte mich.«

Er horcht zu Beatrice hin. Mit den Fingerspitzen streichelt er seine Haut, ohne sie zu berühren; man spürt seine Sinnlichkeit (ein *homme à femmes*). Er gäbe drei seiner Bilder als Geschenk, wenn er ihren Rücken von oben bis unten betasten dürfe, um in der Mitte ihres Körpers zu verbleiben. Nur für eine Minute.

Beatrice schaut mich an, lächelt erbarmungsvoll. Auch sie denkt nicht an Dante.

Ende Mai hat er in Brooklyn ein Meeting mit anderen, die nicht mehr sehen können. Ob Beatrice mitkommen möchte?

»Ja«, sagt sie. *»I'll call you.«*

»Großartig«, sagt Zoltan, tastet hilflos ins Leere, so, als könnte er dort eine weibliche Hüfte umfangen. »Ich freue mich.«

»Ich freue mich auch«, antwortet Beatrice lächelnd.

Mona Lisa war eine Frau.

Wieder im Light House.

»Das Leben ist leichter für die Blindgeborenen«, erzählt uns einer, der einmal mit den Augen gesehen hat, »der Blindgeborene braucht keine Richtigstellung. Der Blindgeborene hat wahrscheinlich (*wahrscheinlich*) kein Bedürfnis, zu wissen, was von welcher Farbe oder Form ist, weil der Sinn, der ursprünglich dafür geschaffen wurde, bei ihm nicht vorhanden ist.«

Wie ein Blinder sich Farben vorstellt (sieht?): Wenn er frisch geschnittenes Gras riecht und jemand sagt: das ist grün, wird er diese Farbe immer mit dem Geruch von frisch geschnittenem Gras assoziieren.

(Wie wenig wir *alle* voneinander wissen.)

Ein junges Mädchen in der Lobby des *Light House* hört uns aufmerksam zu; ihr Blick ist in *unser* Nichts gerichtet, und lächelt. (Immer dieses Lächeln.) Sie erinnert sich noch an ihre Fähigkeit zu sehen, und ist überzeugt, daß Blinde, die *nie* gesehen haben, in ihren Träumen genauso *sehen* – Gesichter, Tiere, Landschaften, Monde, Meere und Fratzen.

Zu fragen wage ich nicht:

Träume von Blinden, die nie gesehen haben …

Erinnern wir uns (Platons *Phaidon*) – im Kerker unseres Körpers – an frühere Leben? Bedeutet Lernen: sich wieder erinnern? Leben überhaupt: sich wieder erinnern? »Sie bringen ihre Sachen zusammen«, (»Get their things together«), fügt das Mädchen hinzu: »Durch Hören, Riechen, Fühlen und Tasten.«

»New York ist die beste Stadt für Blinde«, sagt Paul, ein junger Lehrer, »ich war erst 22, als ich das Augenlicht zu verlieren begann. *Was pretty tough, wow!*« Er lacht. »Zwei Monate lang war ich total verzweifelt, hing in der Wohnung herum und tat nichts. Dann raffte ich mich zusammen, ich hatte ja meinen Beruf, ich war Mathematiklehrer, bin es immer noch. Ich habe immer Glück gehabt. Ich lernte *Braille*-Schrift und all das Zeug, lernte mich bewegen und kaufte mir einen Hund, wollte keinen Blindenstock. Ich wollte nicht, daß die Leute mir dauernd helfen. Ist zu erniedrigend. Ich wohne bei meinen Eltern. Was ich abends tue, fragen Sie?«

Er lacht wieder.

»Ich mag Leute, ja? Ich hab ein paar Stammkneipen und treffe da zuweilen Freunde. Ja, und Mädchen. Mädchen mag ich natürlich auch. Manchmal gehe ich auch ins Kino. Schade, die Liebesszenen sind meist stumm. Der letzte Film, den ich gesehen habe, war ein Film über die Schweiz und einen Italiener. ›Bread und Chocolate‹ hieß der Film, alle meine Freunde redeten davon, aber sie hatten vergessen, daß ich nichts sehe, und Deutsch kann ich sowenig wie Italienisch. Da ging ich wieder raus nach einer Viertelstunde. Wenn man blind ist, muß man etwas unternehmen, man muß aktiv sein.« New York kennt er genau. Nein, er liest nicht viel, jedenfalls keine Romane, mehr Wissenschaftliches, und einmal pro Woche die wöchentliche Ausgabe der *New York Times* in *Braille*-Schrift. Die Schule, in der Paul tätig ist, *Uptown Brooklyn*, ist eine Schule für jene, die aus der Highschool geworfen wurden, aus diesem oder jenem Grund, und die das nun alles nachholen möchten. Die meisten sind 18, 19 oder 20; sie können nicht alle Stunden besuchen, denn die meisten müssen für sich selber sorgen, und manchmal haben sie auch schon Frauen und Kinder.

Das Schulhaus erinnert – schäbig und demoliert – an das Schulhaus im Film *Blackboard Jungle* der fünfziger Jahre, und die *students*, meist Farbige, wirken zuweilen wie gezähmt oder unter dem Einfluß von *tranquilizers*. Kindergartenschüler mit 1 Meter 85 Größe; sicher hat kaum einer von ihnen eine Kindheit gehabt, wie sie sich ein Mitteleuropäer vorstellen mag.

»*Paul's terrific*«, meint einer der Schüler, und ein paar andere bestätigen: »*He's absolutely phantastic!*«

»*Man, he's the best man I know*«, sagt einer, bläst einen *bubblegum* vor den Lippen auf und läßt ihn platzen.

»*Okay folks*«, ruft Paul. »Fangen wir an!«

Er muß ihnen das europäische Dezimalsystem beibringen, und erkundigt sich, wieviel *ounces* Marihuana einer bei sich tragen darf, wenn die Polizei ihn erwischt, das erlaubte Gewicht also. Gelächter.

»Okay«, sagt Paul und pinselt mit rascher Hand die runden Zahlen (nicht die genauen, er will nichts erschweren) auf die Wandtafel.

Die Schüler, eigentlich Erwachsene, sitzen im Zimmer herum, wie es ihnen paßt; sie lachen, nicht wegen des Vergleichs, sondern weil auf der Wandtafel noch ein paar Sätze und Zahlen der vorangegangenen Schulstunden stehengeblieben sind. Einer schnellt auf und wischt das Geschriebene mit einem Lappen fort.

Die Ausstrahlung des jungen Lehrers ist faszinierend. Die Augen sehen ins Leere, doch weiß er genau, wo jeder Schüler sich befindet. Er weiß auch, wer nicht da ist, wer unentschuldigt schwänzt.

»Manchmal«, sagt Paul später, »versucht man mich zu beschummeln, aber ich kenne alle Stimmen. Ich höre auch, ob einer in einem Comic-Heft blättert oder im Schulbuch.«

Nach der Schule stehen ein paar Schüler um ihn herum; Fragen, welchen Kurs sie im nächsten Sommer nehmen sollen, was nützt und was nicht. Paul antwortet (der Fragende braucht seinen Namen nicht zu nennen), und es sind nicht nur Schulfragen, es sind Lebensfragen. Er weiß, was den einzelnen bewegt, welche Probleme ihm in den Weg gestellt sind.

Anderntags gehen wir zusammen essen; wir haben uns in der Lobby des Hotels verabredet. Der Hund zieht ihn – unsicher geworden – zum *desk* des Hotels.

»Er will sich einschreiben«, sagt Paul, *»He seems to like the place.«*

Ich rate ab. Manchmal sitzen Küchenschaben auf den Borsten meiner Zahnbürste.

»He wouldn't mind«, sagt Paul, »er putzt seine Zähne nie. Nicht wahr, Hal?« Der Hund wedelt.

Als Paul blind geworden war und wußte, daß er nie mehr sehen würde, und alles hinter sich gebracht hatte, was ein Blinder neu hinzulernen muß, begann er eine Stelle zu suchen. Er wurde natürlich nicht einfach abgewiesen; es gab Ausreden, die keine waren: Überschuß an Lehrern.

Schließlich stellte er sich dem Rektor *dieser* Schule vor, und dabei passierte etwas, was ihn fast verzweifeln ließ: Der Rektor frage nach dem Namen seines Hundes. Er nannte ihn, und der Rektor lachte: *»That's my first name too.«* Der Rektor bat ihn, am nächsten Tag wiederzukommen: er müsse die Lehrerschaft fragen, ob sie mit einem blinden Lehrer einverstanden wären. Von 20 Lehrern waren 18 einverstanden.

»Die Kinder (*kids* nennt er sie) haben wenig Chancen später. Sie haben zuviel verpaßt, die Konkurrenz ist zu groß und die Arbeitslosigkeit – *you know.*«

Als wir uns im chinesischen Restaurant an einen Tisch setzen wollen (ich bin etwas verlegen, meine Begleiterin weniger, eine Frau eben), bewege ich meine Hände in der Luft. Ich weiß nicht, *wie* Paul sitzen will und *wo* er seinen Hund haben will. Er ist durch und durch Mathematiker, er tastet die Stühle ab, überlegt, berechnet die Situation, stemmt einen Stuhl zur Decke und reicht ihn zu mir herüber, schubst den Hund an die leere Stelle.

Der Kellner bringt die Menü-Karte, zögert, und legt sie dann vor mich hin. Ob ich vorlesen solle?

Nicht nötig. Am liebsten *shrimps*. Und Soda, ein Tab. Ob ich bestimmte Fragen hätte?

Ich habe am Abend zuvor Fragen auf einen Zettel gekritzelt, und jetzt, unversehens, scheinen sie mir alle plump und von einem geschrieben, der sich ein Interview mit einem besonders Unglücklichen ausgedacht hat. Paul ist nicht unglücklich, im Gegenteil. Selbstmitleid kennt er *nicht* mehr, und ich hatte Fragen ausgedacht, die das Selbstmitleid *nicht* berühren sollten.

»Sind meine *shrimps* schon da?« fragte Paul und tastet an der Tischkante. Außer Tee und Tab ist noch nichts serviert worden.

Als Paul sein Mathematiklehrer-Studium abgeschlossen hatte, mußte er seinen jüngsten und ältesten Wunsch vergessen: Europa zu sehen. *»I would have loved it«*, sagte er und lächelt. (Es ist peinlich für den Schreibenden, immer wieder Lachen und Lächeln zu erwähnen – man muß die *Dinge* sagen, hat Goethe gesagt, nicht was man *fühle* über Dinge, ein Zeichen des Dilettantismus ... doch *angesichts* Blinder ist jeder ein Dilettant.) Paul ist immer tätig. Heute morgen hat er in einem Veteranshospital (die meisten aus dem längst vergessenen Vietnamkrieg) unterrichtet und beraten.

»Arme Teufel«, meint er, »die Veteranen des 2. Weltkriegs werden noch heute als Helden gefeiert. Die verkrüppelten Veteranen des Vietnam-Kriegs sind für viele etwas wie Kriminelle, die den Krieg verloren haben. Dabei sind die meisten keine 30 Jahre alt. Wie ihre Blindheit ausgelöst wurde, weiß ich nicht. Zum Teil Diabetes, andere wurden irgendwie langsam Opfer ihrer Verletzungen, ich bin nicht Mediziner.«

Morgen wird Paul Blindenhunde dressieren: das hat er auch gelernt.

Ohne kausalen Zusammenhang erzähle ich von einem Klassenabend der Primarschule nach 20 Jahren in Davos-Dorf.

»Wie war's?« fragt er, interessiert.

»Schrecklich zuerst. Wir waren alle so etwas wie alt geworden und brauchten zuweilen Stunden, um das ›Schulkind‹ jener Tage wiederzuerkennen«, erzählte ich, mich räuspernd. Der Kellner hat seine *shrimps* gebracht.

Blindheit sei nicht vererbbar, erzählt Paul später, bloß Diabetes. Beide Großväter, mütterlicherseits und väterlicherseits waren Diabetiker und wurden im Alter blind. Pauls Geschwister und Vettern und Cousinen sind bis heute nicht an dieser Krankheit und an dieser Auswirkung erkrankt. »*Well*«, sagt er, fast genüßlich, »*but I got the ticket,* aber *ich* habe die Karte bekommen.«

Paul freut sich auf den Sommer. Er hat einen leichten und beweglichen Körper, ist ein guter Schwimmer, und er liebt es, die Mädchen um sich herum zu spüren. Da ist keine Angeberei – er ist männlich und stolz und stark, und für eine Frau braucht er keinen Blindenhund, was ihn beachtlich von unzähligen nicht-blinden Männern unterscheidet. Seine Sexualität hat Würde, seine Lebens- und Liebesfähigkeit ist erkennbar.

Er ißt die *shrimps* und den Reis bis zum letzten Körnchen. Paul kommt auf meine Klassenzusammenkunft zurück: »Ich sehe alles so, bis zu dem Augenblick, da ich blind wurde. Für mich sind meine Geschwister nicht älter geworden. Wenn sie zu mir reden, dann sehe ich sie genauso wie zu jenen Tagen, da ich mein Augenlicht verloren habe. Meine Eltern sind grau und alt geworden, erzählen sie mir, aber ich habe sie als noch jugendliche Menschen im Gedächtnis. Nur durch ihre Stimmen merke zu zuweilen, daß sie alt geworden sind, zittrig.«

Für Paul bleibt alles so jung, wie er es einst gesehen hat. Kein Altern und Verrotten trübt die Erinnerung seines Sehens. Die Welt hinter seinen Augen bleibt jung. Ich muß in mein Hotel zurück nach dieser zweiten Begegnung, untraurig, doch als ich nach zwei Stunden wieder erwache, sieht mein Gesicht im Spiegel aus, als hätte ich geweint, gealtert, so als wäre ich mir selbst an einem Klassenabend wiederbegegnet.

Der letzte, von dem ich erzählen will, ist Bernie L. Ein bißchen ähnelt er, sanfter, kindlicher, dem Schauspieler Walter Mathau (seine Virilität hat sich aus dem Körper verzogen); er kommt aus gutem Hause, Geld war immer da, die Mutter verhätschelt ihn übers Erbarmen. Als Vierjähriger hatte er einen Gehirntumor und konnte alles sehen. Aber er kann sich nicht mehr ans Sehen erinnern. Der Tumor wurde entfernt, dabei wurden die Sehnerven verletzt. Als er erwachte, war er blind. Blind?

Er spielte mit Kindern aus der Nachbarschaft, wurde zuweilen gehänselt und verulkt; er blieb fröhlich dabei, auch wenn ihn ein Ball mitten ins Gesicht traf.

Einmal, das Verulken und Verhänseln traf ihn mehr als sonst in seiner Kindheit, fragte er: »Wieso seid ihr so mit mir. Bin ich anders als ihr?«

Die Kinder lachten, sagten nichts. Lachten einfach.

Bernie ging nach Hause. Er kannte den Weg.

»Bin ich anders als die anderen?« fragte er.

»Warum fragst du?« sagte die Mutter.

»Bin ich anders als Joey?«, fragte Bernie.

Die Mutter begann zu weinen; jedenfalls glaubt er, sie weinen zu hören.

»Du bist blind«, sagte sie schließlich.

»Blind? Was ist das?«

»Du kannst nicht *sehen*. Du bist *blind*.«

So erfuhr er etwas, das er dennoch, lange Zeit, nicht verstehen konnte.

»Ich war eben zu klein«, sagt Bernie. »Später begann ich, zu verstehen, ich meine, daß ich blind bin und all das, *you know*.«

Man gewöhnt sich daran. Man gewöhnt sich auch ans Geben oder Nichtgeben; Bettler sind Lust und Laune, wie sie sich selber Laune sind oder sich eine Attitüde zulegen, Attitüden des Elends, kolorierte Krampfadern der Armut in Schwarz, Rosa oder Himmelblau. Der standesbewußte Bettler mit einem sauberglänzenden schwarzen Lackschuh, der andere Fuß ist nackt, dreckig; der vornehme Bettler, der beim Näherkommen in devote Haltung verfällt und wenn er nichts bekommt, sofort die zu einem Häufchen gefalteten Hände in schmissige, knipsende Aristokratenfinger verwandelt; der auch im Winter halbnackte Bettler, bärtig, sehnig, der seinen Hund huldvoll, tierliebend, auf einem kleinen Teppich ruhen läßt – ein silberner Aschenbecher neben der Schnauze des Tieres; jener Bettler, der auf zwei Plakaten eine handgeschriebene juristische Tragödie erzählt, Wohnungstragödie oder so, nimmt – *unterstrichen* – nur Dollars entgegen, grünes Papier, denn Anwälte und Gerechtigkeit sind teuer (damit das Geld nicht fortgeweht wird, hat er einen laut tickenden Wecker auf die drei oder vier Banknoten gelegt); der immer wie ein kleines Kind heulende Bettler (man hat ihm schon mit Prügel gedroht, so jämmerlich heult er) – er geht auf die Nerven, der Ärmste; jener Bettler mit dem geschrumpften Luftballon, der unmittelbar über seiner Hand zittert, Parkinson der Erste; jener auch, der seit Monaten um einen Obulus bettelt, er möchte nach Philadelphia zurück, um zu sterben mit dem bandagierten Knie, kürzlich war's San Francisco – wieviel Geduld es braucht, wieviel Mut, wieviel Phantasie und Tapferkeit, falsche und echte Demut. Der Gott der Bettler hat für Demut Tricks erfunden. Weh dem Bettler, den er nicht ausstehen kann. Der ist faul.

Ein paar Häuserblocks weiter, an der Madison Avenue, steht ein anderer, mit einem Schäferhund. Er hält eine Blechdose in der Hand, klimpert geschäftig und monoton mit den Münzen. Die Augen sind pupillenlos, zermanschtes Eiweiß, sonst nichts. Er rasselt mit den Silberlingen und murmelt Dank.

An der Beschreibung, dem Leser hingeworfen wie stinkendes Fleisch, hängt Mitleid, billiges und schlechtes Gewissen, vage Furcht vor Blindheit, sehr unangenehm in einem optischen Zeitalter bar jeder Vision; Daumen und Zeigefingerspitze tasten in der Hosentasche nach einem Quarter, den der Bartender mit den Ketchup-Fingern eben als Herausgeld auf die Theke geschmissen hat.

Mittag, und der Blinde steht breitbeinig in der Sonnenglut. Er ist eine Macht. Und er weiß es. Wer sich nicht rasch in ein Gespräch vertiefen kann, vertiefen, weiß Gott, der muß ihn anschauen, den blinden Neger.

Vielleicht, warum nicht, verlor er sein Augenlicht, als er einen Ladenbesitzer überfiel, ein übler Bursche? Niemand würde ihm einen Nikkel versagen, im Gegenteil, aber man müßte doch mehr über ihn *sagen* können. Was nützt dem Leser die Beschreibung? Vielleicht ist er ein Opfer der Toxoplasmose, vielleicht fiel er in die Spitzen eines Gartenzauns – wie auch immer: Er ist eine Macht, und wie so oft ist er eine Macht ohne Argumente und Beweise.

Gestern – oder ist es morgen? – gehe ich an ihm vorbei. Die Straße ist leer. Er hört mich kommen, ich weiß es.

»Hey, Mister!« ruft er.

Ich bleibe stehen.

»Wie wär's mit einem Dollar?«

Der Hund an der Leine bellt und beißt in die Luft. »Könnte zum Beispiel den Hund ein bißchen loslassen, Mister!« ruft er. »Hören Sie? Blindenhunde sind beflissen und scharf, wie steht's mit dem Dollar! Sagen wir zwei Dollar. Ja, zwei! Wie stehen Sie da, Mister, wenn ein Blindenhund Sie überfällt? Da müssen Sie sich ein gutes Argument einfallen lassen. Stellen Sie sich den Polizisten vor, wenn Sie erzählen, der Hund des Blinden an der Madison Avenue hat mich angefallen!« Der Blinde lacht.

»Zwei Dollar, hab ich gesagt. Zwei. Und versuchen Sie nie mehr, mich zu beschreiben, Mister, nie mehr!« In der Nähe lodert einer der Papierkörbe. Sie brennen oft im Sommer, die Papierkörbe.

Der Funke einer Zigarette genügt.

Aus: Jürg Federspiel
Die beste Stadt für Blinde und andere Berichte
Suhrkamp 1980

Klaus Modick

Nichts ist unmöglich. Tokioter Miniaturen

Yamanote

Wahrscheinlich hat die Rockgruppe U 2 mit ihrem Song *Where the Streets Have No Name* Tokio gar nicht gemeint, aber während meiner ersten, ziemlich orientierungslosen Tage in der Stadt wurde mir das Stück zu einer Art Hymne. Denn abgesehen von den großen Boulevards und Express-Ways haben die unzähligen Straßen und Gassen Tokios keine Namen – und die Häuser tragen keine Nummern. Wohl gibt es ein kompliziertes System, mit dem bestimmte Gebäude zweifelsfrei gefunden werden können, was der sehr zuverlässigen Post auch Morgen für Morgen gelingt; aber selbst Taxifahrer zucken gelegentlich mit den Schultern, hält man ihnen eine schriftliche Adresse als Zielort vor.

Es gibt jedoch ein Instrument, mit dem man sich die scheinbare Undurchdringlichkeit des Stadtzentrums schnell und narrensicher erschließen kann: Die S-Bahn-Ringlinie Yamanote-Line der *Japan Railways*, kurz und amerikanisch *JR* genannt (wobei bekanntlich das r ein zwischen r und l liegender Laut ist, bei dem die Zungenspitze gegen den Gaumen gedrückt wird; nach einigen vergeblichen Übungen kann man zum schlichten l übergehen und wird sofort verstanden werden). Da der Hieroglyphen-Dschungel der diversen Ticket-Tarife dem Fremden eins der ungelösten Geheimnisse Nippons ist, löst man am Automaten einfach die billigste Karte, schiebt vor Verlassen des Zielbahnhofs das Ticket in die sogenannte *Fare Adjustment Machine* und löst automatisch nach. Die Yamanote-Line zieht jedenfalls unermüdlich ein langgezogenes Oval um den Kern Tokios, läßt sich gut zu einer ersten, umfassenden und preiswerten Stadtrundfahrt nutzen und bietet mit ihren kleinen, größeren und sehr großen Stationen narrensichere Orientierungspunkte: Wer eine *JR-Station* in seiner Nähe weiß, kann sich eigentlich nicht verlaufen.

Verlaufen kann man sich freilich im unterirdischen Gewirr aus Rolltreppen, Gängen, Sperren, in den Zeichenwäldern der Hinweisschilder, in den nicht abreißenden Menschenströmen, die aus der Infrastruktur moderner Superbahnhöfe wie Tokio-Hauptbahnhof, Ueno, Shinjuku oder Ikebukuro wahre Labyrinthe machen. Denn diese Bahnhöfe sind nicht nur gigantische Umschlagplätze für Menschen, die schnell von hier nach dort wollen, sondern es sind urbane Subzentren in den Tiefen der Stadt. In kilometerlangen, großzügigen und sauberen Passagen finden sich hier Läden und Kaufhäuser, Restaurants und Imbisse, Friseure und Schönheitssalons, Antiquitätenhändler und Kunstgalerien. Die größte Überraschung erwartet den, der sich den Wegen und Abwegen dieser Irrgärten des Konsums hingibt, wenn er schließlich einen Ausgang erreicht, weil der womöglich schon unter der nächsten Station der Yamanote liegt. Nachdem ich einmal über eine Stunde lang durch die glitzernde Unterwelt Ikebukuros geirrt war, bis ich endlich eher durch Zufall den Zugang zur gesuchten U-Bahn-Linie fand, tröstete es meinen gekränkten Orientierungssinn ungemein, als mir später ein Tokioter glaubhaft versicherte, auch Einheimische verliefen sich regelmäßig in diesen Bahnhöfen.

Es ist eine der faszinierendsten Erfahrungen in Tokio, daß in einer Megalopolis von dieser ungeheuren Dimension der Personentransfer so reibungslos funktioniert. Die S- und U-Bahnen spielen hier die entscheidende Rolle. Zu den Stoßzeiten laufen sie im Ein- bis Zwei-Minuten-Takt zentimetergenau an auf den Bahnsteigen markierten Punkten ein; aus den Lautsprechern quengelt eine muntere, elektronische Melodie, die Ankommenden quellen aus den Waggons, die Wartenden strömen hinein. Das alles geschieht zwar nicht ohne Drängeln und Drücken, aber doch in einer verblüffend aggressionsfreien, fließenden Bewegung. Und seitdem die großen Firmen Tokios vor einigen Jahren die gleitende Arbeitszeit einführten, haben sich die Stoßzeiten soweit entzerrt, daß man die legendären Szenen kaum noch sieht, in denen Bahn-Bedienstete die Menschen wie Sardinen in die Waggons stopfen mußten.

Im durch und durch künstlichen Organismus dieser Stadt sind die Bahnhöfe wie Herzen, die mit staunenmachender Präzision die Menschenmassen verteilen und bislang den Infarkt vermeiden konnten. Anderswo mag Entropie zum Fluchwort urbaner Verstopfung werden, mag in weitaus kleineren Städten das Ende der Fahnenstange längst erreicht sein – Tokio beweist mit stoischer Gelassenheit, daß immer noch vieles fließt, wo nichts mehr zu gehen scheint.

Man darf nur nicht stehenbleiben, darf nicht im wimmelnden Strom dieser Bahnhöfe innehalten, auf denen sich die Energie von Millionen zu einem körperlich fühlbaren Impuls bündelt; dann wird dem Beobachter schwindelig und es ist, als ob ihm der Boden unter den Füßen schwindet. Man muß in der fließenden Bewegung der Menge bleiben, um zu ahnen, welche ungeschriebenen Gesetze dafür sorgen, daß dieser Fluß nicht stockt.

Omotesando

Ich habe verschiedene Tokioter gefragt, warum es in der Stadt kaum Straßencafés gibt, und verschiedene, recht unbefriedigende Antworten erhalten: Das Wetter sei nicht danach, die Stadt biete nicht genügend Platz, der Straßenverkehr verderbe den Spaß.

Es gibt aber vielleicht einen anderen Grund, der mit dem Selbstverständnis der Japaner zusammenhängt. Dies Volk, das offenbar alles kann, jedenfalls alles imitieren und verbessern kann, hegt ein ausgeprägtes Mißtrauen gegen den Müßiggang. Das demonstrative Nichtstun eines im Straßencafé sitzenden Flaneurs widerspricht dem Fleiß und Ehrgeiz der Japaner, die selbst in ihrer Freizeit heftige Geschäftigkeit an den Tag legen. Konsumieren und Einkaufen etwa, die beliebteste Freizeitbeschäftigung in Tokio, wird mit einer Art pflichtbewußtem Eifer gepflegt. Wahrscheinlich bleibt man aus dem gleichen Grund auch bei abendlichen Ausgängen nur kurz in einem Lokal oder Restaurant sitzen, um dann mit einer etwas ungemütlichen Hast ins nächste und übernächste zu ziehen.

Dennoch gibt es ein paar Straßencafés, aber es ist kein Zufall, daß sie sich fast alle am Omote-sando Boulevard finden, jener baumbestandenen Allee mit europäischem Flair, die ebensogut, wenn nicht besser, in Paris oder Rom liegen könnte und auf der man fast ebenso viele Fremde wie Einheimische sieht. Die breiten Bürgersteige erlauben jenes zögernde Schlendern, in dem sich der Luxus, Zeit zu haben, sowie die Bereitschaft zum Sehen und Gesehenwerden ausdrückt, das sonst in der gedrängten Zügigkeit Tokios nie aufkommt.

Am Omote-sando Boulevard liegen die Paläste der japanischen Modemacher, aber auch – und auch nicht zufällig – mit dem *Oriental Bazaar* der größte Souvenirladen der Stadt. Hier kann man auf drei Etagen jenen Kitsch und Nippes erstehen, der in Europa als Inkarnation fernöstlicher Kultur gilt; allerdings bietet der Basar auch überraschend hochwertiges Kunsthandwerk und echte Antiquitäten zu durchaus soliden Preisen. Wer also keine Zeit hat, sich durch abgelegene Geheimtips der Souvenirjäger zu arbeiten, aber auf seine Mitbringsel wie Lackdosen oder Kimonos nicht verzichten will, ist hier am richtigen Ort.

In Gestalt eines Einkaufsparadieses für Yuppies findet auf den schmalen Parallelstraßen des Boulevards Tokio freilich gleich wieder zu sich selbst, und das bedeutet nicht etwa zu Kimono, Samuraischwert und Räucherstäbchen, sondern zu den Moden der europäischen und amerikanischen Kultur. Das Gedränge zwischen Jeansläden und T-Shirt-Shops, kleinen Cafés und preiswerten Schnellrestaurants, ist so atemberaubend wie die Kauflust der Teenager, die in Gruppen und Cliquen auftreten und einem hemmungslosen Marken-Fetischismus frönen. Von der schmalen Straße gerät man in ein Sträßchen, wo fliegende Händler echte Rolex-Imitate anbieten, von dort in eine Gasse, vollgestopft mit Insignien des Heavy Metal, Leder, Ketten, Totenköpfe, und landet schließlich auf einem Innenhof mit einem kleinen Sushi-Restaurant.

Die Gäste hocken im Dämmer des Raums um einen halbrunden Tresen, hinter dem ein altes Ehepaar mit lebenslang geübter Geschicklichkeit den Fisch tranchiert. Du deutest mit dem Finger auf die Auslage, man legt dir vor, es gelingt dir, die Portionen mit den Stäbchen aufzunehmen, der zarte, rohe Fisch zergeht dir auf der Zunge, und plötzlich hast du das Gefühl, in Tokio angekommen zu sein.

Hachiko

Es war einmal ein Mann, der lebte in einer sehr großen Stadt und fuhr täglich mit der S-Bahn zur Arbeit. Sein Hund begleitete ihn zum Bahnhof und wartete dort den ganzen Tag auf dem Vorplatz, bis sein Herr abends mit der S-Bahn wieder zurückkam. Das ging so Tag für Tag und Jahr um Jahr, bis der Mann starb. Der Hund aber ging weiterhin jeden Morgen zum Bahnhofsplatz und wartete dort auf die Rückkehr seines Herrn. Und auch das ging so Tag für Tag und Jahr um Jahr, bis der Hund eines Tages selber starb.

Wie der Mann hieß, weiß niemand mehr; die Stadt aber heißt Tokio, der Bahnhof Shibuya und der Hund Hachiko. Die Leute von Tokio, die sonst eigentlich nicht sonderlich sentimental sind, fanden Hachikos Treue so rührend, daß sie ihm auf dem Bahnhofsplatz von Shibuya ein Denkmal setzten. Und also wartet Hachiko immer noch dort, auf einem steinernen Sockel, lebensgroß und in Bronze. Kein Wunder, daß dies Denkmal inzwischen der berühmteste und beliebteste Treffpunkt in ganz Tokio geworden ist. »Wir treffen uns am Hachiko«, heißt es hier immer wieder, wenn man sich nicht verpassen will.

Besonders gegen Abend, wenn die Neonwände an den Geschäftshäusern in Shibuya die schnell fallende Dämmerung verschlucken und die Stadt in ein flimmerndes Ornament des Lichts verwandeln, wenn die Heere der Angestellten in ihren korrekten *Business-Suits* aus den Büros quellen und auf den Straßen hektisch wogende Massenmuster bilden, wenn der Vorplatz und der Shibuya-Bahnhof in der Energie dieser Massen zu vibrieren beginnen, schlägt Tag für Tag Hachikos große Stunde. Umlagert von Wartenden, manche geduldig lesend oder auf einer der runden Bänke aus Stahlrohr vor sich hin dösend, manche nervös auf und ab gehend und immer wieder zur Uhr schauend, sitzt Hachiko, den Blick auf den Bahnhofsausgang gerichtet, die Ohren aufmerksam gespitzt, auf seinem Sockel: Er weiß, was Warten bedeutet, und er weiß auch, daß es auf fünf Minuten früher oder später nicht ankommt.

In einer Stadt, in der Pünktlichkeit des Nahverkehrs so wichtig und zugleich so märchenhaft präzise ist, wie es die Deutsche Bundesbahn sich höchstens noch in der Werbung träumen läßt, wirkt diese Geste geduldiger Gelassenheit fast anachronistisch. Und es ist vielleicht gerade die Erinnerung an gar nicht ferne Zeiten, in denen die Zeit noch nicht so gnadenlos den Takt und Rhythmus dieser Stadt diktierte, daß die Leute sich so gern am Hachiko treffen.

Also: Wir treffen uns am Hachiko! Weil sich aber alle hier treffen, die sich treffen wollen; und weil außerdem viele nur deshalb hierher kommen, um sich einmal das berühmte Denkmal anzusehen; und weil es schließlich noch eine Menge Leute zu geben scheint, die auf niemanden warten, sondern die nur fasziniert sind vom ewigen Schauspiel des Wartens und Sich-Treffens, des Suchens in der Menge, des Wiedererkennens, der reserviert-höflichen Begrüßungen der Japaner, der Umarmungen der Europäer, der Küsse von Verliebten; weil also all diese Menschen in immer wechselnden Konstellationen um den Hachiko stehen, gehen und sitzen, ist es dort fast immer so voll, daß man sich vielleicht sogar verpassen könnte.

Treffen wir uns also besser woanders? Zum Beispiel an der Zugspitze einer bestimmten S-Bahn – auch sehr beliebte und narrensichere Treffpunkte in einer Stadt, zu der die Bahnen gehören wie die Kanäle zu Venedig? Ach nein! Treffen wir uns lieber am Hachiko. Es gibt keinen schöneren Treffpunkt. Vielleicht ist es der schönste Treffpunkt der Welt. Es war nämlich einmal ein Mann, der lebte in einer sehr großen Stadt …

Shinjuku

Der Tag war im kurzen Gähnen der Dämmerung verschwunden, und die gesichtslose Häßlichkeit Tokios verzauberte sich in den Millionen Illuminationen der Leuchtschriften und Neonreklamen zu einer Exotik und Erotik der Stadt, wie ich es zuvor nie erlebt hatte. Es war, als ob sich eine eher unscheinbare und blasse, aber erfolgreiche und geschäftstüchtige Frau durch raffiniertes Make-up und ausgeklügelte Beleuchtung in eine hinreißende Schönheit der Nacht verwandelt hätte. Die Menschenmassen wogten durch das Flackern und Irisieren des Lichtersogs von Shinjuku, jenem Subzentrum Tokios, in dem die alte Angst vor Erdbeben einem gläubigen Vertrauen in die Standfestigkeit moderner Architekturen gewichen ist, so daß hier Hochhäuser als gigantische Zeigefinger modernen Selbstbewußtseins aus Licht, Glas und Stahl in die Schwärze des Nachthimmels stechen. Als ich mit meinen Gastgebern im Außenaufzug des NS-Buildings lautlos nach oben glitt und die Lichter unter uns zu einem einzigen, flimmernden Ornament zusammenflossen, Microchips im Innern eines Rechners ähnlich, hatte ich das Gefühl, in einem Raumschiff zu sein, das mich über die Zeit hinaus direkt ins 21. Jahrhundert katapultierte.

Beeindruckend ist nicht nur der Blick nach außen über das Lichtspiel der nächtlichen Stadt, beeindruckend ist vor allem auch die Tatsache, daß dieser Turm in seinem Zentrum eine beträchtliche Fläche frei umbaut, so daß er sich wie eine gigantische Galerie um einen leeren Raum erhebt – eine große Geste, die Hohlform wirtschaftlicher Macht. In Anbetracht der astronomischen Bodenpreise in Tokio wirkt diese Geste des Leerlassens weitaus selbstbewußter als die Höhe des Gebäudes.

In den drei oberen Etagen des Hochhauses sind Passagen untergebracht, vielfach verspiegelte Fluchten des Luxus und der internationalen Moden, Boutiquen, Kosmetikläden, Fitness-Studios, Arztpraxen, Cafés und Restaurants. Tokio ist bekanntlich die teuerste Stadt der Welt, und ich rechnete damit, daß in diesen höchsten Höhen der Stadt unser geplanter Restaurantbesuch entsprechend ins Geld gehen würde. Zu meiner Überraschung entpuppte sich jedoch die Yakitori-Gaststätte, in die man mich hier oben jetzt führte, als eine völlig überfüllte, vom würzigen Rauch des Grillfeuers, von Zigarettenqualm und Bierdunst durchzogene, vom Lärm und Lachen zumeist jüngerer Gäste überquellende Kaschemme.

Wir fanden nach kurzer Wartezeit Platz direkt am Tresen vor dem Feuer, wurden zügig und freundlich mit den leckeren und durchaus preiswerten Fleisch- und Gemüsespießen bedient, und tranken dazu Bier und Sake. Je länger wir saßen, aßen, sprachen und lachten, desto mehr schwand die Erinnerung daran, daß wir in der obersten Etage des NS-Buildings in Shinjuku hockten; dieser Ort hätte genausogut, besser noch, in einer der winkligen, funzlig erleuchteten Gassen um den Asakusa-Schrein liegen können, wo noch Reste des alten Edo-Tokio ein zwielichtiges Nachleben führen, hätte auch eine jener fahrbaren Garküchen sein können, die bei Einbruch der Dunkelheit überall an und unter den Gleisen der S-Bahnen ihr Geschäft eröffnen, einen Abend lang eine versunkene Welt aufleben lassen und dann im Morgengrauen wie Nebel verschwinden.

Als wir schließlich das Lokal verließen, traf mich das hochtechnifizierte Ambiente des Hochhauses wie ein Schock, und ich wußte, als wir mit dem Fahrstuhl wieder nach unten schwebten, nicht mehr, ob ich aus der Vergangenheit in die Zukunft geraten war oder aus der Zukunft ins Gewesene. Beides durchdrang sich zu jener dichten Einheit erregender Gegenwart, die es in dieser umwerfenden Widersprüchlichkeit vielleicht nur in Tokio gibt.

Die Casco *in Kanda*

Eine von der Zeit befreite Atmosphäre hatte die rauchgeschwängerte Spelunke auf dem Dach der Moderne zur Kajüte eines Segelschiffs verwandelt, auf dem man, ohne recht zu bemerken wie, langsam in eine Strömung geriet, deren träges, kaum wahrnehmbares Ziehen Zeiten und Orte ineinanderschob; eine Empfindung, wie sie sich manchmal bei absichtsloser und also besonders intensiver Lektüre einstellt und man plötzlich, wie aus einem Halbschlaf erwachend, bemerkt, daß man für Augenblicke nicht nur gelesen, sondern im Buch gelebt hat und dessen Welt und Zeit sich mit der eigenen Gegenwart zu etwas anderem verbunden hat; eine Empfindung, die vor einigen Tagen über mich gekommen war, als ich einen Bummel durch den Kanda-Bezirk gemacht hatte.

Dort gibt es mehrere Universitäten und Hochschulen, weshalb der Stadtteil zu einer Hauptstadt der Bücher innerhalb der Metropole Tokio geworden ist. An der U-Bahn-Station Jimbocho, in beiden Richtungen des Yasukuni Boulevards, findet sich über hunderte von Metern Buchhandlung an Buchhandlung, für jeden Geschmack, jede Fachrichtung, jedes noch so ausgefallene Interessengebiet.

Der größte Laden ist das Kanda Kosho Center, aufgeteilt in insgesamt 11 riesige Einzelabteilungen, wo außer Büchern auch Poster, Landkarten und alte Drucke angeboten werden. Im Großraum Tokio leben heute mehr als 12 Millionen Menschen, in der eigentlichen Stadt fast 8,5 Millionen auf 581 Quadratkilometern – also etwa 14.500 Einwohner pro Quadratkilometer, und hier, im gigantischen Kosho Center, kam es mir vor, als seien auf noch viel kleinerer Fläche noch viel mehr Bücher versammelt – für einen passionierten Bücherfreund im Grunde keine unangenehme Vorstellung, aber die fabrikmäßige Atmosphäre ging mir schnell auf die Nerven.

Doch die kleinen bis winzigen Buchhandlungen zogen mich magisch an, manchmal nur handtuchbreite, in verschachtelte Tiefen der Häuser reichende Läden, in deren hinterster Ecke vielleicht ein alter Mann an einem überquellenden Schreibtisch hockt, versunken über Büchern, Schriften, Papieren, die außer ihn niemanden mehr interessieren, von denen er auch längst nicht mehr weiß, woher sie kamen, und die er doch feilbietet, weil er es schon sein Leben lang getan hat; und selbst wenn noch einmal ein Käufer käme – vielleicht würde der Alte gar nicht verkaufen wollen, weil die Ausstrahlung dieser Bücher sich inzwischen mit seinem stillen Nachdenken so verwoben hat, daß er sich selbst mit in den Kauf geben müßte. In den Regalen stehen die Bände in eng aneinandergepreßten Reihen, Rücken an Rücken, wie die müden Angestellten nach Büroschluß in den Bahnen, und träumen ungelesen davon, noch ein letztes Mal im Prinzenkuß eines Lesers aus ihrem Dornröschenschlaf erweckt zu werden. In die Abteilungen mit europäischen Werken haben sich kuriose und seltene Einzelgänger verirrt, aber Schnäppchen sind keine zu machen: Die Händler wissen um den Wert oder setzen ihn so hoch an, damit niemand auf die Idee kommt, tatsächlich zu kaufen.

Im staubigen Dämmer stieß ich auf eine Erstausgabe von Robert Louis Stevensons *In the South Seas – Being an Account of Experiences and Observations in the Marquesas, Paumotus and Gilbert Islands in the Course of two Cruises, on the Yacht »Casco« (1888) and the Schooner »Equator« (1889)*, erschienen in Edinburgh 1898, ein gut erhaltener, sehr klar gedruckter Halblederband. Der geforderte Preis überstieg meine finanziellen Möglichkeiten bei weitem, aber als ich die stockfleckigen Seiten umblätterte, entstieg dem Buch im säuerlichen Papiergeruch zugleich jenes Aroma, jene unleserliche Information, die sich auch in dem derben Restaurant im NS-Building eingestellt hatte – ein Fall, oder genauer: ein sanftes Schweben aus der Gegenwart hinaus in die Wirklichkeit eines fremden Meeres: »Die erste Erfahrung«, las ich, »läßt sich niemals mehr wiederholen. Die erste Liebe, der erste Sonnenaufgang, die erste Südseeinsel sind Erinnerungen eigener Art und rühren an eine Jungfräulichkeit der Empfindungen. Im Osten kündigte eine strahlende lichte Stelle den Tag an, und darunter am Horizont stieg die morgendliche Wolkenbank bereits schwarz wie Tinte empor …« Schwarz wie Tinte, mit der Stevenson die Jungfräulichkeit des ersten Blicks in Sprache verwandelt und damit krisenfest gemacht hatte, immer wieder wachzurufen, schlug man nur im richtigen Moment am richtigen Ort das richtige Buch auf.

Ich weiß nicht mehr, wie lange ich, auf einem klapprigen Stühlchen hockend, mit dem Buch vor Augen dort verbrachte und zugleich Passagier in der Kajüte der Yacht *Casco* war, aber als ich es schließlich zuklappte und an seinen Platz zurückschob, hatte ich plötzlich das Gefühl, als ob das ganze labyrinthische Zeichenreich der Megalopolis Tokio in der schmalen Zeile dieses Ladens zu einer einzigen Chiffre zusammengeschnurrt wäre.

Ropongi

Die Stadtbezirke südwestlich des Kaiserpalastes sind vornehm und teuer. Botschaften und Konsulate residieren hier, Kulturinstitute, aber auch Banken und internationale Konzerne. Das Herz dieses Gebiets ist Ropongi, und es beginnt zu schlagen, wenn zwischen Ropongi-Crossing und Tokio-Tower abends die Lichter und Leuchtschriften aufflakkern und eins der berühmtesten und berüchtigsten Vergnügungsviertel der Welt zu allnächtlichem Leben erwacht. Zwischen erstklassigem Entertainment und übelsten Absteigen, brüllenden Discos und dezenten Bars, billigem Fastfood und nobelsten Küchen, dem Cavern-Club, in dem täglich japanische Beatles-Imitatoren ihr *Levolution* anstimmen, und dem unvermeidlichen Hard-Rock-Café, in dem amerikanische GI's ihre berühmte Sensibilität für interkulturelle Probleme ausleben, gibt es in Ropongi nichts, was es nicht gibt. *Nichts ist unmöglich* – der flotte Werbejingle eines japanischen Automobilkonzerns könnte auch die Erkennungsmelodie Tokios sein, und Ropongi bei Nacht ist Tokio zum Quadrat.

Irgendeine Laune hatte mich in einen Keller verschlagen, wo eine japanische Band in Cowboykostümen amerikanische Country-Musik spielte, *Help me make it thlough the night, Sweethealt of the Lodeo, Tluck Dliving Man* und so weiter und so fort; die Sängerin jodelte, die Slide-Gitarre winselte, als plötzlich eine Gruppe Touristen aus Taiwan das Lokal betrat. Sie hörten sich eine Weile die Weisen aus dem Land der unbegrenzten Möglichkeiten an, forderten dann aber die Band auf, doch lieber chinesische Volkslieder zum besten zu geben – was diese auch prompt tat. So spielte also eine japanische Country-and-Western-Band chinesische Volksmusik, taiwanesische Touristen sangen entzückt mit, während auf einer großen Videowand an der Längsseite des Lokals ein Werbespot der finnischen Luftfahrtgesellschaft lautlose Bilder von Rentieren und Nordlichtern in weiten Schneelandschaften zeigte und ein deutscher Gast stumm und staunend mitten dazwischen saß. *Nichts ist unmöglich.*

Später am Abend geriet ich in ein kleines Restaurant namens »Ichioku«, das man mir empfohlen hatte. Das Essen ist mehr als multikulturell, und die Einrichtung des Ladens bietet die abenteuerlichste Stilmischung, die ich je gesehen habe – Afrikanisches mischt sich mit Spanischem, Französisches mit Mexikanischem, ein Tirolerhut am Tresen, ein Bild des Eiffelturms an der Küchendurchreiche. Aber die Krönung der eklektischen Nacht war die Toilette dieses Restaurants, die man gesehen haben muß, um zu glauben: Der Spiegel wird von einem alten Fernsehgerät gerahmt, der Abtritt selbst, im japanischen Hock-Stil, ist als buddhistischer Steingarten gestaltet; ein geschmackloses Stoff-Bild hängt an der Wand, es zeigt einen grinsenden, alten Chinesen, durch dessen linkes Auge ein Guckloch gebohrt ist. Und um den Komfort perfekt zu machen, klötert aus einem Radio im Stil der 50er Jahre ununterbrochen dröhnender Hard Rock.

Nichts ist unmöglich ...

Originalbeitrag

Hermann Kinder

Shanghai. Wo denn?

Shanghai. Wo denn? Dreizehn Millionen und ein Lichtermeer wie Wunsiedel by night. Keine Straßenketten, keine Brückenbögen, keine Autoschnüre, nicht mal Leuchtfeuer zu sehen in den dunklen Laubenkolonien, in die die Tragfläche sichelte, Funken speiend. Es rumpelte, sie kletterten über eine wacklige Gangway, liefen über einen leeren Nachtplatz, an dessen Rand sich, als wäre es Klagenfurt, zwei Maschinen verloren hatten; der Glaskasten strahlte hell, war leer an Menschen und Reklamen, sie quietschten durch lange PVC-Flure, gelangweilt an jeder Ecke ein grüner Soldat oder so, und es kam, wie es Johann Andermatt gelesen hatte: Die ruppig aufs Band geschmissenen Lederkoffer und Pampers-Kartons aus Hongkong waren geplatzt, niemand wagte zu klagen. Mr. aus Texas und Director aus Chicago waren gefragt auf hochgereckten Schildern, kein Johan Professor. Toscana jetzt, glühender Abendwein unter der Zypresse. Er sehe aber gar nicht aus wie ein deutscher Professor! Johann erschrak und lächelte. Der aber sah aus wie ein Chinese; Pekingopergesicht, schön rund, weiße Bluse blaue Shorts, die Söckchenfüße auf Plastiklatschen. Der kleine Chinese schleppte den großen Samsonite mit schräger Schulter fort, winkte dabei hinter sich mit herabgehaltener Hand und rief: Komm, schnell schnell. Drängelte durch den Zoll für alle Nichtchinesen, schwenkte ein Papier mit rotem Stern, You are welcome, lächelte eine junge schmale Chinesin, weiße Bluse blaue Hose, und sie zogen ihn halb rennend über den leeren Parkplatz zu einem schwarzen Toyota, der Fahrer, weiße Bluse blaue Shorts, hielt schon den Kofferraum auf. Extra für ihn, ein teures Auto, ein 1-Yuan-Auto pro km, neun Stunden habe er sie warten lassen, was das koste, klagte Wen oder Wan. Der Fahrer habe seit drei Stunden Feierabend. Ganz typisch, daß Hongkong Verspätung mache. Und dies bei dem Streß, die Beamtin habe eigentlich viele andere Dinge zu tun, wissen Sie, wir arbeiten alle über unsere Kräfte in China, na gut. You are welcome, ihr Pferdeschwänzchen hüpfte über die Lehne, ein roter Plastikfalter hielt es zusammen. Der Lehrer beugte sich zum Fahrer und zur

Beamtin vor, die er behandelte, als sei sie seine Geliebte und Rektorin. Sie redeten mit zerhacktem Atem, Andermatt konnte nicht einmal heraushören, ob von ihm die Rede war. Was tse heiße. Ob er, fragte der Lehrer, tse meine oder tse oder tse oder tse, es war eine Leiter hawaiigezogener Vokale. Nein, einfach tse, sagte Andermatt so, wie er es einige Male gehört hatte. Dieses Wort gebe es nicht. Aber er hatte es genau so gehört. Sie redeten weiter, schneller. Andermatt saß hinten im Auto wie ein Nashorn.

Plötzlich, für einen schnellen Augenblick, da und da wieder, im düstren Gesträuch am Straßenrand: die Rote Armee, rauchend, die dunkelgrünen Beine über das dunkelgrüne Motorrad gehängt, die dunkelgrüne Maschinenpistole im dunkelgrünen Seitenwagen, an der grünen Ballonmütze der rote Stern, kleine Leute, blicklos im lauernden Licht der Lastwagen, zäh, Kina, ich sage nur Kina, hatte der Ministerpräsident Baden-Württembergs, dann Bundeskanzler, gerufen vom Dach eines VW-Transporters, die gelbe Gefahr, die Sozis, die Studenten; nun machten sie Geschäfte. Gelb weniger, eher weiß, etwas sonnenbraun der Fahrer, dessen Haut unter dem Haarwirbel wie mit aller Kraft über den Knochen gezerrt schien. Und dann waren sie da. Chinesen, Chinesen, überall Chinesen. Das Auto im Schrittempo durch das Chinesische Meer, hautnah, Andermatt, Elefantenmensch, wollte sich ducken. Das durch die Löcher springende Licht schnitt eine entgegengespreizte Hand aus, Fäuste, schwarze Wirbelköpfe, weiße Bluse blaue Hose weiße Bluse, einen nackten Arm am Radlenker, grüne Hose, einen nackten Fuß auf dem Pedal. Der fuhr da hinein, brems, rief Andermatt, der plauderte und hupte mechanisch und kurvte und bremste, und nichts geschah. Sie flossen vorbei, sahen her, staunten, sahen noch einmal her und lachten und wiesen auf den Nasen-Cowboy. Jetzt standen drei frontal, streckten die Hände vor, schlugen auf den Kühler. Die von der straffen Haut fast schiefen Gesichter. Die schwarzen Bürsten. Was schrien die? Weiße Blusen blaue Hosen, der viel zu lange Gürtel zweimal um das bißchen Leib gewunden. Der Fahrer fuhr langsam weiter. Sie hielten sich am Fensterrahmen fest, schrien oder scherzten, die Falten nur Striche in der Haut; Andermatt konnte ihre Mienen nicht lesen. Die Zähne weiß und zerbrochen. Sie wollen wissen, wo Sie herkommen. Germany, sagte Andermatt. Wang übersetzte. Da fragte einer: What Germany? West. Die Gesichter flogen auf und lachten. Hällou, riefen sie, bye, bye, machten ein V. Einer streckte die Faust zu Andermatt hinein und rief etwas, lief neben dem Auto her und rief immer das gleiche Wort. Wirtschaftswunder, verdeutlichte Wang, eine Belästigung, er müsse entschuldigen, in Beijing habe man Autobahnen und Stereobrücken, alles in Shanghai produziert, da gehe die Post ab.

Extra wegen ihm fahre man am Kaufhaus Nummer 1 Shanghais, also Chinas, vorbei. Täglich werde etwas teurer. Er hätte die Hand vor die Augen halten mögen, aber sie kamen durch das Hupen und Klingeln, durch das Gewirre blauer und grüner Chinesen, ohne daß es krachte, splitterte, blutete. Rom war voll dagegen, voller Dampf, Stiergetöse, Anfahren, Rammen, Bremsen; hier war das Auto ein größeres Rad. An den Kreuzungen vermengten sich die Ströme. An den Kreuzungen gab es Lampen, Chinesen saßen darunter auf winzigen Stühlen und lasen. Häuser, niedrig, ohne Putz. Aber da, das Empire-Hotel, der Volkspalast, das große Kaufhaus Nummer 1: Waschmaschinen, Kühlschränke, aber wo, selbst wenn er die sechshundert Yuan dafür hätte, hätte Wang die hinstellen sollen. Und feuerrot lackierte Rennräder, hochgebockt, weißes Lenkerband. Für wen? Für Sie, extra für Sie, es ist billiger als in Japan, riet Wang. Da war die City schon vorbei, dustre Häuschenkolonien, keine Lampen mehr; dann wippend über eine Ausfallstraße, Fabriklicht aus einem Torbogen; dann nur dunkle Kästen gegen den Himmel, in dem keine Sterne waren.

Hellwach vom Lärm der Dämmerung. China auf der anderen Seite der grünen Gaze des Mückenfensters. Johann Andermatt stand und staunte. Er war aus der Zeit geworfen, müde; er wollte sofort hinaus und alles sehen. Die Klimaanlagen tobten links und rechts, oben und unten, nur seine nicht. Im Chinesenhaus gegenüber alle Fenster offen. Wäsche blauweißgrün an Bambusstangen vors Fenster gereckt. Schwarze

Strubbelköpfe, Geschrei und volle Radios, ein Kind schaute her, runder Riesenkopf, die Ohren vorgestellt; Andermatt trat zurück. Auf dem einzigen Balkon, voll von Kästen, Pflanzen, Vogelkäfig, dreht sich ein Mann, nackt in Shorts, um sich, verhalten, mit weiten Armschwüngen, als wolle er die Welt einspinnen. Junge joggten auf der Baustraße, übliche Trainingsanzüge mit weißroten Streifen. O-beinige Alte in Maos Knitterdrillich stellten den Einkaufskorb ab, legten ein Bein auf den Zaun, beugten den Kopf zum Zeh; allein beim Gedanken daran brachen Andermatt die Knie. Nichts Frisches in der Luft, heiß und dreckig wie gestern, verschwefelt, ein übler Geschmack. Donnernde Traktoren, Gemüsekarren, Zweitaktergepöff, Blechdreiräder, der überdrehte Motor pfiff, und alles qualmte, Kraft Kraft, ein Toyota mit Rauchglasfenstern, Klingeln und Hupen wie das Dauergemurmel einer Volksfestmenge, eine ganze Familie auf einem Rad, und ein Rad, das zehn oder mehr Räder transportierte, eilfertiges Getümmel, immer fielen nur Tiervergleiche ein, und in den Schallöchern Zikadengesänge, ein grüner Laster hindurch, niemand sprang zur Seite, niemand wurde zur Seite gejagt, auf der offenen Ladefläche Männer, gezauste Haare, gezauste Gesichter, die Hände auf das Führerhaus gelegt, die grünen Hosen flatterten, Vietcong im Fernsehen, daran erinnerte es ihn, die zähen Männer aus dem Dschungel; er wollte erleben, aber sein verwirrter Körper steckte noch im mitteleuropäischen Zeitlauf. Da heulten schreckliche Sirenen hoch, munteres Staatswecken vom Campus her, Lautsprecheropern, Frischaufmelodien, und da brach der Baulärm los, das Megaphongebrülle von Kran zu Kran, hinauf und herab die mit Bambusmatten am Bambusgerüst verhängten Fassaden. Dagegen war das verfluchte Sechs-Uhr-Getose daheim an der Kreuzung eine abgedämpfte Harmonie. Daheim begann Mitternacht; ein Glas noch am Holztisch unter der sterbenden Zypresse, die dunkel in den Himmel stand, der mit hoher Hand Sternschnuppen säte.

Halsweh vom Ventilator; Scharlachgesicht. Das Frischwärts-der-Osten-ist-rot-Gejaule der Lautsprecher hatte Andermatt rausgeworfen. Kaum auf der Baustraße, hatte er ein Rad am Hacken. Überall stieß er an; kopfhoch über den schlurfenden Chinesen. Wieder ein Klingeln, das ihn meinte, überhört, einer mußte seinetwegen abspringen, sah ihn an wie einen, der zu blöd war, als daß es sich lohnte zu schreien, sorry nach links und sorry nach rechts. Von weit her schauten die schwarzen Fischblasenaugen, und alle auf ihn. Er sprang in eine Lücke über die Müllpfütze zum Bauzaun. Die Platanen am Straßenrand, Maos Provencebäume, bis zu den weißen Blättern umpackt mit Backsteinen, Mörtelwannen. Hinter dem Zaun die Zelte der Arbeiter. Vor dem Zaun ein Tisch, Kugelschreiberbruch darauf, Füllerstücke, blaue Lumpen, eine Blechschüssel mit Tintenwasser, greisenmager der Meister der Kunst, Schreibgeräte zu flicken, rauchte und studierte die mathematischen Formeln auf den Obsttüten des Händlers neben ihm. Alle trugen etwas. Meistens Thermoskannen, weiße Blechteller, Stäbchen. Am Stand, der nur aus dem Rad bestand, backte eine Ältere aus Teig Fladen in gelbem Fett. Blaue saßen auf einem Balken und tranken Quarksuppe oder so, sahen über den Rand der weißen Blechnäpfe auf ihn. Andermatt lief den Körben nach, in denen Grünes lag, ein Fisch obenauf, ein blutiger Wirbelknochen, ein Tofublock. Wenn er stehenblieb um zu schauen, reckten die Bauern, die grün oder blau im Unterhemd auf den Fersen hockten hinter ihrer auf den Boden gebreiteten Ware, die Hände: Hällou. Tomaten erkannte Johann, Spinat oder so, aber die Fische? In Drahtkäfigen beidseits des schwarzrostigen Rads übereinandergestapelt mickrige braune Hühnchen, blinzelten schon halbhinüber. Mammut Andermatt ging einer Frau nach, rote Rüschenbluse, plissierter Minirock, die ein Kind seitlich auf dem Arm trug, über den die schlaffen Pobacken des Kindes hingen aus der klaffenden Schlitzhose. Der kahle Riesenkopf, die Segelohren. Das Kind sah ihn ernst an über die Schulter der Frau. Andermatt lächelte, es blieb reglos ernst. Andermatt winkte, das Kind warf heftig den Kopf zurück, barg ihn am Hals der Frau und weinte. Die Frau drehte sich um, tätschelte den Po des Kindes und wiederholt das Wort, das er kannte: Ausländer, Ausländer. Die Schlächterin mit weißer Haube langte ins Geknäuel der lahmen Aalschlangen, zog eine lange heraus, richtete sie auf das blutige Brett, zischte mit der Rasierklinge den Kopf an, den Bauch der Länge nach auf; die Innereien riß sie wie Bohnenfäden.

Jemand stupfte ihn, zog ihn, nur er hatte Geschrei und Klingeln nicht verstanden, dem Transportrad keinen Weg gemacht; der Fahrer stand auf den Pedalen, offene Tonnen auf beiden Seiten, voll, gelblich schwappend, es war Menschenjauche; nun wußte Andermatt, wonach es auf dem Unimarkt roch. Der Magen knurrte. Er kam kaum vorbei an den grünen Arbeitern, die sich um einen Lastwagen keilten, die weißen Näpfe hochgehoben; vom Wagen schöpfte eine Frau in weißem Kittel und mit Mundschutz Blöcke von Reis, ein Klacks Grünes obenauf. Sie hockten sich an den Bauzaun auf die Fersen und schoben mit den Stäbchen den Reis ohne Umwege in den Mund. Wenn sie aßen, wenn sie die Augen niederschlugen, schauten sie so melancholisch aus. Im vorderen Teil des Hotels wohnten die chinesischen Experten. Da waren keine Klimaanlagen, keine Moskitofenster, offen stand alles, im Zimmer trockneten die Schirme, die Moskitonetze waren aufgerollt, sie saßen auf dem Etagenbett und lasen Zeitungen, deren Blätter der lindgrüne Ventilator umschlug.

Wang hatte Johann ein Rad besorgt. Wahrscheinlich silberne Schwalbe über den Hügeln Nummer 1, in denen der Wind wohnt. Fast, antwortete Wang, solche Räder gebe es nur im Freundschaftsladen gegen Ausländergeld. Andermatt bot einen Tausch an, 1 zu 1. Wang lehnte ab. Es war dann doch mehr ein fliegender Schwan; die Handbremse ohne Bremsklotz, Licht defekt, der Gummisattel durchschlagend, labbriger Rücktritt, manchmal trat Andermatt unversehens ins Leere, das schmerzte. Er fuhr so, wie er so fuhr: gleich auf der Außenspur, den Lenker gespannt in der Hand, verschwendete Fersengeld, witschte, gab Gas, schwitzte sportlich, er ritt das Rad wie seins. Sie trödelten, alle Räder dunkel und angerostet, nirgends aufgeschönt, glitzrig gescheuert, nicht beklebt. Für wen denn standen bislang im Schaufenster des Kaufhauses Nummer 1 die roten Maschinen mit leuchtweißem Lenkerband und weißen Geierschnabel? Sie fuhren nur Böcke. Waren leicht zu überholen, das kostete keine Kraft. Aber es nervte auf die Dauer. Er saß nicht wie daheim mit fliegendem Haar, die Gegner in den Augenwinkeln, nur manchmal genötigt, den Kopf zurückzuwenden. Er konnte die Augen nie lösen, immer auf der Jagd, von wo nun was ankam, wie in die nächste Reihe springen, wie links oder rechts am Bus vorbei, wie über die Kreuzung, deren Regeln, gab es sie, er nicht kapierte. Es war anstrengend wie im Volksbad statt auf der Kraulstaffelspur. Selbst Amsterdam bot schnellere Fahrt. Er hielt bei Rot, da fuhren sie, er fuhr bei Grün, da fuhren sie auch, er kam nicht mehr raus, wurde mitgenommen von den Bussen in eine Platanengasse, dagegen war die Road noch derbyleer gewesen, hier war nicht mal mehr Platz zum Bremsen oder Antreten. Er mußte sich dreinschicken. Er muckte nochmal wie ein Tiger im Netz, es nutzte nichts, er mußte mit ihnen trödeln, halten, wenn sie hielten, fahren, wenn sie fuhren. Er trat den gleichen Tritt. Es war ein sanftes Gesetz. Schnell genug, um nicht stehenzubleiben, langsam genug, um sich nicht ineinander zu verheddern, um niemanden umzufahren, um seinen Weg im Chaos finden zu können. Er fuhr mit einem Paar, sie in roter Bluse hinten im Damensitz; er war mal ein Stück vor ihnen; mal war ein Rad mit Klavier zwischen ihnen; mal fuhr er hinter ihnen; mal überholten sie gemeinsam ein Rad, auf das war ein Sofa geschnürt, auf dem saß die Frau und das 1 Kind; als sie mal gleichauf waren, sah die Frau ihn an mit dem melancholischen Blick von unten, dann hob sie den Kopf, nun begriff sie erst den Ausländer, sie stupfte den Mann an, der winkte und rief Hällou. Sie sah ihm nach, sah auf ihn zurück, wo sie glitten durch Räder, Busse, Toyotas und die scharfen Diesel-LKWs, die Fußgänger dazwischen, die doch aus der dreifach besetzten Klingelsymphonie heraushörten, welches Zeichen ihnen galt. Andermatt kantete nicht. Er schwitzte, aber nicht in Stößen. Keine Schaltung zwang zur Dynamik. Die hatten die Schuhe, die schiefen Sandalen, die Gummilatschen, die spitzen Kunststoffschuhe lose auf die Pedale gestellt, oft nur mit den Hacken. Kein Puma. Es war eine große Ruhe. Es war die einzige Weise, miteinander auszukommen, ohne sich an die Gurgel zu gehen. Das Licht, das durch die Blätter der Platanen fiel, scheckte ihn, war wie ein Augenwischer. Es war die Eleganz, die Kraft der Dauer. Männer fuhren Frauen; Frauen Männer; im Beiwagen aus Holz guckte ein Kind aus dem Plastikfenster; eine Alte saß auf dem Sesselrad, das der Alte trat; ein Gelähmter lag auf der Pritsche des Rades, das die Frau trat; ein grüner Arbeiter mit dunklem Bambushelm saß hinten im Damensitz; ein Schwein lag gefesselt auf dem Rücksitz, die Schnauze blutig zugebunden, rot die Augen unter den blonden Wimpern. Andermatt trug die grüne Leinentasche wie alle, die Soldaten, die Arbeiter, die Beamten, aber viele hatten sie sich bestickt, verziert, die jungen Frauen im Minirock hatten an langen Trägern eine kleine Kunststofftasche um. Er fuhr Stunde um Stunde, es ermüdete nicht. Er fuhr wie im Rausch; nicht Opium, auch nicht Masse und Strom oder sonst eine Metapher für Ameisen und Asien des 19. Jahrhunderts, als sie ihnen die Köpfe abschlugen und im Tropenhelm danebenstanden, wenn ein Boxer oder sonst einer, der China lieber mochte als die Europäer, eingekistet wurde, damit er, aufrecht stehend, bis zum Tod verdurstete, das dauerte Tage. Macht Spaß. Der Aspirant sagte das. Er fuhr neben ihm, begleitete den Langzeit-Engländer zum Training, der für die Lehrergemeinschaft mit seinen dicken Westwaden die Tore schießen sollte. Und wenn er keins schoß, freuten sie sich. Der Engländer mit dem Irenbart saß in beißend grünen Boxershorts, geschlitzt, weiße Tennissocken rosa Rucksack, aus dem die Pumpe ragte, Nike-Schuhe. Come on, feuerte er Andermatt. Der zeigte das Knie. Come on, feuerte er den Aspiranten. Yeah, rief der Aspirant, hob den Po, reckte den Knochenpo in den dünnen Chinesenjeans hoch, legte den Kopf auf den Lenker, knallte das Kinn über die Lampe, stellte die Ellenbogen aus, keuchte, drehte mit den Beinen in leerem Gesause, daß die Hosen flatterten, und rief: Come on. Der Engländer lachte zuerst, alle dann, die jungen Frauen klatschten vor Spaß in die Hände. Eine Zeitlang war das Lachen lauter als Klingeln und Hupen.

Aus: Hermann Kinder
Kina Kina
Erweiterte Neuausgabe
Libelle 1999

Uwe Johnson

Hier leben wir

4. September, 1967 Montag, Tag der Arbeit

Die Stadt ist ganz still. Dem Ohr fehlt das Geräusch von Automotoren, Helikoptern, Sirenen. Das Licht ist weiß wie gestern. Über der Stadt hat Wind von den großen Seen die verschmutzten Wolken alle auf den Atlantik gedrückt, seit zwei Tagen rauchen die Schornsteine nicht, und die Luft ist klar, kühl und rasch. Es ist das erste Wochenende in diesem Sommer, an dem es nicht geregnet hat. Vom Riverside Drive aus, über die ganze Breite des Hudson, sind auf dem Ufer New Jerseys scharf und unleugbar die bräunlichen Kästen und Zylinder zu sehen, moderne Baukunst, die zerstörte Aussicht, die in den achtziger Jahren des vorigen Jahrhunderts beschlagnahmt werden sollte für den Riverside Drive.

Die Häuser an dieser Straße, kaum eines unter zehn Stockwerken, wurde gebaut für die neue Aristokratie des neunzehnten Jahrhunderts, für das junge Geld, Eisenbahngeld, Minengeld, Erdgasgeld, Ölgeld, Spekulationsgeld, das Geld der industriellen Explosion. Riverside Drive, die Straße am Fluß, sollte die Fifth Avenue als Wohngegend übertreffen, mit seinen herrschaftlichen Eingängen, feierlichen Foyers, den Achtzimmerfluchten, den Dienstbotenkammern, versteckten Lieferantenfluchten, den Angestellten in der Uniform, mit der reservierten Aussicht auf den Fluß, die wüsten Wolken Wald auf dem jenseitigen Steilufer, auf Natur. Am ganzen Riverside Drive gibt es nicht ein Geschäft, keinen Laden, nur zwei, drei Hotels, allerdings Residenzen für Dauergäste. Wo der Kommerz wohnte, wollte er von Adel sein. Hier wohnten solche Figuren wie William Randolph Hearst, und zwar wohnte er gleich auf drei Stockwerken, die er später zu einer dreistöckigen Halle ausbaute, der seinen privaten Fahrstuhl hatte, dann noch mehr Stockwerke, bis er sich alle zwölf kaufte, 1913. Eine Adresse am Riverside Drive bedeutete damals Vermögen und Kredit, Macht und fürstlichen Rang. Es war eine Straße für Weiße, Angelsachsen, Protestanten. Zu ihnen stießen nach dem ersten Weltkrieg jene Juden aus Harlem, denen die ehemals exklusiven Quartiere nicht mehr standesgemäß schienen, und die Immigranten von der unteren Ostseite der Stadt, deren Einnahmen inzwischen ausreichten für das Prestige dieser Adresse, Emigranten, die es geschafft hatten. In den dreißiger Jahren kamen die Juden aus Deutschland, anfangs mit dem Haushalt in Kisten, dann ohne Gepäck, dann aus den von Deutschland besetzten Ländern Europas, und nach dem Krieg kamen die Überlebenden der Konzentrationslager und schließlich die Bürger des Staates Israel, unveränderliche Europäer, die mit der Belagerung und dem Klima Israels nicht zurechtgekommen waren, so daß am Riverside Drive und an der West End Avenue dahinter eine jüdische Kolonie versammelt war, zusammen in der Religion, zusammen in der Verwandtschaft, zusammen in der Erinnerung an Europa.

Die Belgier haben mich Madame *genannt, und die Amerikaner sagen mir* Liebling. *In Europa verbeugen sich die Kinder beim Gruß vor den Erwachsenen. Meine Familie war seit fünf Jahrhunderten in Deutschland. Mit dem langen französischen Brot unterm Arm kam mein Vater nach Hause. Mein Vater ist –.*

Ihr Vater ist von den Deutschen umgebracht worden, Mrs. Blumenroth.

Mein Vater ist früh gestorben, Mrs. Cresspahl.

Der Riverside Drive hat die Fifth Avenue nicht überflügelt als Residenz, hier wohnt nicht die Witwe des Präsidenten Kennedy. Hier wohnen die Pensionäre, die Leute mittleren Einkommens, die angestellte Klasse, Studentengemeinschaften. Hier wohnt die Gräfin Seydlitz. Hier wohnt der Schriftsteller Ellison. (Der Geselle beim Schlachter Schustek lehnt es ab, hierher zu ziehen, er glaubt an den eigenen Rasen vor dem eigenen Haus.) Die meisten Häuser sind sich noch zu fein für dunkelhäutige Bürger als Mieter; Neger dürfen sie verwalten, in Stand halten, den Lift führen, das Messing putzen. Und in den Denkmälern des Wohlstands sitzt das Alter wie eine vernachlässigte Krankheit. Manche der vornehmen Wohnflächen sind aufgeteilt in sparsame Kleinappartements, und viele Nachbarn klagen über leckende Heizungen. Geklapper in der Klempnerei, Ketten von Defekten an den Fahrstühlen und in den

Foyers jene sanfte Haut aus Schmutz über dem Marmorpaneel und dem ältlichen Mobiliar, gegen die Wasser und Besen nichts mehr vermögen. In einigen Häusern sind die Mieten durch ein Gesetz seit dem Kriege eingefroren. Die Türsteher, die nicht nur den Mieter begrüßen, sondern auch den Einbrecher und Kindesentführer abschrecken sollten, sind heutzutage selten zu sehen, und oftmals sind die bemannten Aufzüge ausgewechselt gegen automatische, in denen die Fahrgäste einen Fremden mit Vorsicht besehen. Immer noch sind hier Wohnungen gesucht und gehen weg unter der Hand. Die Decken sind hoch, der Zimmerplan ist altmodisch, die Wände dämmen den Schall; die Verwaltungen besorgen den Müll und die Reparaturen. Die Straße gilt als beinahe sicher. (Auf den Parkbänken ist jetzt oft die Rede von den Homosexuellen, die einander sommers am Denkmal der Soldaten und Seeleute abpassen und es den Hochzeitskuchen nennen.) Und die Straße gehört zu den stillen. Wenn es hoch kommt, sieht man im Jahr zwei Paraden. In den Fugen des Bürgersteigs hält sich langes Gras. Das Motorengeräusch von der Schnellstraße am Hudson wird zwei Jahreszeiten lang durch das Parklaub gefiltert, und außerhalb der Stoßzeiten ist der Riverside Drive eine Straße mit Nahverkehr, in der Nacht leer und lautlos, bis sechs Uhr morgens, wenn die ersten zur Arbeit fahren und die hohlen Pfiffe der Eisenbahn unter den Parkwülsten in den dünneren Schlaf dringen, morgen früh. Hier wohnen wir.

9. März, 1968 Donnerstag

Unsere Slums sind um die Ecke, ausländische Gegend. »Elendsquartiere« sagt man im Deutschen. Aber die Slums in unserem Viertel sind nicht eigens für das Elend vorbereitete Quartiere, anders als die von Bauspekulanten zusammengeklatschten Kasernen für Arbeiter in deutschen Großstädten, ein Bidonville in Paris oder ein Barackendorf für Flüchtlinge. Die Slums in New York sind nicht als Slums gebaut; hier ist der Slum eine Qualle in der Gesellschaft und wandert.

In den Seitenstraßen zwischen den Avenuen sitzt er inzwischen in vielen der brownstones. Es sind vierstöckige Häuser, die ihren Namen von der ursprünglichen Fassade aus rötlich braunem Sandstein haben, und nach dem Bürgerkrieg waren sie geradezu das Abzeichen für bürgerlichen Wohlstand. Die geräumigen Aufgänge waren für würdige Auftritte geschaffen. Die vier Stockwerke waren bestimmt für eine einzige Familie, mit ihren Dienstboten, innen reichlich ausgestattet mit Edelholztäfelung, eichenem Parkett, marmornen Kaminen, geschnitzten Türen, gedrechselten Treppenspindeln. Darin gab es Salons, prächtige Gesellschaften; davor haben einmal aufwendige Kutschen gehalten. Es waren Luxusbauten, und obwohl die Fronten mittlerweile abgeblättert sind oder schlampig zugestrichen, immer noch nicht passen zu ihnen der Schmutz am Beischlag, die verrottenden Möbelstücke und Matratzen, die unverdeckten Mülleimer, die verschmierten Fenster, die Reste des Müllarbeiterstreiks, verstreuter Abfall, der liegenbleiben wird, wenn er dem Regen widerstehen kann und dem Wind zu schwer ist.

Es sind aufgegebene Häuser. Gebaut wurden sie für Weiße, Protestanten, Angelsachsen. Die Iren, die in den siebziger Jahren des vorigen Jahrhunderts in hellen Scharen hierherkamen, versammelten sich in den Miethäusern entlang der Columbus und Amsterdam Avenue, aber viele sparten auf ein solches braunes Haus nach der letzten Mode und freuten sich des Besitzes durch Untervermietung. Die Iren waren die kräftigste politische Gruppe des Viertels, bevor die Juden aus Harlem zuwanderten, überfordert von der anwachsenden Nachbarschaft der Neger. Dann kamen die Neger hierher aus den Ghettos New Yorks, nach dem Zweiten Weltkrieg die Wellen der Puertorikaner, und die weißhäutigen Einwanderer, längst angepaßt an die vorgefundene Werteskala, gaben eine Straße nach der anderen auf. Allerdings nicht ganz. Aus einem solchen Einfamilienhaus kann der Besitzer zunächst einmal vier Wohnungen machen, je eine pro Stockwerk, und mit den erhöhten Mieteinnahmen die Einbuße an Grundstückswert wettmachen. Aus diesen kleinen Wohnungen kann der Hauswirt wiederum Einzelzimmer herstellen. Inzwischen hat er ein Vielfaches des alten Mietzinses. Da seine Mieter, wenn sie aus Harlem oder Brownsville kommen, auch solche Wohnbedingungen noch als eine Verbesserung ihres Lebens ansehen müssen und die spanisch sprechenden Einwohner zu einer Gegenwehr anfangs noch nicht fähig sind, ist es dem Hauswirt unbenommen, weiterhin Reparaturen zu verschleppen, an der Heizung zu sparen, auf einen Hauswart zu verzichten. Die Gesetze sind genau und drohen für alle solche Vernachlässigungen Strafgebühren an, aber Leute ohne Schulbildung und ausreichende Kenntnis der Sprache prallen am bürokratischen Apparat ab, und die Gerichte sind dem Slumwirt milde gesonnen, denn er vertritt die Begriffe von Erwerb und Eigentum.

Erwerb und Eigentum stellen den Slum erst einmal her: die Häßlichkeit und Durchlässigkeit der Trennwände, die nicht erneuerten Fensterscheiben, die defekten Türsicherungen, die kaputten Briefkästen, den glitschig verkrusteten Dreck schon im Korridor, die verrostete Küche, die Verseuchung der Zellen durch Ungeziefer und durch die Ratten, über die die Vertreter des Volkes sich im vorigen Sommer krummlachen wollten. Mrs. Daphne Davis in Brownsville in Brooklyn kam im vorigen Sommer dazu, wie ihre Tochter mit einer Ratte spielte. Das Tier war so groß, daß das Kind sagte: Komm her, Katz. Katz, komm. Wenn es so weit ist, geben die Inspektoren der Stadt auf, ob sie nun wegen der Wasserleitungen oder wegen der Feuerausgänge kommen, und auch die Müllarbeiter begreifen sehr schnell. Hier wird Abfall seltener abgeholt als in bürgerlichen Straßen und auf lässige Art, die Nachfegen nicht kennt. Aber es sind nicht Erwerb und Eigentum, denen die Leviten gelesen werden.

Wenn eine Familie wie die Carpenters III an der West End Avenue den Negerfamilien alles Gute wünscht, jedoch eine Wohnung im eigenen, solide wenn nicht elegant gehaltenen, Appartementhaus zum Guten nicht gehört, dann spricht zumindest Liz Carpenter III von den Slums und beweist sich ohne Zweifel, daß diese Schwarzen schlicht nicht verstünden, in einer Zivilisation zu leben, als sei das eine Veranlagung von der Natur aus. Kaum eines jener Argumente, die eine annähernd gleichmäßigen Verteilung des gesellschaftlichen Eigentums steuern sollen, ist bemüht um Brillanz oder doch den Anschein von Schlüssigkeit. Dies übersieht obendrein, daß nicht sämtliche Neger in Slums wohnen und nicht nur Neger in Slums. Das Vorurteil der amerikanischen Nation gegen ein alteingesessenes Zehntel ihrer Angehörigen mag unbegreiflich sein, schon daß hier nicht die Psychoanalyse beschäftigt wird; die Gegenstände, die mit Hilfe dieses Vorurteils verteidigt werden, sind handfest. Es geht um Arbeitsplätze als Mittel des Einkommens, um Ausbildung als ein Mittel zu besserem Einkommen, um das Recht auf Rechte als eine Sicherung des Einkommens. Die Sache heißt Rennen der Ratten, und das Handicap einiger Gegner kann den eigenen Gewinnchancen doch dienlich sein.

Keine Gruppe hat um ihre Rechte so lange kämpfen müssen wie die Neger. Die davongelaufenen und freigelassenen Sklaven, die im vorigen Jahrhundert in den lässigeren, weniger eingebildeten Norden kamen, wurden da doch isoliert in reservierten Vierteln, ausgebeutet von »weißen« Hausbesitzern und Kaufleuten, ausgeschlossen von gleichberechtigter Erziehung und Ausbildung, immer zuerst gekündigt, immer zuletzt angestellt, und vor ihren Augen wanderte Gruppe nach Gruppe von auswärts ein, faßte Fuß, wurde anerkannt unter den Bürgern, die Deutschen, die Italiener, die Juden, in den fünfziger Jahren die Puertorikaner. Acht Jahre ist es her, und immer noch stimmen die klassischen Zahlen von John F. Kennedy: »Das Negerkind hat ... ungeachtet seiner Begabung, statistisch ... halb so viel Aussicht, die Oberschule abzuschließen, wie das weiße Kind, ein Drittel so viel Aussicht, die Universität zu absolvieren, ein Viertel so viel Aussicht, in einem Fachberuf zu arbeiten und viermal so viel Aussicht, ohne Arbeit zu sein.« Das sagte John Kennedy, als er auf einer Wahlreise war. Was immer die Wurzel sein mag für die traumatische Aussperrung durch die Weißen, die Gruppe der Neger muß aus diesem Grund die höchsten Verluste im Arbeitskampf hinnehmen, konsequent stellen sie die meisten derjenigen Bürger, die die Hoffnung auf Arbeit aufgegeben haben, die zu dieser Hoffnung nie imstande waren, die sich fallen lassen in den Slum.

Der Slum ist ein Gefängnis, in das die Gesellschaft jene deportiert, die sie selbst verstümmelt hat. Das sind Wohnungen, in denen die Wanzen und Schaben nicht mit der geduldigsten Anstrengung im Zaum gehalten werden können, in denen es beim Kühlschrank nicht auf die Kühlung der Nahrungsmittel ankommt, sondern auf die Funktion des Tresors, den das Ungeziefer nicht knacken kann. Wenn ganze Familien, ohne das Geld für Erholung oder Fluchtversuche, in einem einzigen Zimmer wohnen müssen, werden die Kinder Zeugen unausbleiblicher Streitszenen, kommen müde und verstört in die Schulen, mit unvollständigen Hausaufgaben; ihre Leistungen müssen hinter den Anforderungen des Lehrplans zurückbleiben, sie verlassen die Schulen so früh als möglich, sie »fallen heraus« und beginnen in niederen Berufen zu arbeiten, die mit der technischen Entwicklung aussterben werden, und sind ausgebildet für die Armut. Wenn auf der Oberen Westseite zwei Drittel der Neger einzelne Männer sind, so weil eine vom Ernährer verlassene Familie damit den Anspruch Fürsorge-Unterstützung erwirbt; die Wissenschaft hat bereitwillig den »Faktor der Einraumbelegung« erfunden. Die Neger in den Slums fühlen sich vernachlässigt von der Polizei, ihre Straßen werden spärlicher patrouilliert, Einbrüche bei ihnen rufen eher Langeweile hervor, bei einer Schlägerei wird der Dunkelhäutige bevorzugter festgenommen als der Hellfarbige; dennoch wünschen die Neger schlicht mehr Polizei, zuverlässigeren Schutz (wo die Weißen sich leisten können, eine zivile Aufsichtsbehörde für Ordnungskräfte zu fordern). (Die Kommunistische Partei Amerikas findet nicht statt.)

Gegenwehr geht ins Leere. Versuchen die Bewohner des Slums einen Streik mit der Miete gegen den Besitzer ihres Hauses, hat er auf seiner Seite die Gerichte. Wenn er es nicht schafft, sie auf die Straße zu setzen, läßt er das Haus sterben. Vor allem auf die Kälte kann er sich verlassen. Dann schafft die Stadt die Bewohner in die Zeughäuser; seine Sorge sind sie nicht mehr. Es lohnt sich, dennoch ein wenig Steuer auf den Besitz zu entrichten, damit die Stadt den unter Hypotheken und brüderlichem Wind wankenden Bau nicht übernimmt; immer ist da die Hoffnung, daß die Kommune gerade an seiner Stelle Öffentliches errichten wird. Sind hartnäckige Mieter geblieben, wird es ihnen von Halbstarken, Rauschgiftsüchtigen, Buntmetalldieben besorgt. Davon sind nicht alle freundlich genug, das Wasserhauptrohr abzustellen, bevor sie die Leitungen abmontieren. Wenn es aus der Decke tropft und die Türen sämtlich eingeschlagen sind, ziehen die letzten aus, und der Besitz befindet sich in ordnungsgemäßem Zustand.

Wo es auf Ordnung nicht mehr ankommt, fliegen die Abfälle aus dem Fenster, und wenn sie auf einem Hinterhof landen, könnte es eine Mitteilung sein, Post durch die Luft. Die Weißen hören als Gruppe nicht, vielleicht hört der einzelne weiße Passant etwas, neben dem auf dem Bürgersteig eine Flasche zerplatzt. Bei den Weißen denke ich oft an Gestalten in Leintüchern, Gespenstern, Leichen, die zum Friedhof unterwegs sind. Da die Weißen als Gruppe Hilfe verweigern, warum nicht dem einzelnen Weißen ein Messer aufs Herz setzen und seiner Brieftasche, seiner Ladenkasse, seiner Wohnung Hilfsmittel entnehmen. Da dem Gefangenen des Slum ein Ausweg in das lebenswerte Leben versperrt ist, sollte er lange zögern, dem Leben in den Illusionen und Krankheiten des Rauschgifts zu entgehen? Da die Gesellschaft um dieses Leben einen Zaun errichtet hat, warum die Normen der Gesellschaft einhalten, warum die Fürsorgerin anders behandeln denn als den Überbringer einer Abschlagszahlung, warum nicht die Kinder betteln schicken, warum noch unter Dächern wohnen. Da die Verbindungen mit der Gesellschaft abgebrochen sind, warum nicht die Kabel öffentlicher Telefone herausreißen; warum eine Adresse hinterlassen, wenn man weggeht, sei es unter die Brücke, auf die Bowery, ins Gefängnis oder in den Krieg in Viet Nam.

Das Wort Slum gibt es auch als Verbum, in der Bedeutung von Spazierengehen in heruntergekommenen und gefährlichen Straßen, und die new yorker Polizei hat vorsorglich fünftausend Schutzhelme für die kommenden Aufstände bestellt.

Seine Ehren der Bürgermeister, John Vliet Lindsay, ist sich da ziemlich sicher. Er erwähnt die Slumghettos oft in seinen Ansprachen, und eines von ihnen, Brownsville in Brooklyn, nennt er Bombsville.

Mrs. Cresspahl and her daughter went slumming this afternoon, und in unseren Slumgegenden waren die Kinder auf der Straße. Darunter waren auch solche, die mußten die Straßen benutzen zum Verrichten ihrer Notdurft, und solche, die ein Badezimmer haben mögen, aber kein Wasser zum Baden darin. Solche, deren Kleidung immer wieder gewaschen und geflickt worden ist, die sich damit nicht in einer Schule unter die Augen von Lehrern wagen. Solche, die ein längst ausgeweidetes Auto auf ein übersehenes Stück Verkäuflichkeit absuchten. Manchmal rannten sie wie wild und spielten Baseball mit einem Besenstiel. Andere waren um Spiele verlegen, standen umher gleich Arbeitslosen, gelangweilt, feindselig. Alle hatten sie gelernt, einen Rauschgiftsüchtigen, einen Homosexuellen, einen Alkoholiker auf der Straße zu erkennen und als alltäglichen Bewohner der Nachbarschaft zu erwarten; der Hund aber bellte die torkelnde Figur mit der Flasche an und konnte sich kaum beruhigen. Wir haben es gesehen. Hier leben wir.

19. Mai, 1968 Sonntag

Sieben Jahre leben wir an dem breiten wiesigen Gelände aus sanften Abhängen, Spazierwegen, Stützmauern, Fahrbahneinschnitten, Tunneln zum Fluß, alten Bäumen, Weißdorngebüsch, Denkmälern und Laubengängen, fast alle 106 Hektar sind wir abspaziert, und weil wir nicht an ihm aufgewachsen sind, nicht einmal durch Nachbarschaft ein Recht hätten auf ihn, versuchten wir ihn zu erwerben durch Benutzung und durch Erforschung obendrein, wie nur je Zugezogene, Ausländer.

Vor hundert Jahren gab es den Park nicht, da fuhr nur Cornelius Vanderbilt seine Eisenbahn am Ufer des Hudson entlang, sieben Fernzüge am Tag in beiden Richtungen, dazu sieben Bummelzüge, die hielten auf jeder Station von der 30. Straße bis Poughkeepsie. Dann machten die Landbesitzer, die Martins, die deLanceys, die Stryckers sich stark für einen Park auf ihren Grundstücken, und die Stadt mußte ihnen Streifen nach Streifen abkaufen, für mehr als 6 Millionen Dollar. 1879 war die Innenkante des Parks fertig, eine bürgerliche Spielwiese, mit Reit- und Fahrradwegen, mit Tempelchen und lauschigen Ecken zum Rasten. Immer noch war der Fluß den Häusern näher als heute, mit Steinen von den Wasserschneisen der Catskills wurde er 1910 zurückgedrängt, noch weiter in den zwanziger Jahren mit den Felsstücken, die der Ubahn IND im Wegen gewesen waren. Noch 1930 lag viel Grund wüst zwischen dem Park und den Eisenbahngleisen, erst 1937 wurden sie überbaut, versteckt in Hügeln nach der Natur, und 1940 sah der Park aus wie vor hundert Jahren vorgefunden, ein wenig zivilisiert mit scharfkantigen Wegen und Zeichen der Kunst, gründlich verkleidet als ursprüngliche Landschaft. Henry Hudsons Autobahn, verstellt mit Aufschüttungen und Hecken, scheint immer neu ein Wunder, wie mitgewachsen.

Im Sommer scheint der Park die Stätte eines beständigen Volksfestes, da sind wir Gäste. Die Bänke an der Uferpromenade sind dicht besetzt mit Ausflüglern aus den ärmeren Gebieten, Tennisspiele sind im Gange, Schachspieler sitzen rittlings auf den Bänken und erteilen Kiebitzen Unterricht, Leute mit der vorgestrigen Zeitung überm Gesicht schlafen wie in der eigenen Wohnung (die der Park sein mag), auf der Wiese an der 74. Straße lassen die Spaziergänger ihre Hunde laufen und bleiben gern stehen zu einem Gespräch über ihre Tiere, Picknicks breiten sich im Grase aus, halbnackte Kinder springen und kreischen unter den blitzenden kühlen Fontänen auf den Spielplätzen, jagen die Schaukeln, drängen sich um den Mann mit dem Eiskarren. Dauerläufer sind unterwegs, gegen zwei kam eine Radfahrer-Parade mit Luftballons vorbei. Im städtischen Yachthafen an der 79. Straße kann ein Kind sehen, wie ein Boot aufgetakelt wird, an der 88. Straße stehen immer ähnliche Kunden mit Angeln und hoffen auf Fische von robuster Konstitution, sie fangen da einen jämmerlichen Aal von Zeit zu Zeit, und es genügt ihnen das Sportliche daran. Auf der Höhe welcher Straße wir aber sind im Park, das sehen wir an den Zahlenplatten an den Laternenpfählen, PL 38 310 entspricht der 83. Straße, und daß die Laternen entworfen sind von Henry Bacon, dem Erbauer des Lincoln-Denkmals in Washington, wir haben es nachgelesen, so sind wir hier zu Hause.

Der Park ist benutzbar, er hat die Vorliebe der Polizei gefunden. Dort fahren sie ihre Funkwagen auf zu Verschnaufpausen und Mannesworten, und in der warmen Jahreszeit stellen die Ordnungsmächte ihre Pferde in den tiefen Schatten des Gebüschs. Sie sind zu sehen, und Leute auf den Bänken müssen einander nicht bekannt sein, damit sie ein Gespräch anbieten. Das Bild des Parks scheint aus keinen anderen als friedlichen Vorgängen zusammengesetzt, und tatsächlich fühlen viele Anwohner des Riverside Drive eine Zusammengehörigkeit. Sie sind nach einem Ausmaß von Erziehung einander ähnlich, ihre Einkommen sind vergleichbar, sie sind nur in Ausnahmefällen nicht rosahäutig, sie schicken ihre Kinder in die gleichen Anstalten, sie haben gemeinsame

Wohnbedingungen zu verteidigen, sie treten als Gruppe bei politischen und Elternversammlungen auf. Wer in dieser Gegend morgens mit einem Kind an der Hand auf den Bus wartet, kann fast sicher darauf vertrauen, von bloß Blickbekannten zur Schule oder zum Kindergarten mitgenommen zu werden, und der Busfahrer, dem gequetschten Stadtverkehr in den raschen Fluß des Riverside Drive entkommen, spricht mit den hier Zusteigenden wie mit einer Familie, die netter ist als andere.

Die dunkelhäutigen Besucher hingegen kommen aus Gegenden, in denen Parks nicht vorgesehen sind oder bei der Polizei weniger beliebt und nun zerstört, das Gras verdorrt und weggetreten, die spärlichen Bäume beschädigt und der Boden dicht bestreut mit Splittern von Glas, das da in säuberlicher, gleichmäßiger Wut zerschlagen wurde. Im Riverside Park sind die dunkelhäutigen Kinder an einem Wochentag in der Minderheit, sie spielen in Gruppen für sich, und die Negerin, die ein Rudel wild rennender Kinder im Auge behält, paßt nicht auf ihren eigenen Jungen auf, sondern auf den ihres rosahäutigen Arbeitgebers. Auf den Baseball-Plätzen sind die Puertorikaner für sich, auf den Basketfeldern üben die Neger für sich allein, und Fußball spielen die Westinder untereinander. Sie borgen die Landschaft, die ihnen zusteht.

Wir können gehen auf der Promenade am Hudson, von den engen Pfaden neben der Autobahn über die prächtigen Ausläufer aus Pflastern und gepflegten Zäunen unter Laternen bis zu den ungeschützten Graswegen und zur 124. Straße, wo im Schatten einer Großzahnespe eine Plakette in Fels gesetzt ist, zum Andenken an das Wirken der Frauenliga für die Beschützung des Parks Riverside. Da sollten wir nicht Mitglieder sein. Wir haben den Fluß. Der Fluß unter dem unverstellten Himmel zieht auf das nahe Meer zu, bietet langsam reisende Schiffe, nachts Nebelhörner, grüne, graue, blaue Farben gemischt mit denen der Parks, eine Ansicht von Ferien, und so vergiftet ist der Fluß von der Industrie, Menschen dürfen da nicht einmal baden. Der Fluß sammelt das Licht des Himmels und seinen Schmutz, der hilft die Sonneuntergänge gefährlich kolorieren. Der Geruch des Flusses kommt mit an den Riverside Drive. Schon halten die Blätter des Parks Lampenlicht unter sich in strahlenden Höhlen. Im Bauch des Parks rumpeln die Güterzüge, sie bringen aus Iowa und Nebraska Fleisch für die Märkte New Yorks, aus Maine und Canada Wälder verwandelt in Papier für die New York Times von morgen, für das Tagebuch der Welt. Über den blinkenden Lichterterrassen New Jerseys, über dem Farbenknäuel des Rummelplatzes auf den Palisaden, über dem grauen Fluß, einem weiten Tor zum Norden, sind an flachen Kabelbögen weiße Birnen aufgereiht, über das doppelstöckige Brett zwischen den beiden Pfeilern der Washington Bridge tappen Scheinwerfer und Katzenaugen, und die Reiseführer Europas empfehlen den Anblick. Mehr als den Anblick können wir nicht empfehlen.

Hier leben wir.

Aus: Uwe Johnson
Jahrestage
Suhrkamp 1970–1983

Rolf Dieter Brinkmann

Picadilly Circus

Tot, leer, erloschen, wie ausgebrannt, als ob alles längst schon veraltet und nicht mehr in Betrieb sei, stillgelegt, die Fassungen und Halter verrostet und einem langsam fortschreitenden Verfall überlassen die Gerüste, die Aufbauten, die querverlaufenden und hochstrebenden Stangen und Eisenträger mit den verschiedenen Schriften, den verschieden großen Buchstaben, die immer anders, in immer anderen Schrifttypen ausgeführt worden sind, diese buntgespitzten, bauklotzartigen Blechgehäuse der eingelassenen dünnen, häufig zweifach oder dreifach nebeneinander herlaufenden Glasröhren oder den dicht hintereinander eingeschraubten Glühbirnen, die den Windungen und Schleifen, den Auf- und Abstrichen des jeweiligen Buchstabenblocks folgen, diese breiten, gläsernen Leuchtstäbe und durchgehenden weißlich-grauen oder farbigen, blaßroten oder blaßgrünen Neonröhren, die die einzelnen Reklameflächen umranden und voneinander absetzen, und die in diesen größtenteils rechteckigen, an den Ecken etwas abgerundeten, langgestreckten Flächen eingesetzten Schaubilder, die wie die breiten Schriftbalken wieder aus Blechgehäusen, Glühbirnen und farbigen Glasröhrchen zusammengesetzt sind, die überdimensional großen Nachbildungen von Verpackungen, weiße längliche Kästen, die hintereinander aufgereiht sind in einem weitausgeschwungenen, halben Bogen, der klein, mit einem nicht mehr genau erkennbaren weißen Fleck oben am Rand einer dieser rechteckigen, mit Neonröhren umrandeten Flächen einsetzt, in die die Vorderfront des Gebäudes an der Ecke aufgeteilt ist, einer Fläche, die den weitaus größten Teil dieser Fassade einnimmt, in perspektivischer Verkürzung die dicht hintereinandergestaffelten weißen Kästen angeordnet, als kämen gleichsam sie aus der Tiefe des Gebäudes selber, das Schaubild einer bekannten Kaugummimarke, *healthful delicious satisfying*, oder daneben, etwas höher angebracht, noch an der Fassade desselben Eckhauses, die aber an der Stelle schon zur Straßenfront der dort von Norden her auf der dem Gebäudekomplex vorgelagerten Platz mündenden Shaftesbury Avenue gehört, in einer ähnlichen großen rechteckig abgesteckten Fläche wie die von Wrigley's Firmenzeichen in Art eines Wappenschildes, dessen obere Linie nicht waagerecht verläuft, sondern genau in der Mitte geteilt, sich zu eben der Mitte in zwei angedeuteten Bögen hinaufschwingt und dessen innere Fläche von zwei mächtigen gelben Buchstaben ausgefüllt wird, das Zeichen einer wie alle die anderen Namen und Markenartikelbezeichnungen weltbekannten Firma für Öle und Benzin, deren Hausfarben gelb und grün sind, petrolgrün schimmernd der Untergrund, von dem sich in einem genauso ölig oder fettigschwer wirkenden, aber doch reinen Gelb die beiden großen, dicht nebeneinanderstehenden Druckbuchstaben BP abheben, die aus dem Glas oder dem wie Glas aussehenden Kunststoff des Wappenschildes herausgepreßt sind, so daß das Schild, obwohl mit den beiden Buchstaben eins, durch die erhabenen Buchstaben plastisch erscheint, das Firmenschild wieder wie die anderen Firmenzeichen daneben und darunter an Gestänge befestigt, schmalen, gitterartig gefügten Eisenbändern, die von in die Hauswand hier und da eingelassenen Trägern und Klammern gehalten werden, abgerückt von der Gebäudefront, so daß trotz der in sich schon plastisch wirkenden Schrift und des ebenso plastisch wirkenden Firmenschildes die ganze rechteckige Reklamefläche eine Tiefe erhält. Aufbauten und Gerüste, ein Gewirr von Stangen, von Klammern, Haltern und Blechkästen, von dünnen fließenden wie vergrößerte Handschriften aussehenden Glasröhren, die nur am Anfang und Ende an dem Gestänge befestigt sind und frei zu schweben scheinen, dieses Gewirr von breiten, erloschenen Schriftbahnen, von ausgebrannten Buchstaben, die an einigen Stellen ineinandergesetzt sind und bei Tageslicht nur schlecht entwirrt werden können, was gleich über den kleineren, dichter zusammengedrängt stehenden Neonleuchtschriften, die zu den Läden im Erdgeschoß gehören und unmittelbar über den Lädeneingängen und Schaufenstern angebracht sind, beginnt und über die gesamte Vorderfront des Eckhauses sich ausgebreitet hat bis hinauf zu dem abschließenden Gesimse und noch darüber hinausgehend, da am Ansatz des Daches weitere Flächen hochgezogen worden sind, längliche, hohe Flächen, blau gespritzt, auf die wieder Schriftbahnen aufgesetzt sind, für

Schönheit Max Factor für Charme, wobei die mittlere blaue Fläche mit dem Firmennamen Max Factor, die genau an der Biegung des Gebäudes errichtet wurde und diesen Bogen selber mitbeschreibt, höher aufragt als die beiden Aufbauten daneben mit dem Werbespruch *for charm*, der über der Front an der von Osten herkommenden Coventry Street steht, und dem *for beauty*, der sich auf dem Teil der Gebäudefront erhebt, der an der Shaftesbury Avenue liegt, oder dann die über dem abschließenden Sims am Ansatz des Daches hinausgezogenen Aufbauten des Gebäudes gegenüber, dessen durchgehende Front in der gleichen sanft abgerundeten Biegung vom Platz her sich zur dort endenden Shaftesbury Avenue hinzieht und von der noch weniger zu erblicken ist als von der mit den Reklamen für Lemon Hart, Wrigley's Chewing-Gum, BP-Energol und der unter der BP-Reklame liegenden Fläche mit dem breiten Schriftbalken *Associated Rediffusion* bedeckten Fassade, über der sich der Aufbau von Max Factor befindet, *for beauty Max Factor for charm*, klein, groß, klein die Flächen, da diese gegenüberliegende Fassade nahezu völlig verkleidet ist, verborgen hinter senkrecht hochlaufenden Bahnen, die über den kleineren Reklameschriften der Läden beginnen, den zwei Uhren des Juweliergeschäftes Saqui und Lawrence, von denen strahlenförmig dünne Leuchtstäbe ausgehen und die jeweils über eins der beiden Fenster auf der Fläche zwischen Erdgeschoß und erstem Stock, dieses zur Gliederung der Fassade deutlich durch Gesimse gekennzeichneten Zwischenraums angebracht sind, breite Bahnen aus aufeinandergesetzten Glaskästen, auf die unregelmäßig verteilt helle Kreise, gläserne Ringe aus Neonröhren, die wahrscheinlich hochperlende Luftblasen darstellen sollen, aufgesetzt sind, blauverblichene Bahnen, die jeweils zwischen zwei Fenstern die Stockwerke hochlaufen bis zum Dachansatz oder die in einem Abstand voneinander hochgezogen worden sind, daß immer zwei der in jedem Stockwerk dicht nebeneinander liegenden, länglich hohen Fenster frei bleiben, Fenster, die in der Mitte waagerecht geteilt sind und nur durch schmale Pfeiler, die aus der Hauswand etwas heraustreten und wie Säulen in Fuß, Schaft und Kapitell aufgegliedert sind, voneinander getrennt werden, eingesetzt in diese eine, die ganze gebotene Gebäudefront einnehmende Reklamefläche drei rote waagerechte Schriftbalken mit weißen, durch Blechgehäuse hervorgehobenen Buchstaben, Balken mit der Aufschrift des Firmennamens Schweppes, die so zueinander innerhalb dieser Fläche angeordnet sind, daß in der oberen Hälfte zwei Schriftbalken nebeneinander liegen in gleicher Höhe, die sich vom Rand der Fassade hinziehen und drei der senkrechten Bahnen zusammenhalten, während darunter der dritte Schriftbalken liegt, der die mittleren beiden der insgesamt sechs Bahnen umfaßt und neben dem rechts und links, dieses Mal ohne einen balkenartigen roten Hintergrund, das Wort Tonic angebracht ist, das sich über die beiden Bahnen am Rand hinzieht, eingefaßt die ganze Fläche von einem rechteckigen gelben Streifen, der breiter als die Einfassung der Reklameflächen des Gebäudes gegenüber ist und der Hausfront trotz der Krümmung ein kastenähnliches Aussehen gibt, auf der oben aufgesetzt, am Dachsims, was sich aber nicht genau feststellen läßt, weil er durch die Verkleidung verborgen wird, sich in gleicher Höhe wie der von Max Factor der Aufbau für die Zigarettenmarke Players erhebt, der auch die Krümmung der Gebäudefront mitvollzieht und der in der Mitte ebenfalls etwas höher ist für die Aufforderung *smoke*, rauche, so daß das dahinter liegende Dach völlig verschwunden ist, die aus dem Dachstuhl nach vorn gebauten Mansardenfenster und die weiter hinten aufragenden Schornsteine mit ihren breiten, überstehenden Abdekkungen, die eckigen Kaminköpfe mit den drei, vier Röhren, Dächer, die bei allen Gebäuden ringsum flach sind und stumpfwinklig, walmdachartig angelegt, verschwunden hinter diesen hohen Aufbauten, den breiten Schriftbahnen, die die Reklamen an den Fassaden nach oben hin fortsetzen und abschließen, so daß wegen der Überfülle an Leuchtschriften, des buntfarbenen Gewirrs von Buchstaben, der verschieden großen Glasflächen und Blechgehäuse, diesem verwirrenden Durcheinander von gerüstartigen Eisenkonstruktionen, Schienen, Gestänge und Neonröhren, wegen all dieser verblichenen Farben, dieser unterschiedlichen Formen, die die Fronten der Gebäude bedecken, als ob alle Gebäudefronten ringsum die gleiche Fülle an Reklamen aufwiesen, das gleiche verwirrende Durcheinander in dem Maß wie an dieser Seite des Platzes, und als ob es sich tatsächlich um beliebige Ausschnitte handelte, um beliebig gewählte Standpunkte, von denen aus die Ansichten gemacht worden sind, es immer aber nur diese eine Seite ist, die Nordseite des Platzes, die auf den Aufnahmen wieder und wieder erscheint, auf den Postkarten und Photographien in den Bildbänden über London, schwarzweiß oder bunt, meistens bunt, wobei auf den ersten Blick sich feststellen läßt, daß die Bilder, besonders diejenigen Farbaufnahmen, die den Platz mit den erloschenen Reklamen an den Gebäuden der Nordseite und dem üblichen Großstadtverkehr, der chaotisch anmutet, in Wirklichkeit aber, wenn auch etwas stockend, durch Ampeln geregelt sich abwickelt, daß diese Bilder retuschiert und in den Farben etwas greller, leuchtender gemacht worden sind, Photographien mit dem Brunnen im Vordergrund, der, in der Mitte des Platzes errichtet, sich wie eine Verkehrsinsel ausnimmt und auf keinem der Bilder fehlt, die entweder hauptsächlich eine Ansicht des Eckgebäudes bieten mit dem großen Schaubild von Wrigley's Chewing-Gum, diesem weitausgeschwungenen Bogen von hintereinander gestaffelten weißen Packungen, neben denen genau an der Biegung der Hausfront in gelber Schrift *healthful, delicious, satisfying* in drei untereinandergesetzten Schriftbalken zu lesen ist und auf deren mittleren Balken, das Wort *delicious*, die Spitze eines grünen Pfeils weist, dessen Schaft zugleich die Umrandung der letzten, vorderen Packung, mit der Aufschrift Spearmint, darstellt, dieser Reklamefläche, die über zwei Stockwerke ausgedehnt worden ist und noch über die Biegung hinaus sich bis in die Shaftesbury Avenue hinzieht, an deren Seite ebenso in der Höhe zwei Stockwerke einnehmend, doch in der Länge kürzer, die grün-gelbe Reklame mit dem Wappenschild von BP angebracht ist, die im Gegensatz zu der Fläche von Wrigley's, die in der Höhe den ersten und zweiten Stocke einnimmt, den zweiten und dritten Stock umfaßt und über der sich dann unmittelbar der Aufbau der Max-Factor-Reklame befindet, *for beauty Max Factor for charm,* klein für Schönheit, groß Max Factor, klein für Charme, fließend, wie einer ruhigen, ausgewogenen Handschrift nachgebildet die Werbesprüche *for beauty, for charm*, denen gegenüber der Firmenname Max Factor in Druckbuchstaben auf den hellblauen, halbkreisförmig gebogenen Hintergrund aufgesetzt ist unter Verwendung einer Schrifttype, deren Buchstaben allerdings schmal sind und trotz ihrer Größe nicht plump oder aufdringlich wirken, vielmehr dem zierlichen, eleganten Schriftzug der beiden kleineren Leuchtschriften daneben angepaßt sind, Photos, die meistens als Ansicht von dem Platz hauptsächlich dieses Eckgebäude zeigen mit der dort endenden Shaftesbury Avenue, von der, je nachdem aus welchem Blickwinkel die Ecke aufgenommen worden ist, dann mehr oder weniger weit in sie hineinreichend zugleich eine Art Durchblick mitgeboten wird, so daß die hinter den Eckgebäuden liegenden Häuser, die nicht mehr mit Reklamen bedeckt sind, ihre architektonische Fassadengliederung, die bei all den Gebäuden ungefähr gleich ist, deutlich zu erkennen geben, die übereinanderliegenden, langen Reihen gleichartiger Fenster, die, von weitem gesehen, an einen Säulengang denken lassen und schmal und hoch sind, voneinander jeweils nur durch schmale Pfeiler getrennt, die etwas hervortreten, die Zwischengesimse, die die einzelnen Stockwerke voneinander absetzen, Gurt- und Kappgesimse und die zwischen dem Gurt- und Kappgesimse waagerecht die ganze Front eines Gebäudes sich entlangziehenden schmalen Streifen, die gelegentlich friesartig mit Zementverzierungen ausgefüllt sind, und weit weg, oben, die Giebel, die Dachstücke, die nach vorn aus dem Dach herausgebauten Fenster, ein Turm, dann Kuppeln, wo hinter dem zusammenhängenden Gebäudekomplex, kurz vor der Biegung von Osten her die Denman Street auf die Shaftesbury Avenue stößt, alle Fassaden, alle Gebäudeformen gleich grau, in demselben Grauton gehalten, verschmutzt und dreckig, alt, mit Staub überzogen, der sich überall, auf allen vorspringenden Teilen dieser in einem längst vergangenen, pompös repräsentativen Stil errichteten Fassaden niedergeschlagen hat und selbst in den Stein eingedrungen zu sein scheint, der diesen Sandstein, aus dem die meisten Häuser gebaut sind, stumpfgrau bis grauschwarz eingefärbt hat, rußigblind, ein Farbton, der trotz des in der Straße sich stauenden Verkehrs, trotz dieser Personenwagen, die in zwei Schlangen sich auf den Platz zu bewegen oder die aus ihm herausgeschert sind, trotz dieses Durcheinanders von Personenwagen und Bussen, roten, länglichen Kästen mit Oberdeck, trotz des Gewirrs von Passanten an den Seiten, der Läden und der über den Läden weiter hinten heruntergelassenen Markisen ein ödes, eintöniges Bild von ihr entstehen läßt, einfarbig grau, in dem hier und da einige wenige hellere Flecken eingesetzt sind, oder mehr nach Osten gewandt einen Durchblick gebend auf die Coventry Street, die nicht wie die Shaftesbury Avenue in einem Bogen auf den Platz zuläuft, sondern geradlinig auf ihn zustößt, und in die, obwohl sie als einer der sechs wichtigsten Straßenzüge gilt, die auf den engen Platz zulaufen, kurz vor dem Platz, der trotz des in der Mitte errichteten Brunnens, auf dessen wie die den Brunnen umgebende freie Fläche und die zwei Treppenabschnitte zu je vier Stufen nicht runden, sondern achteckig gebrochenen, dreiteiligen Aufbau eine Skulptur gesetzt ist, die eines mehr in einem Schweben als im vollen Lauf erstarrten, leicht vornübergeneigten, geflügelten Eros, nichts anderes darstellt als einen gewöhnlichen Hauptverkehrsknotenpunkt, oder aber tatsächlich schon am Rande des Platzes, je nachdem ob der keilförmig sich verbreiternde Ausgang der Coventry Street noch als Teil eben des Platzes genommen wird, dort, wo vom Brunnen aus gesehen in dieser Straßenflucht ein Gebäude vorspringt, dessen vorstehende Ecke mit drei gleich großen, fast quadratischen Reklameflächen verkleidet ist, einer roten Fläche mit darin eingelassener oder aufgesetzter weißer Schrift, *Hennessy Cognac Brandy*, der darunterliegenden dunkelblauen Fläche, auf der wieder in weißer Leuchtschrift *osram adds life to your lighting* steht und dessen untere Hälfte von einer stark vergrößerten, waagerecht liegenden Glühbirne ausgefüllt wird, und der darunter befindlichen, gleich über dem Eingang eines Ladens hochgezogenen, von einem weißen Streifen eingefaßten, hellblauen Fläche der Luftfahrtgesellschaft BOAC mit dem Firmenzeichen, einem liegenden V in der Mitte zwischen der kleinen Schrift *fly* und den größeren Buchstaben BOAC, der aus Süden kommende Haymarket einmündet, einen Durchblick auf die Coventry Street oder, je nachdem, noch auf den in die Richtung hin wie ein Keil sich verengenden Platz, wo gleich hinter jenem mit Reklame über und über bedeckten Eckgebäude ein Bauwerk liegt, das etwas vorgezogen ist und dessen Vorderfront an einen antiken Tempelbau erinnert mit seinem stumpfwinkligen Giebel und langen, sanft abfallenden Giebelschenkeln, dem einem griechischen Tempel nachgeahmten, aber unverziert gebliebenen Architrav, der, da die Hauswand weiter zurückliegt, auf vier hohen, freistehenden Säulen ruht, die sich vom ersten Stockwerk an auf einem mehrstufigen, streng gegliederten Unterbau erheben und an deren mittleren beiden Säulen ein großformatiges, die ganze Höhe der Säulen einnehmendes farbiges Plakat haftet, das einen Mann im Smoking von der Hüfte an zeigt, dessen Haltung gerade und aufrecht ist und der den Kopf kaum merklich heruntergebeugt hat, so daß der Lauf der Pistole, die er in der rechten Hand senkrecht hochhält mit streng angewinkeltem Arm, der die Stilisierung einer derartigen Haltung deutlich macht, fast die Lippen berührt, als blase er gleich nach dem abgefeuerten Schuß den Lauf wieder sauber, einen Mann, der ungerührt starr geradeaus blickt, als sei er sich seiner Sache völlig sicher, und um den herum kleiner und weiter im Hintergrund eine Anzahl Frauen gruppiert ist in den verschiedensten Posen, sitzend, ein Bein lang ausgestreckt, leicht sommerlich, wie für einen Aufenthalt am Strand gekleidet, mit weit aufgeknöpfter Hemdbluse, so daß die Ansätze der Brüste zu sehen sind, bunt das großflächige Plakat, neben dem zu beiden Seiten an den äußeren Säulen in Leuchtschrift die Namen der Schauspieler, Sean Connery, Claudine Auger, Molly Peters, Luciana Paluzzi stehen und über das unten in größeren, mächtigeren Druckbuchstaben als die Namen oben, in der Länge die ganze Breitseite der Hausfront einnehmend, der Schriftbalken mit dem Titel des Films *Thunderball* läuft, der wahrscheinlich schon seit Wochen in diesem Theater gezeigt wird, dem London Pavillion, wie aus den steifen, dünnen Neonstäben zu entziffern ist, die in die dreieckige Giebelfläche eingesetzt sind, klein, in der spitzwinkligen Ecke mit verkürzten Buchstaben beginnend, die in der Höhe dann dem ansteigenden Giebelschenkel folgend jedesmal etwas größer, höher werden, bis der Buchstabe P die Spitze des Dreiecks in der Mitte erreicht und somit die größtmögliche Höhe von der Grundlinie besitzt, wodurch aber insgesamt ein Mißverhältnis entsteht, weil beide Wörter nicht gleich viele Buchstaben enthalten, was alles noch sehr genau zu erkennen ist, während die Reklamen an der nächsten Hauswand schon nicht mehr so deutlich auszumachen sind und sich statt dessen wieder, ähnlich wie beim Durchblick auf die Shaftesbury Avenue, zumal auch die dann folgenden Gebäudefronten nicht mehr mit Reklamen verkleidet sind, stärker die architektonische Gestaltung vordrängt, Fassaden, die wieder reich durch Gesimse gegliedert sind, durch schmale, längliche Pfeiler, die etwas aus der Hauswand zwischen den Fenstern hervortreten, Pfeiler mit strengen, schmucklos wirkenden Kapitellen, Rundbogen, lange Reihen gleichartiger Fenster, Friesstreifen, Gebäudefronten, die alle denselben schmutziggrauen Farbton angenommen haben, überzogen mit Ruß, mit Staub, mit einer dichten Schicht sprödefeinen Schmutzes, der sich überall festgesetzt hat und das einst helle, gelbliche Grau, die gelblichgraue oder fahlbraungraue Tönung des Sandsteins hat stumpf werden lassen im Laufe der Zeit, so daß diese alten, in einem längst überholten strengen, repräsentativ ausladenden Stil errichteten drei- oder vier- oder fünfstöckigen Häuser öde anmuten, die Fronten schwärzlichgrau, wie ausgebrannt, erloschen, leer, tot, tot, tot, tot.

Aus: Rolf Dieter Brinkmann
Der Film in Worten
Rowohlt 1982

Jan Koneffke

Mein Viertel

In meinem Viertel zwischen Friedhof und Aurelianischer Mauer, zwischen Uni und Stadtautobahn, sind die Menschen von grimmiger Herzlichkeit. Mit allen Wassern gewaschen und niemals bescheiden. Sie scherzen und schimpfen, das Mundwerk ist immer im Einsatz. Jeder kennt jeden im Viertel. Jedem sind Stärken und Schwächen des Nachbarn vertraut. Die Stärken verdienen Respekt und zwar stumm. Die Schwächen verdienen es, daß man auf ihnen herumhackt. Wer fremd ist, fällt auf. Er wird taxiert, ohne es zu bemerken. Hat er Geld oder ist er ein armer Schlucker? Wer Geld hat, wird um eine Winzigkeit besser behandelt, will sagen: serviler. Den armen Schlucker behandelt man von gleich zu gleich. Den Hauch Ironie und die Prise Herablassung müssen sich beide gefallen lassen. Rom ist schließlich die Hauptstadt der Welt.

Nur auf der Polizeistation werden die Fremden abgekanzelt. Sie warten draußen vorm Schlagbaum in stechender Sonne und klatschendem Regen. Aber es ist der Beamte, zu dem man nach zwei Stunden Schlangestehen vordringt, der schlechte Laune hat, und nicht der Fremde. »Wann ist der permesso beantragt worden? Vor zwei Monaten? Nein, ist nicht fertig.« »Und wann wir er fertig sein?« »Was weiß sich. Komm nächste Woche vorbei.« Ich wette, derselbe Beamte war es, der mit zwei Kollegen verhaftet wurde, als der Skandal aufflog in meinem Viertel. Mit Aufenthaltspapieren hatten die drei einen schwunghaften Handel betrieben.

In meinem Viertel passiert beinahe nichts. Pasolini hat hier zu Abend gegessen, bevor er ermordet worden ist, aber der Mord fand woanders statt. Manchmal, wenn Wolken über die Flachdächer ziehen, auf denen die Wäsche flattert, scheinen die Häuser zu Ozeanriesen zu werden. Mein Viertel legt ab.

Monatlich klopfen bei mir junge Männer an. Sie tragen Anzug und Schlips, sind rasiert und von ausnehmend höflichem Wesen. Handelt es sich um Versicherungsvertreter? Freundlich machen sie mich darauf aufmerksam, daß sie eine Zeitung verkaufen wollen und auch eine Spende nicht schlecht wäre. Rot springt mich der Name des Blättchens an: »Lotta communista«.

Wenn beim Denkmal zu Ehren der unter der deutschen Besatzung ermordeten Antifaschisten Fahnen wehen, rote Fahnen, belebt sich mein Viertel. Im Wind flattern Hammer und Sichel, Che Guevara auf blutrotem Grund, Fidel Castro mit seiner Zigarre. Das war eine Zeit, als man sich sicher sein konnte, wer Freund und wer Feind ist. Als die Partei eine große Familie war. Ein kommunistischer Veteran wiegt in seinem Arm eine Rotweinflasche. Das Etikett zeigt Genossen Stalin. »Ein besonderer Roter«, erklärt er schmunzelnd, »ist nicht zum Trinken bestimmt.«

Unruhig wird es in meinem Viertel, wenn von der Piazza Bologna, wo die besserverdienenden Familien wohnen, Naziskins anmarschieren. Die Hausbesetzer der Via dei Volsci errichten im Handumdrehen Barrikaden. Steine fliegen und Autos geraten in Brand, und am Himmel kreist ein Polizeihubschrauber.

Meistens passiert beinahe nichts zwischen Mauer und Friedhof, Uni und Stadtautobahn. Kein Papst hat sich mehr in mein Viertel verirrt, seit Johannes XXIII, dem als Roten verschrieenen Heiligen Vater. Das ist eine Ewigkeit her. »Heiliges Jahr? Was geht mich das an? Weißt du, wann heiliges Jahr ist? Wenn ich im Lotto gewinne!« Und es ist eine Ewigkeit her, daß die Berliner Mauer fiel und in meinem Viertel die Erde bebte. Franco behauptet das jedenfalls, der seinerzeit Kommunist war. Sein demokratisches Fischlokal boomt. Für vierzig Mark servieren seine Kellner ein Dutzend Fischgerichte, Wasser und Wein, Nachtisch, Kaffee und Grappa im Preis mit inbegriffen. Kommunist ist er nicht mehr, versteht sich. Und seine Frau, eine Irin, schuftet von morgens bis abends. Noch als sie hochschwanger war, hat sie serviert. Sie scheint jeden Moment vor Erschöpfung zusammenzubrechen, während Franco das blühende Leben ist. Und vor Vaterstolz glüht, wie alle neugeborenen Väter in meinem Viertel. »Die einzigen Frauen in Europa, die man noch gnadenlos ausbeuten kann, sind die irischen«, sagt der Wirt von der Bar gegenüber, und in seiner Stimme schwingt Neid.

Und es scheint auch eine Ewigkeit her zu sein, daß sich Italiens Kommunisten in »PDS« umbenannten. Doch nicht alle Genossen waren bereit, sich sozialdemokratisch bekehren zu lassen. Kommunisten – sie wollten es bleiben. Und was macht man mit einem Parteihaus, in dem sich Rechtsabweichler und Linksabweichler, Revisionisten und Stalinisten, Dogmatiker und Verräter der Arbeiterklasse lauernd gegenübersitzen? Man zieht eine Mauer ein, mittendurch, frei nach dem Beispiel Berlins.

Aurelians Stadtmauer ficht das nicht an. Und es sieht nicht danach aus, daß sie umfällt. Nach siebzehnhundert Jahren kennt sie Geschichte als ewige Wiederkehr. Trotz ihrer Wucht ist sie von den Barbaren im Handumdrehen erobert worden. Die römischen Mauern sind durchlässiger als die deutschen – und halten dafür etwas länger.

»Berichte von mir«, sagt Corrado, »von einem ragazzo, der mit seinem Vater zerstritten ist und bei der Tante aufwuchs, bis sie ihn rauswarf, sie habe kein Geld mehr, ihn bei einer anderen Tante ablieferte, und diese ihn an eine dritte verwies. Schreibe von einem Sizilianer, der traurig ist, abgrundtief traurig, und nur depressive Freunde hat. Der sich mit Gelegenheitsarbeiten durchschlägt. Der keinen Willen besitzt. Der nichts leistet und nie etwas leisten wird und dafür von seinem Vater gehaßt wird.«

Eine Frau um die sechzig baut sich vor mir auf. »Die machen es richtig, die jungen Leute«, sagt sie und weist auf ein schmusendes Paar, »sie probieren erst aus, wer der Richtige ist. Ich habe den ersten Mann, mit dem ich tanzen war, auch gleich geheiratet. Es wird nichts mehr passieren. Mein Leben ist aus«, sagt sie und biegt sich vor Lachen.

Ausgeschlossen, daß auf der Terrasse der Bar Marani noch etwas passieren wird. Sie ist der Treffpunkt meines Viertels, und es treffen sich immer dieselben Leute. Ich sitze im Schatten des Weins, der sich um Gitter und Pergola rankt. Ich lese, ich rauche, ich lausche Gesprächen. Die Zeit verstreicht ohne mein Zutun. Rom ist die Hauptstadt der Welt. Und für die Bewohner meines Viertels ist das Viertel das Zentrum der Hauptstadt. Und da man im Zentrum der Hauptstadt weiß, daß die Welt alt ist und müde, sollte man jetzt etwas essen gehen und danach ein Nickerchen halten.

Aus meinem Viertel, das angelegt ist wie ein Schachbrett, dessen schnurgerade Straßen die Namen lateinischer Stämme tragen, sind die meisten der Eisenbahner und Steinmetze, die es bewohnten, verschwunden. Heute leben im Viertel Studenten. Und außerdem wimmelt es von Poeten. Fast alle Dichter aus meinem Viertel sind freilich nur in meinem Viertel bekannt, wo sie Bewunderung ernten – und Spott. Und Poet zu sein reicht noch nicht aus, um einen caffè zu bekommen. Was manchen Poeten tief kränkt. Wortreich beklagte er Kulturverfall und Merkantilismus der Landsleute. Der Beifall ist sicher, der caffè nicht.

Mein Nachbar ist armer Poet. Sein Strom ist gesperrt, weil er nie gezahlt hat, und er illuminiert seine Wohnung mit Kerzenlicht. Bis er mir die Idee vortrug, meine Leitung anzuzapfen. »Wir teilen die Rechnung. Ich zahle im voraus.« In Kenntnis seiner Gewohnheit, sich überall Geld zu leihen, ohne es je zu erstatten, lehnte ich seinen Vorschlag ab. Täglich bespuckt er seither meinen Briefkasten.

Die Bar dei Belli ist von Polizisten gestürmt worden. Was ist passiert? Niemand weiß es genau, niemand will es verraten. Die panini und tramezzini, mit Schinken, Tomaten und Artischocken belegt, geben keine Auskunft. Hinter der Tür, die mit Eisenketten gesichert ist, schimmeln sie bloß vor sich hin. Nicht beglichene Miete? Halbseidene Geschäfte? Man tuschelt ja, in der Bar der Schönen finde ein reger Geldverleih statt. Zu horrenden Zinsen.

In meinem Viertel passiert beinahe nichts. Aber das immer mit Lautstärke. In meinem Viertel kann niemand verstehen, warum das Glück nicht bestechlich ist. In meinem Viertel begrüßen sich die Verkäufer am Marktplatz mit »Roma bella«. Es ist sechs Uhr, der Himmel blau poliert und am Zeitungsstand, wo man nachts Pornos bekommt, werden Zeitungen angeliefert. Mafiamorde, Regierungskrise, x-tes Verfahren gegen Berlusconi. Aber daß Pantani sich dopen ließ, ist eine wahre Tragödie.

Mit meinem Viertel beginnt der Roman »La storia« von Elsa Morante. Mit einem blonden Soldaten aus Bayern, der, von mißtrauischen Blicken verfolgt, durch San Lorenzo spaziert. Wenn ich durch das Viertel spaziere, kann ich die Bombenschäden noch sehen. Dieses Viertel, in dem die Geschichte siesta hält. Dieses kleine großspurige Viertel, das ich nicht mehr verlassen will: San Lorenzo.

Erstveröffentlicht unter dem Titel
»In San Lorenzo passiert beinahe nichts. Eine Liebeserklärung«
in der Frankfurter Allgemeinen Zeitung vom 3.5.2001

Jochen Schimmang

Köln Mediapark

Köln, Mediapark. Obwohl ich schon zwei Jahre in der unmittelbaren Nachbarschaft wohne, habe ich ihn bis zu diesem Sommer niemals wirklich wahrgenommen. Mein Bild von ihm war schon fertig, bevor ich ihn gesehen hatte. Dieses Bild war nicht ganz falsch. Das Gelände ist tatsächlich »eine kleine Mondlandschaft«. Neu aufgerissene Erdlöcher, von denen man nicht weiß, welche Fundamente eines Tages in ihnen versenkt werden sollen, verstärken diesen Eindruck. Eine Investitionsruine steht häßlich zwischen den fertiggebauten Gebäudekomplexen, und bei jedem neu begonnenen Bauvorhaben fragt man sich, ob es nicht später das Schicksal dieser Ruine teilen wird. Aber ganz unzweifelhaft *lebt* das kleine Areal, das bisher genutzt wird, und es lebt auf eine sehr spezifische Art und Weise, ganz verschieden davon, wie die City lebt oder das jeweilige Viertel. (Die kölsche Viertelsseligkeit, die in dem sentimental-verkitschten Karnevalsevergreen *In unserem Veedel* so unnachahmlichen Ausdruck gefunden hat, ist eine der Hauptquellen für die Provinzialität und Mittelmäßigkeit der Stadt.)

Der Mediapark aber ist weder City noch ein klassisches Stadtviertel, sondern etwas zumindest für diese Stadt Neues. Paradoxerweise erfüllt sich in ihm zugleich eine nostalgische Forderung aller Kritiker der Unwirtlichkeit unserer Städte, nämlich die nach der Einheit von Arbeit, Wohnen und Freizeit. Die beiden Häuser, in denen sich bisher Medienfirmen, Rundfunk- und Fernsehanstalten, eine Kulturstiftung, ein Buchladen, das August-Sander-Archiv und andere angesiedelt haben (das *Agfa-Haus* und das *Komed-Haus*), werden auf der einen Seite von einem Wohnkomplex flankiert, auf der anderen von einem riesigen Kinokomplex, dem *Cinedom*, der in seinen gewaltigen Ausmaßen und seiner Glas- und Kuppelarchitektur tatsächlich etwas Sakrales hat. Daß die Wohnhäuser die Slums von morgen seien, wie ich es selbst noch vor kurzem geglaubt habe, scheint sich nicht zu bewahrheiten. Die Menschen, die dort am Wochenende oder an schönen Sommerabenden auf ihren Balkonen sitzen, sehen recht zufrieden aus, und zumindest von außen ist an den Häusern noch kein Zeichen von Vandalismus wahrzunehmen, sonst immer ein Indiz von Verslumung. Die pessimistischen Prognosen der Vergangenheit werden ohnehin, so scheint es mir jedenfalls, nach und nach widerlegt. Sowohl im *Agfa-Haus* wie im *Komed-Haus* befindet sich im Erdgeschoß eine Gastronomie, die nicht nur an den Arbeitstagen floriert, sondern auch an Wochenenden aufgesucht wird. Demnächst soll mit dem Bau eines Hotels begonnen werden. Kinder und Jugendliche schätzen das weitläufige gepflasterte Gelände, weil es sich gut zum Inline-Skaten und ähnlichen Fortbewegungsübungen eignet.

Das Leben im Mediapark wird überhaupt wesentlich von jungen Leuten bestimmt. Manche scheinen kaum achtzehn zu sein, die unter Dreißigjährigen jedenfalls stellen die Mehrzahl der hier Beschäftigten. Mittags, wenn sich die beiden gastronomischen Betriebe füllen, ist das leicht festzustellen. Sie fühlen sich wohl hier, winken einander zu, es herrscht *corporate identity*. Sie machen nicht den Eindruck, als fühlten sie sich in ein Ghetto am Rande der City verbannt.

Was hier entsteht, wovon noch kaum mehr zu sehen ist als die ersten Keime, das ist vielleicht eine neue Gestalt von Urbanität, die die alte, uns vertraute ablösen wird. Sie ist nicht mehr an Boulevards und Plätze gebunden. Der Tausch von Waren und Informationen verlangt zwar den Markt, aber er braucht nicht unbedingt einen Marktplatz. Und auch der Begriff des Zentrums wird seiner Aura entkleidet. Städte haben nicht länger mehr nur einen Mittelpunkt, ein Herz, ohne das sie nicht funktionieren würden. Es müssen nicht mehr die Fifth Avenue oder die Champs-Elysées sein. Überhaupt Paris: Die Stadt, die nach dem Maßstab der klassischen Urbanität zweifellos die schönste der Welt ist und auf den Flaneur und Stadtläufer immer wieder überwältigend wirkt, zieht diese überwältigende Kraft doch gerade aus ihrem leicht musealen Charakter. Nach wie vor sehr lebendig, ist sie auch ein permanentes Zitat ihrer selbst. Das Etikett von der Hauptstadt des neunzehnten Jahrhunderts oder die nostalgische Erinnerung an die *rive gauche* der Nachkriegszeit haften ihr an. (Juliette Gréco als Ehrenvorsitzende einer Vereinigung, die Saint-Germain-des-Prés vor dem kommerziellen Zugriff retten will.) Bei aller Faszination, die von der Stadt ausgeht, kann sie kaum als Modell für die Zukunft gelten. Allein schon die imperiale Geste wäre lächerlich, und würde man die architektonische Geschlossenheit von Paris imitieren wollen, wäre die Lüge offenkundig. Der Baron Haussmann unserer Zeit hätte andere Konzepte zu entwickeln. Vom Begriff wie vom Bild der Metropole muß man sich vermutlich verabschieden, auch wenn man dies derzeit in Berlin nicht glauben mag.

Es wären Konzepte, die eher dem Fragmentarischen und der Lücke verpflichtet sind. Davon ist im Mediapark einiges zu sehen. Das hängt nicht unbedingt mit einem Programm zusammen (das geschlossene Konzept fürs Fragmentarische wäre auch ein Widerspruch), sondern mit der Tatsache, daß er nicht fertig ist: auf eine so überzeugende Art und Weise, daß man sich wünscht, er möge auch nicht fertig werden. Doch die ungenutzten Flächen, die Baukrater, die Drahtzäune verbinden sich mit dem schon bebauten Gelände zu einem Möglichkeitsraum. Ein Stück roher Urbanität, die keine Perfektion vorspiegelt. Diese rohe Urbanität wird bei allen Änderungsprozessen hoffentlich bleiben, denn genau sie macht die neue Qualität dieses Geländes aus. Nichts schlimmer als die Vorstellung, die Architektur des irgendwann *fertigen* Mediaparks würde sich um eine Pseudopiazza schmiegen, auf der städtisches Leben und Flanerie simuliert werden. Die Kids mit den Inline-Skates mögen dies auch in Zukunft verhindern.

Louis Aragon hat 1924 seinen vielleicht schönsten Text einer Pariser Passage gewidmet, der Passage de l'Opéra, die heute nicht mehr existiert. »Meergrüner, gewissermaßen tiefseehafter Lichtschein, der der jähen Helligkeit ähnelt, die aufleuchtet, wenn man einen Rock hochhebt und darunter ein Bein bloßlegt.« Solche Assoziationen hätten ihn beim Gang durch eine der heutigen deutschen Ladenpassagen gewiß nicht gestreift, und auch Walter Benjamin, dessen Fragment gebliebenes Hauptwerk den Pariser Passagen insgesamt gelten sollte, hätte sich durch ihre Geschwister von heute nicht zu jahrzehntelanger lustvoller Arbeit hinreißen lassen.

Dabei haben die Passagen von früher nichts anderes bezweckt als die von heute: den Stadtspaziergänger in einen Kunden zu verwandeln, der sich im Labyrinth der Waren verliert und schließlich ihrer Verlockung erliegt. Unsere modernen Bazare und Ladenstädte aber, hat man sie einmal betreten, wecken vor allem den Wunsch, sie möglichst schnell wieder zu verlassen. Denn mehr als alles andere verbreiten sie ein Gefühl der Enge und der Traurigkeit. Wer je eine der rauchenden und pausenlos telefonierenden Damen beobachtet, die einsam in einer leeren Boutique sitzen, wird dem Impuls zum Mitleid nicht widerstehen können. Einen besonders traurigen Eindruck machen die Gastronomiebetriebe: dunkel und leer, und immer zweifelt man, ob man hier wirklich etwas bestellen könnte.

Das gilt für die billigen Passagen wie etwa den Bazar de Cologne; in anderer Form gilt es aber auch für die feinen Ladengalerien, sei es das Magna Plaza in Amsterdams ehemaliger Hauptpost oder die Kö-Galerie in Düsseldorf. Beiden Klassen ist gemeinsam, daß sie kein Geheimnis mehr bergen. In den Billigpassagen sind es die Grellheit und Dissonanz der Ladenschilder und das Sammelsurium von Sonderangeboten, die man ganz woanders vermutet hätte, die uns vertreiben. An den nobleren Plätzen ist es die entmischte Komposition. Immer dieselben Edelmarken stehen hier Schulter an Schulter, eine eingeschlossene Welt ohne Geheimnis und ohne Tiefe.

Die Passage de l'Opéra beherbergte Bäder, ein Hotel und das Théâtre Moderne. Außerdem waren die Pariser Passagen, folgt man den Schilderungen von Aragon und Benjamin, unter anderem auch ein Ort des Verbotenen und der käuflichen Lust. Das ist nun wahrlich in den heutigen undenkbar, allein deshalb schon, weil in ihnen das urbane Leben, das den ganzen Tag nicht richtig wach geworden ist, am frühen Abend sanft entschlummert und, allen Bemühungen der Gastronomie zum Trotz, der Leere Platz macht.

Die Enttäuschung, die diese Orte unweigerlich für den Besucher bereithalten, hängt damit zusammen, daß sie keine wirklichen Passagen mehr sind, sondern shopping malls. Wer sich in ihnen bewegt, bekommt gleichsam körperlich mitgeteilt, daß seine Bewegungen dem Konsum zu dienen haben. Er wird nicht gelockt und verführt, sondern gezerrt und vergewaltigt. Das ist nicht anders als im herkömmlichen Warenhaus. Zur klassischen Passage aber, das ist seit Walter Benjamin Credo und Gemeinplatz der Intelligenz, gehört die Figur des Flaneurs. In den shopping malls ist die Flanerie ebensowenig möglich wie im Warenhaus. Man schlendert hier nicht, sondern wird geschoben und möchte zwischendurch immer wieder Augen und Ohren schließen. Weniger zarte Gemüter allerdings haben damit keine Schwierigkeiten, sondern werden eher angeregt. Für sie sind solche shopping malls eine weitere Erlebniswelt wie Phantasialand oder das Spaßbad. Darauf beruht das Konzept eines Unternehmens wie Centr*O.* in Oberhausen. Hier hat auf dem Sektor des Konsums endgültig die Demokratie und die Gleichheit gesiegt. Aragon und Benjamin mit ihren ausgeprägten Sympathien für den Marxismus hätten sich dennoch, dessen darf man gewiß sein, angesichts dieses Sieges vor Ekel geschüttelt.

Auf manchen Sektoren haben sich im Zuge dieses Prozesses demokratische Monokulturen gebildet für die Angehörigen der Mittelschicht oder diejenigen, die sich dafür halten. Während dem bekannten unmöglichen Möbelhaus aus Schweden längst der Einbruch in alle Klassen gelungen ist, zielt *habitat* mit seinem etwas verfeinerten Design auf den als geschmackssicher eingeschätzten Angestellten, Computerfachmann, Intelligenzler. Man präsentiert sich auch nicht auf der freien Wiese, sondern in der City, und zwar möglichst in der besten Lage. Nicht das Preiswerte wird betont, sondern Urbanität, und die Geschäfte sollen so intim sein, wie es gerade noch möglich ist: keine Regale für Selbstabholer in riesigen Lagerhallen. Aber auch hier tragen die Möbel noch Namen, damit man sie besser rufen und nach Hause tragen kann, nur, daß sie nicht skandinavisch sind, sondern Slumber, Lennox, Verdi oder Abaton heißen.

Auf dem Sektor des primären Narzißmus, der Körperpflege, hat sich der *Body Shop* dieser Zielgruppe bemächtigt. Wie hier Seifen, Badeöle, Shampoos, Haargels, Düfte verpackt werden, das hat zum einen den Hauch von Luxus, ist aber nicht elitär, sondern demokratisch. Jeder

Gutwillige, so ist die Botschaft, kann und soll an diesem Luxus teilhaben. Als gutwillig muß er sich allerdings erweisen. Das ist nicht schwer, denn sein ökologisches Gewissen wird gleich zweifach erleichtert. Zum einen kann er sich sein Fläschchen mit dem Pink Grapefruit Badeöl immer wieder auffüllen lassen (»Wir wollen alle unsere Verpakkungen zurück!«), und zum anderen wird ihm versichert, daß alle diese Produkte, die dem eigenen Leib schmeicheln, ohne Tierversuche entwickelt wurden.

Die Kunden, die sich in diesen demokratischen Monokulturen bewegen, kennen sich aus. Ihre Gesichter sind noch freudiger erregt als sonst beim Konsum, weil ihnen hier nicht die einzelne Ware, sondern eine ganze Lebensform angeboten wird. Sie müssen nur ja sagen, müssen nur kaufen, um dazuzugehören. Zuweilen nicken bei der Begutachtung der einzelnen Stücke zwei Kundinnen einander zu, die sich vorher nicht kannten; Paare kommen miteinander ins Gespräch. Es ist ein Ort, der sie eint. Eine vernünftige, praktische, geschmackvolle Welt, in der kein Platz für Katastrophen ist.

Aus: Jochen Schimmang
Vertrautes Gelände, besetzte Stadt
Schöffling & Co. 1998

Michael Rutschky

Das Reden von Berlin

Haben Sie's gleich mitbekommen? Den Doppelsinn, meine ich. Wer redet von Berlin, die Stadt, womöglich, von sich selber, und nicht nur ich, einer ihrer Unmengen Bewohner?

Tatsächlich redet die Stadt ununterbrochen von sich selber. Könnte man das Reden sehen, es müßte wie der Lichtschein sein, der, wenn man nachts durch die dunkle Mark Brandenburg anreist, als erste Emanation der großen Stadt zu erblicken ist – der *zwei* Städte, wie man, nach allem, doch sagen muß: nicht Berlin und Kölln, die Ursprungsdörfer, nein, das ist tiefe, aber, wie es sich für die so beredte Stadt gehört, allzeit präsente Vergangenheit, sondern »Westberlin« sowie »die Hauptstadt«, wie man auch in Westberlin ganz gern sagt, also »a tale of two cities«.

Also, der Lichtschein. Als Kind, in einem Reisebus der Firma P. Kühn die finstere *Sowjetzone* durchquerend, erblickte ich ihn durchaus als die Vorausdeutung des Paradieses, wie man es halt aus der Finsternis dieses tiefen Tales zu erblicken hat – was nicht die besondere Phantasiebegabung dieses Kindes bezeugt, sondern nur, wie gut es in die entsprechenden Deutungsmuster bereits eingeübt war. Denn die Stadt in der Ferne als Schimmer der Erwartung, das erkennen wir doch leicht als mythisches Schema. Wobei ich annehme, daß dies Schema von vornherein mit zwei Vorzeichen angewandt werden konnte, »two cities« von Anfang an: die Stadt des Lichts, Zion vermutlich, sowie die große Hure Babylon, Inbegriff von Lust und Untergang; vielleicht soll das Schema auch eines der Sozialisation darstellen: Die Stadt des Lichts wird die Heimatstadt sein, wohin man zurückkehrt, die andere aber Inbegriff der Fremde, in die der Jüngling, Vater und Mutter verlassend, hinausmuß. Will man auf den binären Code nicht hereinfallen, sieht man in der großen Stadt ohne Umschweife beides, Heimat wie Fremde – ausgerechnet bei Oswald Spengler, einem der Päpste des Kulturpessimismus, habe ich gelesen: »Das Heimweh nach der großen Stadt ist stärker vielleicht als jedes andere.«

Ich war auf den Lichtschein, als der Berlin über der nachtdunklen Mark Brandenburg liegt, wegen des Redens gekommen, das Berlin ununterbrochen von sich gibt und das man wie diesen Schimmer sollte sehen können: Ich denke, wie dieser Schimmer der Erwartung ein mythisches Schema der großen Stadt aufruft, um verständlicher zu werden, Zion/Babylon, das ist schon ein triftiges Beispiel dafür, wie beredt die große Stadt ist, wie sie sich ununterbrochen selbst mitteilt.

Im Jahr 1987 freilich, wo ich dies schreibe und wo die Stadt, wo beide Städte die 750. Wiederkehr ihres, wie es sich gehört, mythisch-unklaren Geburtstags feiern, muß man den ganzen Tag lang auf eine andere Beredsamkeit gefaßt sein, die inszenierte Beredsamkeit dieser Festivitäten, vor der es kein Entkommen gibt. Straße des 17. Juni, Musikpavillon: Die Spreetaler. Berliner Musik, Swing, Dixieland. Straße des 17. Juni, Spiegelzelt: Helga und Clement de Wroblewsky. Berliner Flugblattlieder, Spottverse, Gassenhauer. Straße des 17. Juni, Nostalgiezelt: Kurt Steinkrauß. Gedichte in Berliner Mundart. Großer Stern: »Da machste wat mit«. Berlin seit '45. Eine musikalische Revue. Regie, Ausstattung und Choreographie Helmut Baumann und Jürgen Burth. Dirigent Rolf Kühn. Buch Volker Kühn. RIAS-Tanzorchester, -Rockband und -Jugendorchester. US-Army Berlin Brigade Band. One Glosters Band. King's Own Scottish Boarderers. Band of the Black Watch. Musique du 46ième régiment d'infanterie. Bläserensemble der Berliner Capella. Einstudierung Peter Schwarz. Tanzschule R. Keller. Berliner Turnerbund. Mit Uschi Flacke. Uta Hallant. Brigitte Mira. Joachim Kemmer. Felix Martin. Ralf Wolter. »Munich Voices« als »Andrews Sisters«. Nina Hagen. Rio Reiser. In Zusammenarbeit mit dem Theater des Westens und dem RIAS Berlin.

Und das war natürlich nur ein ganz, ganz kleiner Ausschnitt. Berliner Stadtlandschaften. Internationale Bauausstellung Berlin 1987. 150 Jahre Borsig in Berlin. Momentaufnahme: Berliner Kunst – Berliner Künstler 1987. Große Berliner aus dem Osten. Die Reise nach Berlin. Das halbe Leben: Geschichte und Gegenwart des arbeitenden Berlin. Transit '87: Griechenland und Jugoslawien in Berlin. Topographie des Terrors: Dokumentation zur Geschichte des Gestapo- und SS-Geländes, Prinz-Albrecht-Straße/Wilhelmstraße. Bürger, Bauer, Edelmann: Berlin im Mittelalter. Bezirkswoche Spandau. Bezirkswoche Neukölln. Bezirkswoche Schöneberg. Queen's Birthday Parade. Mythos Berlin. Wissenschaften in Berlin. Bezirkswoche Wilmersdorf …

So redet die Stadt im Jahr 1987 verschärft von sich selbst. Die andere Stadt natürlich auch.

Was sagt unsereins, die Intelligentsia, dazu?

Einerseits ist sie intensiv daran beteiligt, an all diesen Inszenierungen – ich hier ja auch. »Jeder hat halt sein Projekt«, wie kürzlich einer kritisch-selbstkritisch bemerkte.

Andererseits findet sie es abscheulich, dies fett dröhnende Reden Berlins von sich selber. Ruhe! möchte man rufen, sei doch endlich mal still!

Und so finden in den Zeitungen der Stadt Diskussionen darüber statt, wie die Stadt »sich zu Tode feiert«. Die Kritik der Festivitäten ist Teil der Festivitäten; denn auch die Kritik ist natürlich Rede und verfängt sich sofort in dem allgemeinen Reden, das die Stadt ohnedies, in diesem Jahr verschärft, abstrahlt.

Eine Untergruppierung der Kritik-Fraktion hat auf dem Gelände des ehemaligen Anhalter Bahnhofs, nahe dem Stadtkern, als die beiden noch eine Stadt waren, einen ganz eigenartigen Spielplatz erhalten: Unter dem Titel »Mythos Berlin« darf sie zeigen, daß die Intelligentsia mehr vermag als reden; daß sie zu jenem Kraftzentrum des Redens vorzudringen vermag, das im Schweigen liegt und aus dem alles Reden sich speist, dem Mythos und seiner Macht …

Das ist natürlich fürchterlich schiefgegangen. Sie stolpern durch lauter Andeutungen, und wenn Sie darüber nicht in schlechte Laune geraten, fällt Ihnen rechtzeitig Robert Gernhardt ein: »Mein Gott, ist das beziehungsreich!/Ich glaub', ich übergeb' mich gleich.« Neulich hat dort Wolf Vostell, Künstler, mit Hilfe mehrerer Kräne eine Lokomotive auf den Rücken gedreht, »La Tortuga«, das Mittelmeer in Berlin, und der Vorsitzende dieser Untergruppierung der einheimischen Kritik-Fraktion, Eberhard Knödler-Bunte mit Namen, hat natürlich etwas sagen müssen zu dieser ohnedies schon allzu viel sagenden Szenerie: »Die kraftvolle Bewegung, mit der hier eine Masse von Stahl umgedreht und ein neues, einprägsames Bild hergestellt wird, das sich, massenmedial verbreitet, in unseren Köpfen festsetzt, löst mehr Energien und Perspektiven aus als jede noch so liebevolle Rekonstruktion des 19. Jahrhunderts, wie weit es auch noch in unsere Gegenwart hineinragen mag. Berlin braucht diese Kraft von Gegenwart, um seine neuen Funktionen und Aufgaben wahrnehmen zu können.«

Na! schrieb dazu der Kritiker H. in einer, der linksradikalen unserer Zeitungen, jetzt redet dieser Unterfraktionsvorsitzende der Intelligentsia (der im übrigen seine verblüffende Ähnlichkeit mit einem der Lokalheiligen, Walter Benjamin, kultiviert) – jetzt redet Eberhard Knödler-Bunte schon haargenau wie sein Gegenüber, Eberhard Diepgen, der Regierende Bürgermeister!

Und ich?

Ich teile das alles mit.

Aber wir sind ja noch gar nicht so weit, am Anhalter Bahnhof oder dem Großen Stern, wo die Siegessäule steht und von dem zweiseitig die Straße des 17. Juni abzweigt, die auf der einen Seite zum Brandenburger Tor führt und dort endet, früher natürlich, als sie noch Charlottenburger Chaussee hieß, hindurchgeführt hat, über die Linden zum Alexanderplatz – nur damit Sie ungefähr wissen, wo wir uns eben aufgehalten haben, im Tiergarten nämlich, damals vor den Toren der Stadt gelegen, jetzt der Zentralpark der einen.

Aber wir sind eben noch gar nicht so weit. Wir sind eigentlich noch draußen, wo die große Stadt als Schimmer der Erwartung über der nächtlichen Mark Brandenburg liegt, der finsteren *Sowjetzone*, wie man bis tief in die sechziger Jahre hinein offiziell sagte, und es existiert eine Fraktion unter den Einwohnern von Westberlin, die sich an diesem Sprachgebrauch immer noch labt; daß diese Fraktion auch in der Hauptstadt der DDR vertreten ist, können wir annehmen, aber man hört nichts davon (während man beispielsweise hören kann, daß in der Hauptstadt die *Prawda* anhaltend ausverkauft ist, weil diejenigen, die auf dem sozialistischen Gymnasium Pflichtrussisch ordentlich betrieben haben, sich auf sie stürzen, an den Zeitungskiosken gleich nach Erscheinen, und all die revolutionären Nachrichten verbreiten, die in Gorbatschows Sowjetunion zutage treten dürfen, während das offizielle *Neue Deutschland* sie unterschlägt – ein Typus von Geschichte, den die Intelligentsia der Hauptstadt liebt, weil er die eigene Regierung als *overprotective*, ein kleinbürgerlich-ängstliches Elternpaar darstellt, das aber in Konflikt mit den Großeltern, der Sowjetunion, geraten kann, was die Enkel so amüsiert – die Botschaft der Sowjetunion, im Stil von Stalins Postmoderne ausgeführt, fänden Sie nach der Wanderung durch das Brandenburger Tor gleich rechts Unter den Linden, dieser große weiße Leninkopf im Vorgarten).

Die große Stadt versetzt die Literatur in eine eigentümliche Lage. Sie hat ein neues anthropologisches Modell für das Schreiben hervorgebracht.

Normalerweise stellen Sie es sich doch so vor: Das Schreiben bevölkert die schweigende Mark Brandenburg oder die Natur oder die Wirklichkeit oder die Welt oder wie Sie es nennen wollen, mit Worten; im Schreiben wird der Stille die Sprache abgekämpft. So habe ich es bei dem Schriftsteller Anthony Burgess gelesen, der es seinerseits bei dem Anthropologen Bronislaw Malinowski gelesen hatte: die Grunzlaute der Urhorde in der prähistorischen Nacht, ja, hier bin ich, die Angst und Einsamkeit lindern und den Zusammenhang der Menschheit in einer feindselig-indifferenten, jedenfalls sprachlosen Welt stiften.

Das Schreiben entsteht am Übergang von Natur in Kultur – deshalb konnte es so lange als Inbegriff von Kultur gelten!

Im Grunde haben wir es dabei jedoch mit einem anthropologischen Konzept der Vormoderne zu tun, als sich die Menschengesellschaft tatsächlich kaum von der sprachlosen Natur abgehoben hatte und fortlaufend vom Rückfall ins Schweigen bedroht war, weshalb jedes fixierte Wort als Kostbarkeit gelten konnte.

So hätten sie es auch heute nur allzu gern, die Dichter! Womöglich soll das dichterische Wort zur unverzichtbaren Ressource erklärt werden, die staatlicherseits zu hegen und zu pflegen sei: »Erst stirbt das Hörspiel, dann sterben die Wale!« Wobei übrigens beide Städte Berlin

Protagonisten wären: Westberlin hat seine Literatur stets regierungsamtlich gehegt und gepflegt; und der real existierende Sozialismus glaubt ja wie sonst kaum noch jemand an die Literatur ...

Aber in der modernen Welt, deren Inbegriff die große Stadt ist, bleibt dies Modell eigentlich hinter der anthropologischen Lage zurück; denn bei der großen Stadt befinden wir uns halt in einer Welt, die von sich aus überaus beredt ist; hier braucht niemand das Schweigen mit Wörtern zu füllen, auch wenn gar keine 750-Jahr-Feier, die die natürliche Beredsamkeit der Stadt unermeßlich steigert, ansteht, im Gegenteil.

Im Gegenteil. In der großen Stadt empfindet die Literatur nur allzu oft den dringenden Wunsch, aus dieser allgegenwärtigen Beredsamkeit der Welt in die Wortlosigkeit zurückzukehren, Sprache in Schweigen zurückzuverwandeln, was, weil Literatur halt aus Worten gemacht ist, zu höchst paradoxen, wenn nicht sogar blutigen Arbeiten führt. Das verbindliche Modell hierfür wäre jedenfalls die Rückkehr von Kultur in Natur; die Poesie öffnet ein schwarzes Loch, das alles Reden, wie es sich auch sträubt, verschlingt.

Ich möchte diesen Text hier, wenn mir nicht andauernd meine eigene Beredsamkeit dazwischen käme, entlang der Straße organisieren, die von Potsdam zum Potsdamer Platz führt. Hinter Ihnen läge jetzt die Glienicker Brücke – über die, wie man zuweilen überall auf der Welt in Zeitungen lesen und im TV sehen kann, die Spione aus der Kälte zu kommen pflegen, und eine junge Frau aus den USA war, als sie uns besuchte, höchst verblüfft, daß diese eben wieder einmal weltweit publizierte Glienicker Brücke ganz am Rande der Stadt liegt und nicht in ihrem Zentrum, »between the two cities« – ein anderes Bild, natürlich, für den Übergang von Natur in Kultur.

Bevor der Ort Wannsee beginnt, meldet sich die Mark Brandenburg noch einmal eindringlich bei Ihnen mit ihren Wäldern, rechts und links der Straße dunkle Wände. Die Einwohner der Stadt, welche sie endlich einmal hinter sich lassen wollen, um in die Natur draußen einzutauchen, kommen hier schon beim Autofahren gut auf ihre Kosten.

Stadtwärts, hinter dem Ort Wannsee und der gleichnamigen Wasserfläche, wenn Sie rechts abbiegen und von dieser Straße, die an Eisenbahngeleisen entlangführt, noch einmal rechts, einen Pfad unter Bäumen zum Wasser hinunter: Dann stehen Sie am Grab Heinrich von Kleists. Hier hat er, am 21. November 1811, erst Henriette Vogel erschossen, dann sich selbst.

Wir können diesen Selbstmord als den Höhepunkt von Kleists poetischer Rede auffassen. Dies ist also eine der blutigen Versionen des modernen Schreibens, das vom Reden ins Schweigen, von der Kultur in die Natur zurückwill.

Die große Stadt hat natürlich überhaupt keine Schwierigkeiten, das in ihre Beredsamkeit aufzunehmen: Kleists Grab befindet sich in einer kleinen Parkanlage, unter dichten Bäumen, und wer davor steht, hat die Empfindung einer Stille, die sich deutlich abgrenzt von dem Verkehrslärm der S-Bahn und der Autos drüben auf der Königstraße, auch von den Wassersportlern mit ihren Ruder- und Segelbooten unten auf dem Kleinen Wannsee. Stille gegen Lärm; wenn Sie vor Kleists Grab stehen und dies Schema realisieren, nehmen Sie also haargenau die Haltung ein, welche die Stadtinszenierung für Sie vorgesehen hat.

Der Weg aus dem Reden ins Schweigen, der Kultur in die Natur, dem Dasein ins Nichts: Der fortgeschrittene Stadtbewohner ist nicht darauf angewiesen, daß ihm dies Muster von der Szenerie, in der er sich gerade befindet, aufgenötigt wird. So habe ich mir mal von J. erzählen lassen, wie sie, Gäste erwartend, aus Westdeutschland – so heißt die Bundesrepublik nun mal in Westberlin –, auf dem Bahnhof Wannsee nicht mehr loskam von der Phantasie, der Schienenstrang verliere sich dort nicht bloß zwischen grünem Gebüsch, nein, nach dem Gebüsch, hinter jener Kurve ende buchstäblich die Welt. Der Zug aus Westdeutschland, den sie erwartete, hätte die DDR gar nicht physisch durchquert, nein, er würde sich kurz vor jener Kurve, bevor sie ihn sähe also, überhaupt erst materialisieren – kurzum, der Perron des Bahnhofs Wannsee, auf dem J. von diesem Phantasma in Bann geschlagen wurde, war, diesem Phantasma zufolge, eine Hafenmole ins Nichts …

Die Straße von Potsdam zum Potsdamer Platz ist ein ungeheuer langes, ununterbrochenes Stück, das von Wannsee über Zehlendorf,

Dahlem, Steglitz, Friedenau, Schöneberg in den Bezirk Tiergarten führt, wo der Potsdamer Platz liegt. Das Straßenschild, dem Sie ununterbrochen folgen, weist Sie nach »Berlin Mitte«; und ich habe in der Tat mal in Tiergarten unten einem verzweifelten italienischen Autofahrer erklären müssen, daß er so nicht in die City gelangen werde: »Die City, das ist Charlottenburg!« Daß sie über diese Straße nach Berlin Mitte gelangen, das ist eine Fiktion, denn Berlin Mitte liegt in der anderen Stadt, in der Hauptstadt der DDR – sollten Sie eine Stadtrundfahrt machen, wird Ihnen der Fremdenführer routiniert erklären, daß das Straßenschild eine Utopie verkörpert: Es soll den anhaltenden Wunsch der Einwohner zum Ausdruck bringen, daß aus den »two cities« wieder eine wird; mit den Straßenschildern sei die andere Stadt in der unseren enthalten – eine Utopie, die unterdessen freilich ausländische Autofahrer verwirrt.

Das lange Stück Straße, das Sie hinunterfahren, heißt mal Königstraße (in Wannsee, das hatten wir schon), dann Potsdamer Chaussee, dann Berliner Straße, dann Unter den Eichen – was, wie ich mir von einem der zahlreichen Berlinologen habe erklären lassen, wiederum die Stadt Potsdam enthält, insofern der Stadtname nämlich in der Sprache der Ureinwohner nichts anderes als »Unter den Eichen« bedeutete, was als Straßenname wiederum natürlich am anderen Ende »Unter den Linden« enthält, und überhaupt, denke ich, gibt es wohl nur noch in Japan so viele einheimische Theoretiker, die Ihnen auf Anhieb so haargenau erklären können, was Berlin bzw. Japan eigentlich sei und wie alles mit allem zusammenhängt –, dann haben Sie in Steglitz die Schloßstraße erreicht.

Hier finden Sie kurz hinter dem Rathaus Steglitz – wilhelminische Backsteingotik – und dem Steglitzer Kreisel – einem Skandalmonument des Etatismus: Der Staat mußte Mitte der siebziger Jahre dem zusammengebrochenen Kapital, das an der Vermietung dieses Hochhauses sich ordentlich hatte vermehren wollen, unter die Arme greifen –, hier finden Sie linkerhand in der Schloßstraße das alteingesessene Delikatessengeschäft Nöthling, in dem, wie ich mir von einem anderen Berlinologen habe erklären lassen, 1938 Ernst Jüngers berühmt-berüchtigtes Traumstück »Violette Endivien« spielt. (Ich habe mir bei Nöthling mal eine Glasflasche kandierter Veilchen gekauft, einem Hinweis von Horkheimer und Adorno folgend, die an diesem Konfekt noch den Zauber des Blumen-Essens erkannten, das den Lotophagen in der *Odyssee* seliges Vergessen der Individuation schenkt – wir schreiben die siebziger Jahre; alle hörten Gustav Mahler und dachten an Stammheim. Die kandierten Veilchen schmeckten enttäuschend, Heu mit Zucker.)

»Ich trat in ein üppiges Schlemmergeschäft ein, weil eine im Schaufenster ausgestellte, ganz besondere, violette Art von Endivien mir aufgefallen war. Es überraschte mich nicht, daß der Verkäufer mir erklärte, die einzige Sorte Fleisch, für die dieses Gericht als Zukost in Frage käme, sei Menschenfleisch – ich hatte das vielmehr schon dunkel vorausgeahnt.

Es entspann sich eine lange Unterhaltung über die Art der Zubereitung, dann stiegen wir in die Kühlräume hinab, in denen ich die Menschen, wie Hasen vor dem Laden eines Wildbrethändlers, an den Wänden hängen sah. Der Verkäufer hob besonders hervor, daß ich hier durchweg auf der Jagd erbeutete, und nicht etwa in den Zuchtanstalten reihenweise gemästete Stücke betrachtete: ›magerer, aber – ich sage das nicht, um Reklame zu machen – weit aromatischer‹. Die Hände, Füße und Köpfe waren in besonderen Schüsseln ausgestellt und mit kleinen Preistäfelchen besteckt.

Als wir die Treppe wieder hinaufstiegen, machte ich die Bemerkung: ›Ich wußte nicht, daß die Zivilisation in dieser Stadt schon so weit fortgeschritten ist‹ – worauf der Verkäufer einen Augenblick zu stutzen schien, um dann mit einem sehr verbindlichen Lächeln zu quittieren.«

Kultur/Natur: In die allgemeine Beredsamkeit hinein einen Traumtext zu schicken, der auf opak stilisiert ist, das entspricht unsrem anthropologischen Modell für die Literatur der großen Stadt, wo die Welt ununterbrochen redet, weshalb die Literatur auf Schweigen zielt, genau. Träume sind, wie man, gerade Freud folgend, sagen kann, Naturtexte, die sich, in ihrem Originalzustand, absolut der kommunikativen Verständlichkeit entziehen und nur auf einem mühseligen Interpretationsumweg in diese, in die Kultur hineintransportiert werden können, wobei über dem, was am Ende als halbwegs verständlicher Sinn öffentlich daliegt, immer auch der schwere Zweifel waltet, ob das wirklich draußen, in der Natur, im Schlaf gemeint war? Der Traum ist keine Sprache; wäre er eine, man müßte ja einen beliebigen Wachtext in ihn zurückübersetzen können.

Nun ist es freilich nicht ganz richtig, daß Jünger seinen Traumtext opak belassen oder auf opak stilisiert hätte: Der Traum ist ein Stück Kulturkritik, das geradezu vorbildlich die große Stadt nach dem Schema Kultur/Natur abhandelt – die kulturkritische Pointe ist, denke ich, Ergebnis jener »sekundären Bearbeitung«, der, so Freud, »unser waches Denken« den Traum als Natur sogleich unterwirft, indem er »an den Trauminhalt mit dem Anspruch herantritt, er müsse verständlich sein, ihn einer ersten Deutung unterzieht und dadurch das volle Mißverständnis desselben herbeiführt«.

Kultur/Natur: In der großen Stadt, soll Jüngers Traum demnach bedeuten, wo die Kultur am weitesten fortgeschritten ist, schlägt sie an diesem höchsten Punkt in Natur zurück, der Delikatessenladen, *shop of horrors,* bedient die Kannibalen, der am weitesten verfeinerte Geschmack ist zugleich der roheste. Und wir können auch unser zweites Schema für die große Stadt, das ich bislang vernachlässigt habe, ohne allzu große Mühe applizieren, Zion/Babylon, Paradies und Hölle. Das Paradies, das die am weitesten fortgeschrittene Kultur in der großen Stadt zu installieren meint, *ist* die Hölle; wobei diese konservative Idee fest an den Nihilismus der Warenwelt geknüpft zu sein scheint – die großen Städte sind die großen Märkte: es sind die Leuchtreklamen, mit denen die große Stadt vor allem in dem Dunkel draußen schimmert: Daß die vorgeschichtliche Barbarei in einem Delikatessenladen wiederkehrt, in dessen Kühlraum das Menschenwild rationell gelagert wird, das macht die Zivilisation vollends abscheulich – hätte einer im Tiergarten sein Stück Mensch erwürgt, geröstet und verzehrt, das wäre unverändert abscheulich, aber bloß ein einzelner exorbitanter Kriminalfall, nichts Typisches …

Aber was haben denn nun, mögen Sie unterbrechen, die violetten Endivien zu bedeuten, von denen das Traumstück ausgeht?

Na, was wohl? Die männlichen Genitalien natürlich. Es fehlt ja sonst jeder Hinweis, ob wir es mit Männer- oder Weiberfleisch zu tun haben.

Eben noch hat unsere lange Straße von Potsdam zum Potsdamer Platz »Rheinstraße« geheißen, jetzt aber »Hauptstraße«. Und ebenfalls linkerhand, in ungefähr demselben Abstand wie Nöthling zum Rathaus Steglitz, befand sich zum Rathaus Friedenau eine Diskothek namens »La Belle Club«, deretwegen 1986 angstvoll in unseren beiden Städten die Köpfe eingezogen wurden, von ihr möchte der Dritte Weltkrieg ausgehen: In der Nacht vom 4. auf den 5. April nämlich, präzise um ein Uhr fünfzig, explodierte hier eine Bombe nahe der Tanzfläche, verletzte knapp 200 Menschen und tötete auf der Stelle zwei, einen schwarzen US-Soldaten und eine junge türkische Frau (die im weiteren Lauf der Ereignisse nicht mehr vorkam). Der »La Belle Club« war übrigens in dem ehemaligen Kino »Roxy« untergebracht; in den siebziger Jahren hatten es kurzfristig die Maoisten zur »Großen Halle des Volkes« erklärt; dann war es, wiederum unter dem Namen »Roxy«, eine Diskothek geworden, die auf den postmodernen Chic, das Eleganzprogramm der achtziger Jahre vorausdeutete – da wirft ein weiterer Berlinologe dazwischen, ich hätte die Besiedlungsdaten des »Roxy« nicht so ganz richtig hingekriegt! Na, egal.

Sie wissen Bescheid: Präsident Reagan läßt Libyen bombardieren; Gaddafi soll in seinem Beduinenzelt dem Erdboden gleichgemacht werden, denn Gaddafi habe, über seine Botschaft in der Hauptstadt der DDR, den Attentätern die Bombe zugesteckt – damals war Gaddafi gerade der Inbegriff der Natur, der Barbarei, gegen den sich nichts weniger als die Menschheit im Namen der Kultur zusammenschließen sollte, Gaddafi = Hitler.

Auch der Dritte Weltkrieg wäre also von deutschem Boden ausgegangen. Und ganz und gar unschuldig wären wir daran ja insofern nicht gewesen, als die Energien, die da, ganz oberflächlich gesprochen, im Mittelmeerraum feindselig kollidierten, weil das etwas mit dem Staat Israel zu tun hat, letztlich von diesem Hitler und seinesgleichen freigesetzt worden sind, der von vielen als Retter vor eben der Barbarei angesehen wurde, die er dann ins Werk gesetzt hat, eine Barbarei, die tatsächlich technisch und organisatorisch auf dem allerhöchsten Stand war – später hat sich Jünger, haben sich insbesondere seine Apologeten dann rauszureden versucht: Das sei doch bloß Seismographie gewesen, was er in den dreißiger Jahren über die »Totale Mobilmachung« zu sagen gewußt hat, und nicht auch Propaganda dafür, diese Megamaschine, die den Körper der Gesellschaft durchdringt, weshalb jeder Menschennerv sozusagen den Zündfunken abgibt für das entsprechende Waffensystem …

Ja, ich finde, zu den kanonischen Texten, zu denen du immer wieder im Laufe deines Lebens zurückzukehren hast, gehören auch manche der verbotenen.

Die Hauptstraße endet am Kleistpark. Darin befindet sich ein Monumentalgebäude, wilhelminischer Barock. Ehemals das Preußische Kammergericht, dann der Volksgerichtshof der Nazis; seit 1945 sitzt hier der Alliierte Kontrollrat, die eigentliche Stadtregierung, wenn ich richtig verstanden habe, und das für beide Städte, aber ich weiß es nicht genau. Diese Stadtregierung hat auch nichts Genaues zu tun. Davor stehen die Busse der Stadtrundfahrten, während die Fremdenführer erklären: Preußisches Kammergericht – Volksgerichtshof – Alliierter Kontrollrat – »und hier vorn die Königskolonnaden aus dem 18. Jahrhundert, heute Kleistkolonnaden, die ursprünglich den Alexanderplatz zur Königstraße, heute Rathausstraße, abgeschlossen und schon 1910, beim Umbau des Alex, umgesetzt worden sind – Berlin war noch nie besonders pietätvoll in diesen Dingen.«

Schon am Kleistpark befinden wir uns in der Potsdamer Straße, und ich möchte zweier Eigentümlichkeiten der deutschen Tradition gedenken.

Von Schopenhauers Begriff des Willens, behaupte ich mal frech, ist die Libido abgespalten (und zur Bearbeitung der »jüdischen Wissenschaft« eines gewissen Freud überschrieben) worden; was dagegen philosophische Dignität erlangte sei Nietzsche, nicht zuletzt bei den Mandarinen der deutschen Universität, ist der Begriff der Macht, die als elementare Naturkraft den Kulturmenschen lockt und bedroht, er weiß es selber nicht so richtig.

Was in der Potsdamer Straße den Kulturmenschen lockt und bedroht, er weiß es selber nicht so richtig, das ist aber die Libido. Immer wieder ringelt sich eine Schlange, nachtdunkel oder glitzernd, auf ihn zu, läßt ihre Leuchtsignale kreisen und proponiert eine leckere kleine Umschlingung. Wir befinden uns in dem zentralen Hurenviertel unserer Stadt. Woran sich nun wunderschön zeigen ließe, wie das Schema Kultur/Natur überhaupt nur innerhalb der Kultur funktioniert: Huren kommen in der Natur bekanntlich nicht vor – aber innerhalb der großen Stadt gelten sie traditionell als Inbegriff derselben, ja, die große Hure Babylon ist eine Zentralimago der großen Stadt, lockend und bedrohlich zugleich.

Mit jener Aufspaltung von Schopenhauers »Willen« in (jüdische, igitt) Libido und andererseits sexualfreie Macht, der sich anheimzugeben dem deutschen Geist lange geziemt hat, mag eine zweite Eigentümlichkeit zusammenhängen: Daß, wer sich auf deutschem Terrain für das Überschreiten der Kulturgrenzen in Richtung Natur interessiert, leicht im Lager der politischen Rechten sich wiederfindet, die, ich werde immer frecher, die Gesellschaft vital unter Kontrolle bringen wollte, indem sie den Staat an die Naturkräfte anzuschließen suchte – eben dies war ja das Projekt der »Totalen Mobilmachung«. Später, als es gescheitert war, um das mindeste zu sagen, hat Jünger sich den »Waldgang« ausgedacht: Wir müssen heraus aus der Kultur, die auf den Untergang, herunter von dem Luxusschiff, das, wie die *Titanic*, auf den Eisberg zusteuert, wir müssen in den Wald, der, weil jenseits der Geschichte, immer da ist, uns wieder anschließen an seine Naturkräfte und seine Anarchie – was übrigens ziemlich genau die Überzeugung einer mächtigen Fraktion unserer Subkultur wiedergibt, die Jüngers Programm, ohne den Autor zu kennen, über Bioenergetik und was weiß ich für therapeutische Ostasiatika zu realisieren trachtet.

Als Studienrat, Sozialarbeiter et cetera beschäftigt vom Senat, der ohnedies der größte Arbeitgeber in unserer Stadt ist – oder als Arbeitsloser von ihm ausgehalten –, tritt diese Fraktion den Weg in den Wald inmitten der Stadt an. Die große Stadt *ist* nämlich der Wald – wenn jene doppelte Spaltung uns nicht so desorientiert hätte, wäre uns das schon länger klar gewesen: Seit dem *Paysan de Paris* (1926) von Aragon, den wegen dieser Optik auf die Kultur als Natur einer der größten unserer Heiligen, Walter Benjamin, so gepriesen hat.* Bei Aragon sind Libido und Macht noch vereint; und in den Verdacht, ein Rechter zu sein, ist er nie gekommen.

Die große Stadt ist der Wald, insofern sie die Warenwelt ist, in der eben auch, lockend und bedrohlich, jene nachtdunklen oder glitzernden Schlangen sich auf Sie zu ringeln. Die große Stadt ist der Wald nicht, insofern sie das Schweigen wäre, dies eben ganz und gar nicht: Ihre Beredsamkeit bedient sich des Waldes nur allzu leicht; heutzutage sind die Waldgänger meist städtische Angestellte oder Beamte – wahrscheinlich waren sie schon in den fünfziger Jahren, Jüngers *Waldgang* mit tiefer Zustimmung lesend, Studienräte. Zu den Ausstellungen, mit denen die Stadt sich anläßlich ihres Geburtstages selbst feiert, zählt auch diese: Bezirksamt Schöneberg, Potsdamer Straße 131; Dienstag bis Sonntag, 12 bis 18 Uhr: »Vergnügungsgewerbe rund um den Bülowbogen«. Streifzüge durch die Geschichte der Großstadt-Prostitution.

Gewiß, du kannst dich in diesem Wald immer noch so verirren, daß du darin umkommst.

Im Mai 1987 ist uns von Marie-Luise Scherer die Geschichte Ingrid Rogges erzählt worden, die es Ende der siebziger Jahre aus dem süddeutschen Raum nach Westberlin geradewegs gesaugt und die im tiefsten Kreuzberg, in SO 36, wo der Wald am dichtesten ist, Unterschlupf gefunden hatte. Diese Einwohner von SO 36 sehen sich selbst übrigens in einem paradiesischen Naturzustand, von dessen vollem Glück sie nur das *Schweinesystem*, der Staat insbesondere, verkörpert durch die Poli-

* »Sich in einer Stadt zurechtfinden heißt nicht viel. In einer Stadt sich aber zu verirren, wie man in einem Walde sich verirrt, braucht Schulung. Da müssen Straßennamen zu dem Irrenden so sprechen wie das Knacken trockener Reiser und kleine Straßen im Stadtinnern ihm die Tageszeiten so deutlich wie eine Bergmulde widerspiegeln ...« Walter Benjamin, *Berliner Kindheit um Neunzehnhundert*. Suhrkamp 1962

zei, durch seine Interventionen immer wieder abhält – ich pflege von dieser Fraktion der Subkultur zu behaupten, es seien die letzten Staatsfrommen; sie glauben in einem religiösen Sinne an den Staat, und ihre *fights* mit den *Bullen*, also die Verletzung der Staatstabus, bekräftigen diese Tabus ganz im Sinne von Georges Bataille, der den Mechanismus anläßlich der Sexualtabus analysiert hat.

Im September 1985 wird den Eltern von Ingrid Rogge von der Polizei mitgeteilt, daß man ihre Tochter in einem der Häuser von SO 36, auf dem Speicher, wo niemand hinkommt normalerweise, dichtes Unterholz, in eine Plastikplane verschnürt gefunden habe. Sie muß schon lange tot gewesen sein: Die Leiche ist skelettiert – was als Bild so im Kopf stehenbleibt, als wäre das Mädchen vom Wald selber eingesponnen und abgenagt worden.

Ich will nicht behaupten, Ingrid Rogge und ihresgleichen – *Stadtindianer* nannte man sie in den siebziger Jahren – stünden in der Nachfolge Kleists, führten eine poetische Existenz auf dem neuesten Stand. Aber daß solche Existenzen ein Schreiben, das hinter dem anthropologischen Modell von Literatur, welches die große Stadt ausgeworfen hat, vom Reden ins Schweigen …

Verzichten wir auf den Schluß des Satzes.

Unsere lange Straße hat ja nicht in Potsdam begonnen – denn Sie kommen in Wannsee nicht über die Glienicker Brücke hinüber –, und sie endet auch nicht am Potsdamer Platz, vielmehr wird, bei den Neubauten der Preußischen Staatsbibliothek und der Neuen Nationalgalerie – und hier wird noch viel mehr neu gebaut – abgebogen auf die sog. Entlastungsstraße, die durch den Tiergarten, vorbei am Brandenburger Tor und dem Reichstag, nach Moabit hineinführt, in dessen Gefängnis, wenn ich mich nicht irre, noch einige RAF-Terroristen aus den siebziger Jahren einsitzen, aber, wie Sie an mir sehen, halbvergessen.

Als toter Arm dieser »Entlastungsstraße« führt die Potsdamer Straße zum Potsdamer Platz. Hier kommen Sie nicht weiter – hier werden Sie nur hingeführt, damit Sie mit eigenen Augen sehen, wie Sie nicht weiterkommen. Die Busse der Stadtrundfahrten; Bretterbuden mit

Souvenirs, Getränken und heißen Würstchen; die Mauer, schön bunt bemalt und beschriftet. Wenn Sie, wie Ihnen geraten wird, auf dies Metallgerüst steigen, sehen Sie eine leere Bühne, ehemals der Potsdamer sowie der Leipziger Platz – der Potsdamer Platz muß so etwas wie der Berliner Piccadilly Circus gewesen sein, wo sich die Liebespaare, statt an dem Eros aus Aluminium, an der hochberühmten »Normaluhr« verabredeten …

Alle Berlinologen können Ihnen alles darüber erzählen, welche Schauspiele des Großstadtlebens sich auf dieser leeren Bühne einst abgespielt haben. Dort drüben: die andere Stadt. Von hier aus kommen wir nicht hinüber, nein, deswegen sind Sie ja hierher geführt worden. Wenn man hinüber will, muß man andere Wege beschreiten, Wege, die nicht so schwer zu entdecken sind. Denn die Mauer ist durchlässiger geworden, seit sie stabil ist; seit unser Staat nicht mehr andauernd unter Drohung verlangt, sie sei auf der Stelle einzureißen, kommt man leichter auf die andere Seite. Beitrag zur Systemtheorie.

Beitrag zum *Historikerstreit*: Solange Sie diesen Potsdamer Platz so sehen können, wird für Sie die deutsche Geschichte nicht zu normalisieren sein. Dort drüben, dieser leere Erdhügel auf der leeren Bühne, das ist es gewesen, das Herz der Finsternis: Der *Führerbunker* hat sich dem Erdboden nicht ganz und gar gleichmachen lassen. Jetzt werde ich einen Traum erzählen:

»Während die Schlacht um Berlin tobt, diktiert Hitler ununterbrochen Briefe. Ich sitze also an der Schreibmaschine, lasse Hitlers brüllende Tiraden über mich ergehen und suche soviel wie möglich davon niederzuschreiben. Es ist eine große alte Büroschreibmaschine, die hin und wieder klemmt – Hitlers Brüllen, der Kriegslärm und das Klappern der Schreibmaschine steigern sich wechselseitig. Jetzt wird auch noch das Papier knapp. Jetzt muß ich, statt des richtigen Schreibmaschinenpapiers, eine Art Tempo-Taschentuch in die Schreibmaschine einspannen, was sich aber nicht machen läßt, weil das Zellulosetuch viel zu dick ist, als daß man es unter die Gummiwalze zwingen könnte. Ohne davon Notiz zu nehmen, brüllt Hitler ununterbrochen. Durch das zerstörte Dach der Reichskanzlei strömt der Regen. Ich kapituliere, breche in Tränen aus und falle K. um den Hals, die plötzlich neben mir gestanden hat. Ich bin sofort wach.«

Ich möchte zum Schluß eine Geschichte weiterreichen, die mir von L. erzählt worden ist, der sie aus der anderen Stadt mitgebracht hat. So ist es für Sie in der Tat »a tale of two cities«:

Eine schöne Jungbürgerin der Hauptstadt lernt im Sommer, beim Baden draußen, an einem der märkischen Seen, einen schönen jungen Mann kennen. Ein Russe; mit dem sie, weil sie ihr Pflichtrussisch auf dem sozialistischen Gymnasium ordentlich gelernt hat, gut ins Gespräch kommt. Was aber eigentlich unmöglich ist; weil der schöne junge Russe Soldat ist, und den russischen Soldaten ist das Fraternisieren mit den Jungbürgerinnen der Deutschen Demokratischen Republik strikt untersagt.

Es wird eine ganz, ganz große Liebesgeschichte. Unter deren Ansturm sich seine Kameraden und sogar die unmittelbaren Vorgesetzten verschwören: Sie schirmen ihn so ab gegen das Kasernenleben, daß er für mehrere Wochen verschwinden und bei seiner Geliebten in der Hauptstadt leben darf, die also auch unter dem real existierenden Sozialismus waldartig genug ist, daß sich ein Liebespaar darin verbergen kann.

Es bleibt eine ganz, ganz große Liebesgeschichte, als der schöne junge Russe in die Sowjetunion zurückkehrt. Sehnsüchtige Briefe, Telefongespräche; ernsthafte Prüfungen durch den Zweifel, ganz wie es sich gehört. Die schöne junge Frau besucht ihren Geliebten in Moskau; der schöne junge Moskowiter besucht seine Geliebte in der Hauptstadt der DDR – der aufwendige Papierkrieg, den so etwas unter dem real existierenden Sozialismus erfordert, wird von der Libido glatt gewonnen.

Dann wieder Briefe und Telefongespräche und Prüfungen durch den Zweifel. Und dann ging es so nicht mehr weiter: Letzten Herbst ist die schöne junge Frau nach Moskau gefahren und hat ihren Geliebten geheiratet. Es war nicht ganz so schwierig, wie sie befürchtet hatten – wahrscheinlich muß selbst die sowjetische Bürokratie unter einer solchen Libidoattacke nachgeben.

Jetzt leben sie drüben, in der Hauptstadt. Es ist nicht einfach; vor allem für ihn, denn er hat die richtige Arbeit noch nicht gefunden. Aber es ist, so L., die reine Freunde, mit ihnen zusammenzusein, es strahlt einfach, dies deutsch-sowjetische Paar!

Aus: Michael Rutschky
Reise durch das Ungeschick und andere Meisterstücke
Haffmans 1990

David Wagner

Friedrichstraße

Was die Friedrichstraße einmal war, wissen nur noch alte Ansichtskarten. Heute ist sie die Schneise, in der sich alte und neue Berlinmetaphern aneinanderreihen. Wer vom Bahnhof Friedrichstraße oder dem Eck unter den Linden Richtung Hallesches Tor spaziert, kann Besuchern, Touristen und auch manchem Stadtbewohner beim Staunen zusehen.

Teils mit Stadtführern und patentgefalteten Falkplänen, teils mit gutgefüllten Einkaufstüten beschwert, stapfen die einen wie die anderen über das Pflaster. Viele Gesichter sagen »wir wollen nun mal sehen, wie es hier aussieht«. Auch Helmut Kohl hat man hier schon flanieren sehen. Andere Passanten, jünger und besser angezogen, benutzen die Straße so selbstbewußt, als hätte es sie so schon immer hier gegeben. Wer Jahre nicht hier war, könnte glauben, in einem Traum aufzuwachen. Großkulissenbauer scheinen am Werk gewesen zu sein, die Leere hat sich wie eine Opernbühne zur Chorszene mit mobiltelephonierenden Anzugträgern gefüllt. Manchmal fährt einer von ihnen auf einem Tretroller vorbei.

Vor dem Wolfsburger Auto-Palast am Eck Unter den Linden bleiben schaulustige Menschen stehen, als gäbe es in der Stadt sonst keine Autos zu sehen. Die meisten staunen über das Preisschild neben dem ausgestellten Rolls-Royce. Ein Stück die Straße hinunter ist ein alter schwarzer Bugatti und das silberne Tretauto-Coupé im Fenster der Mercedes-Filiale zu bewundern. Ein Fahrrad mit Hilfsmotor und der Aufschrift »Daimler-Benz« kostet 3250 Mark. Die Friedrichstraße ist auch Vorführstrecke für die Wagen, die hier hinter den Scheiben stehen. Reisebusse rollen langsamer die Straße hinunter, die Menschen auf den Sitzen halten Ausschau nach dem neuen Berlin. Auf einer Fensterscheibe können sie *Permanent Make-up* lesen, vielleicht gilt die Beschriftung der Fassade, vielleicht der ganzen Straße. Bis hinunter zum ehemaligen Grenzübergang reihen Büro- und Geschäftshäuser sich selten scheibchenweise aneinander, hier stehen ganze Blöcke, die kleinteilige Parzellierung wurde aufgegeben. Die letzten Bauschilder schreiben Lyrik an den Straßenrand, die Versanfänge lauten: *Hier entsteht, Hier baut ...* Dazwischen wartet eine entkernte, abgestützte Eckfassade auf neue Füllung. Der Glaspalast, den Jean Nouvels für die Galeries Lafayette errichtet hat, mußte sich, lange nach Fertigstellung, mit vorgehängter Folie wieder als Baustelle verkleiden. Hin und wieder löst sich eine Scheibe aus der Fassade und zerbröselt über den Passanten. Einen Block weiter stehen die großen Namen unserer Zeit – italienische, japanische, französische, amerikanische Namen auf der Fassade. Die großen Marken hängen in den Fenstern aus, einen Block lang möchte die Friedrichstraße Fasanenstraße sein. Italienische Touristen, französisch sprechende Spanier und Amerikaner auf Europaschleife schauen in die Auslagen, Klebebuchstaben schreiben Sonderangebote auf die Scheiben.

In den meisten Gebäuden sind die Fensterbänder gleich- und regelmäßig in die Fassade perforiert. Polierter Stein allerorten, in einem Eingang zitiert roter Marmor Speers »Neue Reichskanzlei«. Deren Reste finden sich noch als Wandverkleidung im nahegelegenen U-Bahnhof Mohrenstraße. Auf dieser Höhe wirkt die Friedrichstraße einheitlich, spätere Jahrzehnte werden sie betrachten und sagen: So sahen die neunziger Jahre des letzten Jahrhunderts aus. Und schon heute darf man sich fragen, ob die Häuser der neuen Friedrichstraße für einen, der hier in fünfundzwanzig Jahren vorübergeht, nicht so ausschauen werden, wie das Europa-Center oder das »Neue Zentrum Kreuzberg« am Kottbusser Tor heute. Vielleicht wird man dann laut über den Abriß der heute gerade fertig gewordenen Gebäude nachdenken. Nicht wenige von ihnen ducken sich wie riesige polierte und zu eng aneinander gesetzte Grabsteine in den märkischen Sand. Andere ruhen sich wie Sockelgeschosse zukünftiger Hochhäuser noch aus. Vorbeilaufende Hobbystadtplaner erklären gern, was hier alles anders, viel besser hätte gemacht werden müssen, »Die Straße weiter, weniger glatter Stein, mehr Stuck«, »Mehr alte Häuser«, »Mehr Glas«. »Hier sieht man Gesichter, die man in Berlin sonst nicht gesehen hat«, erklären zugezogene Kinder ihren Eltern, »hier suchen Angehörige kürzlich zugezogener Kasten nach der Metropole«. Die Geisterbahnhöfe, auf denen zu Mauerzeiten die Züge nicht hielten, spucken Menschen, keine Gespenster aus. Sie arbeiten beim Fernsehen am Hausvogteiplatz, in einer Bundesbehörde oder bei einem der vielen Verbände. Hier ist alles frisch gestrichen.

Das Jagdgeschäft »Frankonia« lockt mit Lodenmode im Schaufenster, gegenüber erinnert eine neuere Gedenktafel an die Barrikadenkämpfer des März 1848, die an dieser Stelle auf die Soldaten des zweiten Königsregiments schossen. Barrikaden könnten heute nur noch aus Bauzäunen oder umgestürzten Autos errichtet werden, auf der Friedrichstraße stören keine Bäume die Sicht. Im Sommer 1999 besetzten die letzten militanten Autonomen der Stadt die Friedrichstraße, bekritzelten den Asphalt und versuchten die Galeries Lafayette zu stürmen. Einige Regale stürzten um. Am Ende der Aktion waren ein paar Designer-Sonnenbrillen verschwunden. Letztere zeigen sich auf der Friedrichstraße beim ersten kleinen Sonnenstrahl. Leider gibt es kaum Straßencafés, in denen Sonnenbrillenträger länger sitzen könnten. Ursprünglich hätte am Eck unter den Linden, dem Traditionsstandort des Café Bauer, wieder ein Café einziehen sollen, dann aber zogen doch die Autos aus Wolfsburg ein. Das Café im »Haus der Demokratie« ist schon lange geschlossen, das Gebäude gehört nun dem Beamtenbund. In den anderen, neu eröffneten Cafés der Friedrichstraße gibt es keine alten Sofas, keine Gesellschaftsspiele, keine Berge alter Zeitungen und keine Wandparolen mehr. In der Bäckerei am U-Bahnhof Stadtmitte und in der Filiale des Café Einstein stehen nur Hocker. Das Einstein gibt sich hier nicht mehr österreichisch wie in der Kurfürstenstraße, sondern amerikanisch. Durch die heruntergezogenen Glasscheiben läßt sich die oft aufgesetzte Hektik mancher Passanten gut beobachten, oft wirkt sie wie aus den Hollywood-Filmen abgeschaut, die vorgeben, in New York zu spielen. Selbst Fahrradfahrer scheinen hier energischer als anderswo in die Pedalen zu treten, manche können, während sie Fahrrad fahren, auch noch telephonieren.

An der Stelle, wo die Mauerstraße auf die Friedrichstraße trifft, wird eines Tages vergessen sein, daß die Mauerstraße ihren Namen schon lange vor der Mauer von der ehemaligen Stadtmauer hatte. Auf dem leeren Eckgrundstück erinnern die weichen Formen der letzten DDR-Straßenlaternen an die Zeit, in der die Sektorengrenze weiträumig ausgeleuchtet war. Die alte, vielphotographierte Wandschrift wirbt noch immer für die »Neue Zeit«, die Ost-Tageszeitung, die es schon lange nicht mehr gibt. Daß hier einmal, von 1961–1989, die Mauer stand, muß Touristen und Nachgeborenen mittlerweile erklärt werden, nur ein schmales Metallband blieb als Markierung im Asphalt. Trotzdem bleiben beim Gang von Mitte nach Kreuzberg Übergangsgefühle spürbar. Grenzlinien ziehen sich, sichtbar oder unsichtbar, zwar auch anderswo durch die Stadt – nirgendwo aber wäre eine Maßhemdenschneiderei nur hundert Meter weiter südlich so undenkbar wie hier.

Am Checkpoint Charlie wechseln das Straßenpflaster, die Laternen und der Bezirk. Auf einer kleinen Mittelinsel steht der Leuchtkasten mit den großen Porträts, die Frank Thiel von einem sowjetischen und einem amerikanischen Soldaten gemacht hat, auf dem Bürgersteig steht ein Leuchtkasten mit einem Plan von Kreuzberg. Investitionswunderland ist zu Ende, eine leere Dehnplastiktüte weht vor dem renovierten Café Adler übers Pflaster. Der anglo-indische Kulturtheoretiker Homi K. Bhaba, der einmal dort auf dem Bürgersteig saß und Kaffee trank, sagte, Berlin erinnere ihn an Bombay.

So gegensätzlich sich die beiden Hälften der Friedrichstraße vor der Maueröffnung waren, so wenig haben sie auch heute miteinander gemeinsam. Heute ist der Westen alt und Mitte neu; früher war es umgekehrt. Unvoreingenommene Besucher des Mauermuseums könnten den Westen für den Osten halten, denn an dieser Stelle erfüllt der Westen das Klischee, das früher für den Osten galt: ästhetisch weit abgeschlagen und irgendwie hinter der Zeit zu liegen.

Das erste kurze Stück der Kreuzberger Friedrichstraße lebt noch von der Erinnerung an die Mauer, Foto Klinke verkauft hier viele Filme, russische Straßenhändler bieten Devotionalien des untergegangenen Sozialismus feil. Hinter der Kreuzung mit der Kochstraße wird die Friedrichstraße sehr viel ruhiger. Auf der rechten Straßenseite liegt der Polizeiabschnitt 53, die Wache zeigt dem Bürgersteig die Uhr. Ein Neubau mit betonverblendeten Wannenbalkonen hält eine Hinweistafel, die verrät, daß an dieser Stelle einst das Apollotheater stand, in dem Eisensteins »Panzerkreuzer Potemkin« seine deutsche Erstaufführung erlebte. Der Adler auf dem Landesarbeitsamt schaut nach Norden, nach Mitte – dorthin, wo es heute Arbeit gibt. Kreuzberg hat die höchste Arbeitslosenrate aller Berliner Bezirke. Auf der unteren Friedrichstraße ist es nachts dunkler als in Mitte. In Mitte leuchten die neuen Doppelkandelaber viel heller als die gewöhnlichen Kreuzberger Straßenlaternen, in deren Schein die Straße sich verliert. Links sind Lücken mit flachen Barackenbauten gefüllt, Läden stehen leer, eine Schaufensteraufschrift verspricht ein Gartenlokal. Die Imbißbude vor dem eingezäunten Abstellplatz eines Gebrauchtwagenhändlers auf einem leeren Eckgrundstück ist exemplarisch für ein Stück West-Berlin. Auf der linken Seite liegt, zurückgesetzt, die Halle des Blumengroßmarkts. Stadtrandgefühle kommen auf, nur Fußminuten entfernt von einem U-Bahnhof, der sich Stadtmitte nennt. Die Hausnummern werden immer höher, Lampenläden, Käsegeschäfte, ein Bio-Laden und verstaubte, leerstehende Ladenlokale wechseln sich ab. Vom Glamour der großen Marken ist nichts mehr zu sehen, eine Änderungsschneiderei, keine Maßhemdenfertigung. Selbstausgeschnittene Klebebuchstaben schreiben »Krankengymnastik« auf eine Schaufensterscheibe, ein Café heißt »Café Persil«, ein Imbiß »Aladin«. In der Auslage eines Geschäfts sind Naturfaserkleider, Backpinsel und Bürsten aller Art zu sehen: Tassenbürsten, Flaschenbürsten, grobe Handfeger, Schuh-, Spül- und Scheuerbürsten warten auf Käufer. Den Häusern der Bauausstellung von 1987 – damals wurden Blockbebauung, Korridorstraße und Traufhöhe wiederentdeckt – hängen zitierte Erker und Giebelchen in der Fassade. Ein kleiner Bagger parkt am Straßenrand, ein Hund liegt auf der Straße und gähnt, der Boden vibriert nur von der immer wieder unter dem Pflaster durchfahrenden U-Bahn.

Von der Vorkriegsbebauung blieb hier kaum ein Stein auf dem andern. Von Bombenlücken zu sprechen, trifft die Sache nicht, von der ganzen südlichen Friedrichstadt ist nicht mehr als ein Stelenfeld vereinzelt stehender Altbaublöcke übriggeblieben. Sie ragen wie Monolithen aus dem Schlachtfeld, nach dem Krieg haben sie auch den Sanierungskrieg überlebt. Ein sehr großflächiges Mahnmal entstand hier ganz absichtslos. Die Friedrichstraße ist, wie viele Straßen Berlins, eine, der man fast alle Zähne ausgeschlagen hat. Die Zeilenbebauung hat Karies und hin und wieder viel zu große Plomben in den Lücken. Wer es nicht besser weiß, könnte glauben, ein großes Erdbeben hätte diese Stadt heimgesucht. Mancher Besucher hat sich beim Anblick der freigebombten und abgeräumten Flächen auch schon an die Erdbebenlücken von Mexiko-Stadt erinnert. Wer die südliche Friedrichstraße in der Nacht hinunterspaziert, sieht in der Fluchtlinie sechs weiße Neonbuchstaben, die sich zu dem verkürzten Imperativ »Gedenk« zusammensetzen, erst am Halleschen Tor entpuppt sich die Phylakterie im Nachthimmel als die Dachbeschriftung der Amerika-Gedenkbibliothek, die von der anderen Seite des Landwehrkanals herüberleuchtet.

Die Friedrichstraße endet in einer Fußgängerzone, die in den Mehringplatz mündet. Letzterer ist zum Landwehrkanal hin verbaut. Die Nachkriegsveränderungen haben aus diesem letzten Stück der Friedrichstraße eine Sackgasse, einen stummeligen Wurmfortsatz gemacht. Linden- und Wilhelmstraße münden nicht mehr in das ehemalige Rondell, den alten Belle-Alliance- und heutigen Mehringplatz. In seiner heutigen Gestalt ist der Platz aus einer Zeit überkommen, die sich dem Anspruch, alles neu und viel besser zu machen, übereifrig verpflichtet fühlte. Jeder Zeit die Architektur, die sie verdient: um den runden Platz liegen Wohnbunker in Doppelreihe. Ihre Balkone sind mit Betonplatten gesichert, die man für Kugelfänger halten könnte. Vielleicht dachten die Planer, hier könnte bei einem kommunistischen Überfall das letzte Widerstandsnest des freien West-Berlins liegen, das sich hier im Kleinen noch einmal selbst eingemauert hat. Die Häuser stehen wie eine Betonwagenburg im Kreisrund, der Platz scheint nicht vergessen zu haben, daß er »Belle-Alliance« nach Blüchers Heerlager bei Waterloo hieß und daß am Halleschen Tor bis in die letzten Apriltage des Jahres 1945 gekämpft wurde. Von der ehemals barocken Platzanlage des Rondells ist nicht mehr viel zu ahnen, auch die Sanierungsidee vom verkehrsfreien Dorfanger zwischen den Häusern ist verlorengegangen. Der Architekt Werner Düttmann hat in der ursprünglich von Hans

Scharoun skizzierten Anlage selbst die Schießschartenfenster und seine typischen Bunkerschlitze nicht vergessen. Kein Wunder, daß die Kneipen in dieser Umgebung vor lauter Sehnsucht nach einer anderen Zeit »Zum Eisernen Gustav« heißen müssen. Die Videothek ist abends sehr gut besucht, und fast jeder Balkon trägt eine Satellitenantenne. Vielleicht werden andere eines Tages ähnlich entgeistert auf die Reste des »Neuen Berlin« und seine Friedrichstraße schauen. Für die Ewigkeit wird zum Glück nur noch selten gebaut.

Am Mehringplatz dröhnt Musik aus einem Übungskeller, und wie ein Verirrter aus einer anderen Welt radelt ein Anzugträger mit Fahrradklammern am Hosenschlag durch die Fußgängerzone. Wahrscheinlich wohnt der junge Anwalt in einem der renovierten Altbauten um den Chamissoplatz, die so oft als Drehort für Filme aus großer Zeit herhalten müssen. An die erinnert auf dem Mehringplatz nur noch eine Brunnensäule von Cantian, auf der eine Viktoria von Christian Daniel Rauch über allen Niederlagen steht. Unter der Hochbahn am Halleschen Tor, die man durch eine Öffnung des Betonrings sieht, sitzt ein Bettler mit Bart. Wer die Friedrichstraße bis hierher zu Fuß hinuntergegangen ist, hat den Rolls-Royce im Schaufenster an der Ecke unter den Linden wahrscheinlich schon vergessen.

Aus: David Wagner
in Berlin
Nicolai 2001

Iris Hanika

Kreuzberg zur Verteidigung

Kreuzberg sei jetzt gar nicht mehr angesagt, heißt es in letzter Zeit gerne, die hippen Künstler und solche Leute, die wissen, wo und wie der Zeitgeist weht, seien längst nach Mitte oder Prenzlauer Berg umgezogen. In Kreuzberg hingen jetzt nur noch die Luschen herum, die nach wie vor an alternative Selbstverwirklichung glaubten und sich ansonsten bei den »anonymen Melancholikern« ausheulten. Wer es nicht so prima formulieren kann, der stellt sich bei traurigem Kopfschütteln wenigstens vor, daß es in Kreuzberg hauptsächlich deutsche Sozialhilfeempfänger und türkische Jugendbanden gebe, und weiß, daß es der mindestens zweitärmste Bezirk Berlins ist und man hier nach der Statistik früher stirbt als beispielsweise in Zehlendorf, wo die CDU-Spitze wohnt und sich um die Hauptstadtkompatibilität der innerstädtischen »Problembezirke« sorgt. Inzwischen liegt Kreuzberg nämlich mitten in der Stadt, während es vor dem Mauerfall am Ende der Welt lag: eine durch Mauer und Landwehrkanal von der Außenwelt abgetrennte Wagenburg in der Wagenburg Westberlin; es führte nur eine Straße hinein und keine hinaus. Um das Maß vollzumachen, wurde Kreuzberg bei der Verwaltungsreform nicht, wie ursprünglich geplant, mit Mitte und Tiergarten zusammengelegt, sondern mit Friedrichshain, was auch so ein »Problembezirk« ist, bloß mit DDR-Vergangenheit. Das habe allerdings nicht die CDU, sondern der Kreuzberger Grünen-Bürgermeister zu verantworten, erzählen ihm feindlich gesonnene Kräfte aus dem Rathaus. Alles in allem sei es im kleinsten Berliner Bezirk jetzt jedenfalls überhaupt nicht mehr lustig, sondern schrecklich trist.

Aber wer das glaubt, ist blind, denn wenn Berlin irgendwo eine Metropole ist, wie die ganze Stadt vom Roten Rathaus aus ja permanent etikettiert wird (sofern sie nicht »die deutsche Hauptstadt« geheißen wird), dann ist sie das genau hier, in unserem kleinen Ghetto. Hier – ich spreche vom nach dem Vorkriegspostzustellbezirk »SO 36« (Südost 36) genannten hinteren Teil Kreuzbergs – hier geht es nämlich manchmal wirklich zu wie in der Großstadt. Und genau daran, an dieser großstädtischen Anmutung, die man, wollte man schick sein, auch »metropolitanen Charakter« nennen könnte, genau daran liegt es, daß Kreuzberg jetzt nicht mehr angesagt ist. Denn anders, als in der Berlin-Werbung beschrieben, zeichnet sich eine westliche Metropole nicht in erster Linie dadurch aus, daß es dort, wie von der Hauptstadtplanung für den Potsdamer und den Alexanderplatz vorgesehen, wahnsinnig viele Straßencafés und Shopping-malls für »die Menschen« gibt (womit aber eigentlich nur die Touristen gemeint sein können, denn die Berliner kaufen und saufen nur in ihrem Kiez), auch nicht dadurch, daß dort irgendwo ein an Montmartre um 1900 erinnerndes, pittoreskes »Künstlerviertel« existiert, wo »Originale« ihren Bohème-Geschäften nachgehen und anschließend in krachvollen Wirtshäusern lustig durcheinanderschreien, sondern vielmehr dadurch, daß man rund um die Uhr damit beschäftigt ist, Geld und Leben zu schützen, sich also vor Überfällen in acht zu nehmen, bestimmte Gegenden zu bestimmten Tageszeiten zu meiden und sich von seinen Freunden den aktuellen Code zu ihrer Hausklingelanlage durchgeben zu lassen. Auch in diesem Sinne ist Kreuzberg gelegentlich höchst metropolitan. Angenehm ergänzt wird das aber durch eine schwarze Vitalität, die sich in merkwürdigen Geschäftsunternehmungen neben soliden Familienbetrieben manifestiert, im Aufeinanderprall von unvereinbar scheinenden Dingen nebst einer gewissen Toleranz aus Desinteresse. Es vibriert zwar nicht wie in Paris, aber es liegt doch ein Summen in der Luft.

Am Oranienplatz liegen sich ein Billigsupermarkt und eine modische Goldschmiede direkt gegenüber. Ein Stück die Oranienstraße hinauf gibt es einen türkischen Kitschladen, der auch christlichen Kitsch, Madonnen mit Beleuchtung etwa, sowie ein Porträt von Prinzessin Diana in Öl auf Leinwand verkauft. Gegenüber liegt ein Sandwichladen, der nicht nur »Brooklyn« heißt, sondern so tut, als wäre er tatsächlich dort, English spoken only, daneben hat ein Gemüseladen einem Telefonierladen Platz gemacht. In einem Radius von 50 Metern liegen zwei weitere solche Geschäfte, von denen aus man billig in alle Welt anrufen kann. An derselben Ecke gibt es auch mehrere sogenannte Import-/Exportläden voller billiger Scheußlichkeiten und einige Kneipen, die wie Räuberhöhlen aussehen, tatsächlich aber bloß eine je geschlossene Gesellschaft mittelloser Trinker beherbergen; ansonsten verschiedene Arten von Imbißlokalen. Weiter hinauf die Straße ein Tätowierungsstudio, die Blindenanstalt, ein Antiquariat, mehrere Buchläden, der türkische Bäcker, der die besten und billigsten Mandelhörnchen Berlins herstellt und so gut wie immer geöffnet hat. An der Bushaltestelle schräg davor wurde vor ein paar Jahren ein deutscher Wachmann von einem türkischen Jugendlichen erstochen, weil er beim Aussteigen aus dem Bus mit diesem zusammenstieß. Zwei Jahre später wurde auf der anderen Straßenseite ein Mann früh am Morgen in einer Toreinfahrt ermordet. Und da wären wir nun bei der Kreuzberger Version von Metropole.

Ende der siebziger Jahre, als ich nach SO 36 kam, stand im »Stern«, es gebe hier eine real-existierende Anarchie oder so ähnlich, und tatsächlich konnte einem das so vorkommen, auch schon bevor die ersten Häuser besetzt wurden. Als die in der Mitte der achtziger Jahre geräumt oder befriedet, also an ihre Besetzer verkauft oder vermietet waren, gab es immer noch regelmäßig Krawalle, das war weiterhin schick. Inzwischen gehört es zur Folklore, und jedes Jahr am 1. Mai wird rituell daran erinnert. Verantwortlich gemacht werden dafür allerdings nicht, wie einst, die Kreuzberger, sondern »schwäbische Zahnarztsöhne« (aus denen die autonomen Gruppen so gut wie ausschließlich bestehen sollen) sowie »westdeutsche Randaletouristen«. Die Polizeieinheiten für die »Randale« am 1. Mai werden konsequenterweise auch aus Westdeutschland geholt.

Das mit der Anarchie sahen die Kreuzberger in etwa genauso wie die Außenwelt: Hier zu leben, war eine ideologische Entscheidung gegen den Staat, für Selbstbestimmung, d.h., staatliche Einwirkungen wurden höchstens in Form von Sozialhilfe oder als »Staatskohle« für irgendwelche »Projekte« akzeptiert, aber Konflikte mit Polizeihilfe zu lösen, war ein absolutes Tabu. Kleinkriminalität wurde als subversiv verstanden, weil man sich einbildete, der ideologische Schutzschild würde einen vor ihr bewahren und sie richte sich immer, politisch korrekt, gegen »die Ausbeuter« (ein Begriff, der sehr weit interpretiert wurde). Vertrauen zueinander war Ehrensache; seine Wohnung konnte man offenstehen lassen, woraus gelegentlich interessante Mißverständnisse erwuchsen: Eine Studentin zum Beispiel, die beim Nachhausekommen ihre Stereoanlage nicht mehr vorgefunden hatte, machte dem Mann, der sie bald darauf brachte, Vorwürfe des Tenors, er hätte ihr schon Bescheid sagen sollen, bevor er sie sich auslieh, statt sie einfach so mitzunehmen. Der Mann sagte allerdings, er hätte sie keineswegs ausleihen, sondern er hätte sie stehlen wollen, sich dann aber so geschämt, daß er sie jetzt lieber wieder zurückgeben wolle. Es dauerte eine Weile, bis die Studentin das begriff.

Heute ist es anders. Der tatsächlich anarchistisch gebildete Antiquar unterstützt den Aufruf zur »revolutionären 1.-Mai-Demo« nicht, sondern sagt dem Grüppchen kommunistisch rechtgläubiger Kräfte, das ihn dazu auffordert: »Ich wäre doch der erste, den ihr nach der Revolution an die Wand stellen würdet!« Womöglich denkt er dabei an die historischen Konflikte zwischen Anarchisten und Kommunisten, aber auch wer in linker Geschichte nicht bewandert ist, erkennt, daß es wohl so wäre, denn er ist mit seinem gutgehenden Laden natürlich ein Kleinbourgeois oder wie das in diesen Kreisen heißen mag. Als die um Unterstützung bittende Gruppe darauf verweist, daß der »revolutionäre 1. Mai« inzwischen Tradition habe und nunmehr zum zwölften Male schon begangen werden solle, pariert der Antiquar: »Mein Opa hat auch immer von Stalingrad erzählt.«

Straßenschlachten gehören zu Westberlin, nicht zur »Berliner Republik«. Die Zahnarztsöhne sind jetzt Diplom-Politologen, und die Randaletouristen blockieren Castor-Transporte oder lassen sich in Kurdistan erschießen. Die Anarchie, die jetzt im Vordergrund steht, wenn man überhaupt von Anarchie sprechen will, ist die von der anderen Sorte, also nicht die, von der die Anarchisten träumen, sondern die, die sie für den Fall, daß der Staat nicht abgeschafft werde, prophezeien. Es ist die, die synonym steht für vollkommen regellose, das heißt: vollkommen kriminelle Verhältnisse. Ich nenne sie die Horroranarchie. Es ist die, die sich durchsetzt. Wenn man nicht aufpaßt.

Verkörpert wird sie nicht von schwarzgekleideten Bombenwerfern, sondern von den Menschen aller Nationalitäten, die mit »Mob, hopp!«

einstmals aufgefordert wurden, sich in Bewegung zu setzen. Bloß war dabei zum einen übersehen worden, daß der Mob, wenn er sich in Bewegung setzt, aus dem Fernsehsessel sich erhebt, um ein frisches Bier aus dem Kühlschrank zu holen, und zum anderen hatte man nicht bedacht, daß der Mob selbst keineswegs libertär gesinnt ist, sondern wenn überhaupt gesinnt, dann kleinkriminell. (Eine Ausnahme bildete der hochsentimentale Mob, der sich zu Prinzessin Dianas Begräbnis in London und vor den Fernsehschirmen der Welt versammelte.) Der Mob hat weder Bakunin noch Proudhon und noch nicht einmal eine diesbezügliche Broschüre aus dem Karin-Kramer-Verlag gelesen. Der Mob liest nämlich nicht, sondern mogelt sich durchs Leben, wobei er die unangenehme Seite des Metropolenfluidums erzeugt, die sich mir in den letzten Jahren so darstellte:

Gesehen habe ich, wie ein Mann in meiner Lieblingskneipe die Zigarrenkiste mit dem Geld aus dem Zigarettenverkauf unter seine Jacke steckte und sich dann wieder vor den Tresen setzte, woraufhin ich ihn ansprach, um zu zeigen, daß sein Diebstahl bemerkt worden war. Das hat aber nichts genützt, denn trotz meines Geredes ist er schließlich zur Tür hinausgerannt und auf und davon und mit ihm 3000 Mark. – Gesehen habe ich, wie ein etwa 14jähriger türkischer Junge breitbeinig an der Ecke zu meiner Straße stand, einen Geldbeutel in der Hand hielt und Visitenkarten, die er daraus hervorgezogen hatte, auf die Straße schmiß. Offenbar geklaut, der Geldbeutel. Wieder habe ich versucht, die Situation aufzulösen, indem ich ihn ansprach, aber wieder habe ich es falsch gemacht und wurde am Ende übelst beschimpft, wie manche türkische Jugendliche Frauen grundsätzlich nur mit dem allerübelsten Schimpfwort belegen, und zwar nicht nur unter sich, sondern auch, wenn sie mit Frauen reden (sonst wüßte ich das ja nicht). – Gesehen habe ich, wie mein Nachbar, der charmante Kriminalromanautor und Freund europäischer Standardtänze, wochenlang mit einem rotunterlaufenen Auge herumlief, weil die Kerle, die ihn hinter dem Neuen Kreuzberger Zentrum (geläufig als »NKZ« abgekürzt) überfielen, ihm das Jochbein zerschlugen, um ihn um 20 Mark zu berauben. – Gesehen habe ich, wie der Mann im Lotto- und Tabakladen Hand und Kopf verbunden hatte, weil es denen, die ihn überfielen, nicht reichte, bloß Geld und Zigaretten abzugreifen. Daß ihm die Verletzungen bei einem Überfall zugefügt worden waren, erfuhr ich erst ein halbes Jahr später, als er wieder überfallen worden war. Beim zweiten Überfall haben sie wenigstens ihn nicht verletzt, sondern bloß seine Ware geraubt. – Erzählt wurde mir, wie drei Türken eine Kneipe überfielen, alle Gäste zwangen, sich auf den Boden zu legen, einem Araber seinen alten Familienring vom Finger zogen und zu meinem Gewährsmann sagten: »Du deutsche Sau, rück die Kohle raus«. (Er wollte Anzeige wegen inländerfeindlicher Äußerungen erstatten, diese Anzeige wurde aber nicht aufgenommen.)

Doch wenn man es recht bedenkt, gab es neben freiheitlich selbstbestimmtem Leben auch früher schon genug Kriminalität. Das sind die Ärgernisse der Großstadt. Immerhin hält sich am Kottbusser Tor seit langem, seit sie erst vom Bahnhof Zoo und dann vom Nollendorfplatz immer weiter in Richtung Mauer vertrieben worden war, die Heroinszene auf, allerdings nur während der Ladenöffnungszeiten, wenn die mobile Drogenhilfe und die Polizei mit ihren Kleinbussen vor Ort sind. Nach Geschäftsschluß gehen die Junkies nach Hause. (Es scheint aber einen Spätdienst zu geben: Als ich mich dort abends einmal auf eine Bank setzte, um New York zu spielen, also »den öffentlichen Raum zurückzuerobern«, wurde ich von einem jungen Mann höflich gefragt, ob ich etwas bräuchte. Auf meinen verständnislosen Blick hin zog er sich ebenso höflich zurück und bediente andere Kunden.) Gegen Junkies wehrte man sich aber nicht mit dem Ruf nach mehr Polizei (das tut man bis heute nicht), sondern man half sich selbst. An einigen Häusern hingen eine Zeitlang Plakate, die mitteilten: »Hier kann man Heroin kaufen«. Und als vor zehn Jahren in unserem Treppenhaus ebenso wie in den Nachbarhäusern gedealt wurde, hielten wir eben die Türen auch tagsüber immer verschlossen und die Dealer damit draußen. Jetzt sind die Häuser saniert und mit Klingelanlagen ausgestattet, so daß die Türen von selber zubleiben. Auch mit den finalen Folgen der Drogensucht wurden wir konfrontiert: Vor der Sanierung gab es in unserer Hofdurchfahrt eine einen Meter hohe Tür. Wenn man sie öffnete, konnte man einen weiteren Meter in einen merkwürdigen Raum hinabsteigen, in dem sich unter anderem die Wasseruhr befand. In diesem Kellerloch fand der Schornsteinfeger damals die Leiche eines Mädchens, das sich mit Heroin zu Tode gebracht hatte. Das Mädchen war nicht dort gestorben, sondern ihre Leiche war dorthin gebracht worden. Heute ist dort eine kleine Treppe und eine richtige Tür (und daneben hat jemand mit dickem Filzstift auf die Wand geschrieben: »Belin + ein R in die Mitte sätzen/das gibt dann Berlin«). Nach der Sanierung hatten wir übrigens bald die nächste Leiche, diesmal im Hof, aber der junge Mann war nicht dort abgelegt worden, sondern dort gestorben, hinter den Mülltonnen. Das scheint zum Großstadtleben zu gehören, daß ab und an eine Leiche herumliegt, im Keller eines Nachbarhauses lag auch einmal eine. Und es gab auch die normale Form von Kriminalität: Fahrrad und Autoradio wurden mehr als einmal gestohlen, und in den ersten drei Jahren, nachdem ich 1983 meine Wohnung bezogen hatte, wurde dreimal bei mir eingebrochen, ein vierter Versuch scheiterte an meiner Anwesenheit. Meine Einbrecher hatten leider kein so ausgeprägtes Schamgefühl wie der oben erwähnte junge Mann; mir haben sie nichts zurückgebracht.

Die Diebstähle, Überfälle, Räubereien schienen sich mir in den letzten Jahren zu häufen. Allerdings bestätigte meine diesbezügliche kleine Umfrage in Läden auf der Oranienstraße das nicht; die Ladenbesitzer fanden nicht, daß mehr geschähe als sonst. Vielleicht sind meine Befürchtungen ganz ungerechtfertigt, und es gibt nicht mehr Kriminalität, sondern nur ein kriminelles Grundklima, also Jugendliche, die einen, wie gesagt, mit den übelsten Wörtern belegen, kleine Mädchen, die mit kleinen Messern bewaffnet sind (was immerhin auf endgültige Emanzipation der Türkinnen in der vierten Generation hoffen läßt). Verdreckte Straßen, Kampfhunde, mordlüsterne Autofahrer ... nun gut, das gibt es überall.

Früher wurden diese Dinge irgendwie ideologisch lackiert und darum akzeptiert, heute darf man offen zugeben, daß sie einem auf die Nerven gehen. Allerdings – allerdings, allerdings kann man sie in Kreuzberg immer noch leichter ertragen als anderswo, denn sie werden abgefedert von den Kreuzberger Annehmlichkeiten, die jetzt vielleicht sogar mehr ins Bewußtsein rücken als früher, weil man sie nicht mehr erwartet, wo man sie früher für selbstverständlich hielt. Dann ist Kreuzberg eine sehr liebenswerte Gegend: Hier werden kohlrabenschwarze Männer im Schreibwarenladen freundlich beraten, wenn sie sich einen Stempel mit dem Logo ihrer afrikanischen Befreiungsorganisation anfertigen lassen. Hier kriegt man ein Glas Tee umsonst zum Döner dazu, weil dem Imbißbudenbesitzer gerade danach ist, und man hat eine arabische Nachbarin, die einem ständig etwas zu essen bringt. Hier gab es höchstens halblegale Nachtlokale, lange bevor die Vergnügungssüchtigen »Mitte« oder gar »Clubszene« auch nur buchstabieren konnten, und zur Loveparade wird dort »Liebe bis zum Abwinken« serviert. Putzfrauen bekommen anständige Stundenlöhne, und ein Espresso kostet eine Mark fünfzig. Oft kommen, während man ihn trinkt, merkwürdige Frauen ins Lokal und betteln einen an; der Wirt wirft sie aber nicht hinaus, sondern stellt es jedem Gast frei, ihnen etwas zu geben oder nicht.

Das alles ist nun keine Anarchie, weder die eine noch die andere, weder die von manchen gewünschte, noch die von anderen perhorreszierte. Es ist weder richtig schrecklich, noch richtig gemütlich. Eigentlich ist es bloß das normale Großstadtleben bei geringen Mitteln, und es sieht nicht besonders hübsch aus.

Am Ende ist es genau dies, was Kreuzberg zum metropolitanen Quartier macht: Es sieht zwar nicht hübsch aus, es ist aber auch nicht deprimierend. In Kreuzberg ist nur das blanke Sein, in allen seinen Formen, als Mandelhörnchenbäckerei oder als beiläufiger Mord an der Bushaltestelle, drei Meter daneben. Hier geschieht alles gleichzeitig – wie es sich für eine Metropole gehört.

Erstveröffentlicht am 1.12.1999
in der Frankfurter Allgemeinen Zeitung

Marie Luise Kaschnitz

Als wir in die Stadt Frankfurt zogen

Als wir in die Stadt Frankfurt zogen, waren gerade die ersten Bomben gefallen. Die Altstadt stand noch, der Laden mit den Zinnsoldaten, Zinnbäumchen, vierspännigen Zinnkutschen, auch die Fahrgasse und das geschwungene Dächlein, unter dem Würste verkauft wurden und das »Die Schirn« hieß. Vor meinen Augen sozusagen ist das alles zu Asche und Staub zerrieben worden. In der höchsten Loge des Opernhauses bin ich noch gesessen und habe neben den gipsernen Engelbeinen auf die Bühne gesehen und den traurigen König in der Oper Don Carlos singen hören: Du hast mich nie geliebt. Ein paar Tage darauf war die Oper eine Ruine, das Flügelpferd vom Giebel verschwunden, an die Widmung der Bürger »Dem Wahren, Schönen, Guten« erinnerte man sich später mit Spott. Goethes Geburtshaus ist beizeiten aufgenommen worden, Millimeter um Millimeter, mit Stoffproben, Tapetenproben, es konnte verschwinden und verschwand. Man hat nicht getrauert, hat das alles gewissermaßen zum Opfer gebracht in der Meinung, je mehr Städte zerstört würden, desto eher seien Krieg und Gewaltherrschaft vorbei. Es setzte da aber schon bald die schreckliche Durchhaltekraft der Verzweiflung, die Gleichgültigkeit derer, die nichts mehr zu verlieren hatten, ein. Am Ende war von der Stadt nicht mehr viel übrig, und doch etwas, das man lieben konnte, das ich liebte: die ihres Verputzes entkleideten, in der Abendsonne rötlich glühenden Ziegelmauern, die durch die Ruinen bucklig führenden Trampelpfade, die Akazienschößlinge und Buschwindröschen, das Wiehern der Pferde in den verwilderten Gärten.

Aus: Marie Luise Kaschnitz
Orte
Insel 1973

Michael Winter

Der Gott von Chaux oder Der Untergang der Metropolen

Ich bin der einzige Passagier. Die Maschine steigt im flachen Winkel in den Himmel. Sie dreht in einer Kurve nach Westen über Ebenen und Berghänge. Vom oberen Fensterrand senkt sich die Horizontlinie des Ozeans auf die Landschaft. Von Wasserspeichern und Pumpstationen gehen weiße Strahlen durch die Ebene, die sich zu einem Netzwerk verkreuzen, das Flächen von Dreiecken und Trapezen bildet. Jede geometrische Figur leuchtet in einem anderen Grünton. An den Hängen der Bergkegel wechselt das Muster. Grüne und rote Terrassenbahnen umspielen die Berggrundrisse. Die Maschine fliegt auf ein Flußdelta zu. Wir müßten jetzt eine scharfe Rechtskurve drehen, aber wir bleiben auf unserem Kurs. Hinter dem Delta beginnt die Zone des absoluten Überflugverbots. Wenn der Pilot jetzt nicht sofort abdreht, werden wir die Stadt überfliegen. Ich presse das Gesicht ans Fenster. Wir sind schon über dem Dschungelstreifen, der die Stadt wie ein Ring umgibt. Ich weiß nicht, was dieser Überflug anrichten wird. Wenn Kapitän Morris keinen Schaden an der Steuerung nachweisen kann, wird er seine Lizenz verlieren. Die Kreise leuchten hellweiß aus der dunkelgrünen Waldfläche auf. Noch nie habe ich die Stadt aus dieser Perspektive gesehen, tausendmal auf Plänen und in Modellen, aber noch nie in Wirklichkeit. Wir sind jetzt über den sieben konzentrischen Bebauungsringen. Vom Mittelkreis führen Straßen strahlenförmig in alle Richtungen. Die Hauptachsen sind breite Autobahnen, die in vier Tunnellöchern unter dem Mittelplatz verschwinden; sie sind wenig befahren, aber auf der Ringautobahn herrscht dichter Verkehr. Die Innenhöfe der Wohnblöcke liegen schon im Schatten. Die Sonne bescheint nur noch die blinden Fenster der obersten Stockwerke des Vergnügungsgürtels und die noch höher aufragenden Gebäude des Versorgungs- und Speichergürtels. Wir sind genau über dem Zentrum: ein kreisrundes Schotterfeld, vier Kilometer im Durchmesser. Seine absolute Leere wird betont von einer Betonfläche in der Mitte, in Form eines Fünfecks. Über diesen Platz läuft ein Mensch. Er hat das Fünfeck erreicht. Er bleibt stehen und blickt nach oben. Dann bückt er sich. Ich löse den Gurt, drücke das Gesicht noch fester an das Kabinenfenster. Das Flugzeug schwenkt nach Osten. Der Platz verschwindet unter dem Rumpf. Was sucht dieser Mensch auf dem Mittelplatz? Nie war jemand auf die Idee gekommen, ihn zu betreten.

Turbulenzen schütteln die Maschine. Wir fallen. Ich hänge in den bis zum Zerreißen gespannten Sicherheitsgurten. Der Rumpf der Maschine erzittert. Plötzlich wird der Körper eines Mannes von hinten durch den Gang geschleudert. Er verfängt sich an meiner Sitzreihe. Zugleich spüre ich, wie der Boden gegen meine Füße drückt: Wir gewinnen wieder an Höhe. Der Mann liegt mit dem Rücken auf der Sitzfläche des Gangsessels. Er ist ohne Besinnung. Sein geöffneter Aktenkoffer liegt zwischen uns, beschriebene Blätter und Fotos auf dem Boden verstreut. Der Mann ist etwa Mitte sechzig, von mittlerer Größe, hager. Von seinem grauen Glenchecksakko ist der rechte Ärmelknopf abgerissen. Er trägt ein weißes Hemd mit schmalen, blauen Streifen und eine weite Hose in Farbe und Gewebe der Jacke. Die Krawatte ist dunkelblau gemustert. Stirn und Kopf, den ein kurzer Haarkranz umgibt, sind von der Sonne gebräunt. Das Gesicht zeigt keine Falten. Der Mann beginnt sich zu regen, er hebt die Lider. Augenblicklich belebt sich das Gesicht. Er beugt den Kopf vor, versucht aufzustehen, dreht sich zum Fenster. Ich helfe ihm. Er sieht mich an und lächelt freundlich. Sein Blick ist prüfend auf mich gerichtet. Er streckt mir die rechte Hand entgegen. Ich gebe ihm die zerstreuten Papiere und die Fotos. »Auch das Foto, das Sie eingesteckt haben«, sagt er leise. Er verschließt alles in seinem Koffer. »Eine unvorhergesehene Situation. Vielleicht eine gute Fügung.« Er spricht ein reines Queens-Englisch, aber ohne die dünkelhaften Nasale, eher langsam. »Sie haben also einen kurzen Blick in meine Karten werfen können«, sagt mein Nachbar. »Ich meine nicht die Fotos, die Zettel. Ich glaube nicht, daß Sie aufgrund dieser Dinge die richtigen Schlüsse über Ihre Situation und über mich ziehen können. Was mir peinlich ist, Sie haben mich gleich am Beginn unserer Bekanntschaft einen schweren Fehler begehen sehen. Ich habe mich vor Ihnen versteckt. Irgend etwas ließ mich zögern, Ihnen, der Sie seit Jahren zu meinem dritten oder vierten Ich geworden sind, offen gegenüberzutreten. Eine Schwäche. Es war ...«

Er bricht ab und sieht an mir vorbei nach draußen auf die glatte Wolkendecke, die jetzt tief unter uns liegt. Er faßt an sein Ohrläppchen. »Ich gehe immer öfter auf Beerdigungen von Kollegen. Nicht zu denen, die eines Todes starben, der irgendwie mit ihrem Beruf zusammenhängt. Nein, zu denen, die in dem Alter sind, in dem man stirbt. Vielleicht ist es das.« Er holt, während er spricht, ein rotes Skizzenbuch aus seiner Jakkentasche und blättert darin. »Mein Name ist Cornwall, Edward Cornwall. Das ist mein wirklicher Name. Ich habe im Laufe meiner Karriere viele Namen gehabt. Ich bin Soziologe. Mein zweites Betätigungsfeld ist die Psychotherapie. Mein drittes die Orientalistik. Kommen wir zu Ihnen. Sie wurden am 8.12.1935 in Pirmasens geboren.« Er schlägt das Notizbuch zu. »Ich brauche das Buch nicht, um Ihre Daten nachzuschlagen. Sie sind mir so vertraut wie Ihnen. Sie studierten Architektur und Soziologie. Ihre Doktorarbeit über die Funktion der Metropolen für das europäische Bewußtsein am Beispiel von Rom, Paris und London erregte besonders in den USA Aufsehen. Sie waren erst vierundzwanzig, als man Sie ins Massachusetts Institute of Technology nach Cambridge einlud. Das Projekt, an dem Sie dort mitarbeiten sollten, lag im Bereich Ihrer bisherigen Forschung. Sie zögerten keinen Moment.«

Cornwall richtet sich in seinem Sessel auf. »Ihr Team arbeitete zunächst einige Zeit im Stadtplanungsbereich und entwickelte mehrere Programme für Simulationsmodelle. Ihre gesamte Arbeit wurde als streng geheim eingestuft und erschien nicht im jährlichen Directory of Current Research des M.I.T. Sie mußten sich alle einer umfassenden geheimdienstlichen und medizinischen Überprüfung unterziehen. Zwei Ihrer Mitarbeiter wurden auf hochdotierte Verwaltungsposten abgeschoben. Zwei andere verschwanden in Kliniken.« – »Was wissen Sie von Young und Walters? Was ist aus ihnen geworden?« Cornwall zeigt mir ein Foto von einem Mann in einer Zelle. Das Gesicht ist aufgedunsen, dunkelblaue Ringe liegen um die Augen. »Kenneth Young, alias Alexeij Korpin. – Er ist tot. Auch Walters ist tot.« Ich gebe ihm das Foto zurück.

»Die Geldmittel waren unbegrenzt«, fuhr Cornwall in seinem Dossier fort. »Es gab Gerüchte über beträchtliche Zuschüsse von seiten des Pentagon. Dann wurden Sie beauftragt, die Stadt zu bauen. Die Sache erhielt das Prädikat: Von höchstem nationalen Interesse. Offiziell wurde sie als Herzstück eines Entwicklungshilfeplans für die Region Mittelamerika/Karibik deklariert. Sie begannen 1960 mit dem Bau von Chaux. Zwischen Henry Hallman, dem Leiter des Architekturbüros, und Ihnen kam es zu heftigen Auseinandersetzungen. Er behauptete, Sie hätten die Entwürfe als Ihre Idee ausgegeben.« – »Das ist nicht wahr. Ich habe immer gesagt, daß die Idee von ihm stammt. Und als es brenzlig wurde, hat er mich als Urheber vorgeschoben.« – »Wollen Sie damit sagen, daß Sie nicht der Erfinder von Chaux sind?« – »Es war Hallman.« – »Das ist unmöglich. Hallman war ein Beobachter aus dem Pentagon, sonst nichts.« – »Die Pläne für Chaux stammen nicht von mir. Ich erhielt sie von Hallman. Als man uns die Genehmigung zum Bau einer Stadt erteilte, hatten wir noch gar keine konkreten Pläne. Wir waren begeistert, als Hallman welche aus der Schublade zog. Ich nahm nur einige Veränderungen vor. Daran entzündete sich unser Streit.« – »Ich glaube«, beharrt Cornwall, »daß Chaux Ihre Erfindung ist.« – »Ich habe sie mir zu eigen gemacht, nachdem man Hallman aus unserem Team abzog, aber sie stammt von ihm.« Cornwall betrachtet ein Foto des Modells von Chaux. Es zeigt die Kreisanlage in weißem Gips, nur die Gebäudestruktur, keine Einzelheiten. »Sie haben diesen Häusertyp entwickelt, Häuser, die jedem Zweck dienen und zugleich einer Stadt ein einheitliches Aussehen verleihen. Alles den Gesetzen der Geometrie zu unterwerfen, alles Zufällige und Beliebige auszuschließen: Das war Ihre Idee.« Cornwall holt einen Ordner aus seinem Aktenkoffer und blättert. »Sie änderten sogar noch während der einzelnen Bauphasen das Gesamtkonzept in entscheidenden Punkten ab. Die Gebäude stehen auf Säulen. Unter ihnen läuft das Innenhofpflaster durch. In den Plänen haben die Innenhöfe Springbrunnen, von denen aus Wege zu jedem Hauseingang führen. Jeder Innenhof hat eine andere Bepflanzung. Chaux hat jetzt weder Springbrunnen noch irgendeine Bepflanzung. Die Höhe der Bebauungsringe steigt nach außen von zehn auf zwanzig Stockwerke. Ursprünglich sollten sie niedriger werden. Die vier inneren Ringe sind Wohnblocks. Sie enthalten ausschließlich Einzimmerappartements. Geplant waren verschiedene Wohnungsgrößen. Ebensowenig geht aus der Planung hervor, daß für den Außenanstrich nur Weiß zugelassen werden sollte. Keine Farben, keine Kneipen, keine Geschäfte, keine Treffpunkte, keine Geselligkeit. So war das ursprünglich nicht geplant. Dafür haben Sie den Freizeitgürtel geschaffen, der die Wohnringe umschließt. Ein besonders perfider Einfall.« Cornwall klappt den Ordner zu. »Das ist richtig«, antworte ich, »ich sagte Ihnen ja, daß ich Änderungen an Hallmans Plan vornahm. Wenn Sie so gut Bescheid wissen, dann wissen Sie auch, daß ich dafür von höchster Stelle ausgezeichnet worden bin.« – »Nachdem Chaux ein voller Erfolg geworden war, der alle Erwartungen übertraf.« – »Chaux war eine Katastrophe.« – »Das ist Ihr jetziger Standpunkt. Ich möchte Ihnen aber Ihren damaligen Eifer, Ihrer Ehrgeiz ins Gedächtnis rufen. Ich will Sie daran erinnern, daß Sie es waren, der den Stein ins Rollen brachte, der die Katastrophe auslöste, vor der Sie jetzt fliehen.« – »Ich bleibe dabei. Ich habe nach den Plänen Hallmans gehandelt.« – »Damit können Sie sich nicht herausreden. Die Stadt trägt Ihren Stempel. Sie haben die ursprüngliche Konzeption noch verschärft. Man war Ihnen für das alles sehr zu Dank verpflichtet. Aber niemand hat Sie dazu gezwungen, Chaux zu bauen. Die Verantwortung liegt also nicht nur bei den Institutionen und Behörden, die Sie nun anklagen. Sie liegt vor allem bei Ihnen.« – »Hallman war der Chef, bis er verschwand. Wenden Sie sich an ihn.« – »Hallman ist tot.« Ich blicke nach draußen. Die Wolkendecke ist aufgerissen. Man sieht Inseln. Cornwalls Stimme wird scharf. »Nehmen wir also an, Sie haben Chaux gebaut. Das steht außer Zweifel. Mich interessiert vor allem, wie Sie die Stadt aus Ihrer heutigen Sicht beschreiben würden.« Die Frage klingt harmlos, aber darauf läuft alles hinaus. »Sie wollen, daß ich mich selbst beschuldige. Ich habe die Stadt gebaut. Ich war versessen darauf, sie zu bauen. Es war nicht meine Idee, aber ich realisierte sie. Das Entscheidende an Chaux ist sein funktionsloses Zentrum. Die leere Mitte sollte die architektonische Manifestation einer herrschaftsfreien Gesellschaft sein. Natürlich war das eine vollkommene Illusion. Denn die Architektur der Stadt zwingt den

Bewohnern fremde Lebensnormen auf, die sich – nach allem, was sichtbar ist – auf keinen staatlichen Machtapparat zurückführen lassen. Wir, die Konstrukteure, bleiben unsichtbar. Die Architektur organisiert alle Notwendigkeiten des täglichen Lebens. Von den Bewohnern werden sie wie unabänderliche Naturgegebenheiten erfahren. Für mich war das die Befreiung des Individuums von überflüssigem gesellschaftlichem Zwang.« – »Und wie sehen Sie das heute?« – »Diese Menschen sind unmündiger als Säuglinge. Wir haben sie zu Idioten gemacht.« Ich schweige. Cornwall fordert mich auf, weiterzusprechen. »Wir steuerten das Ganze von Cambridge aus. Unsere Kontrollinstanzen in Chaux sind tief unter der Stadt, im architektonischen Unbewußten der Anlage, versteckt. Es gibt allerdings geheime Fahrstühle zur Oberfläche. Eine Vorgabe war, jeden Kontakt unseres ortsansässigen Verwaltungs- und Versorgungspersonals mit den Einwohnern von Chaux unmöglich zu machen. Daraus entstanden komplizierte architektonische Probleme der Raumdurchdringung. Viele Stellen in der Stadt mußten von außen erreichbar sein, ohne daß der geringste Kontakt mit den Bewohnern zustande kommen konnte. Ich habe mir lange über diese Vorgabe des Experiments den Kopf zerbrochen. Zwei Städte sollten sich, als zwei unabhängig voneinander existierende Systeme, durchdringen. Die eine Bevölkerung – unsere Leute – wußte von der anderen, aber nicht umgekehrt. Das Ganze kommt mir heute vor, als ob man eine ganze Stadt in eine Isolierzelle gesteckt hat. Wir haben Menschen geschaffen, die eingesperrt leben, ohne zu wissen, daß sie eingesperrt sind. Heute bin ich der Ansicht, daß wir Monster geschaffen haben.«

Cornwall macht sich eine Notiz. Er lächelt und hält mir sein Notizbuch hin. »Sehen Sie, ich habe nur einen Begriff notiert: Monster. Dieser Aspekt scheint mir sehr interessant zu sein.« Die Wolken sind verschwunden. Unter uns liegt eine dunkelblaue teils stumpfe, teils blendende Wasserfläche. Ich rücke in meinem Sessel vor und sehe ihm in die Augen. »Ich war bis zu ihrer Fertigstellung häufig in der Stadt. Wir hatten es tatsächlich erreicht. Kein Platz, kein Raum unterschied sich einprägsam von irgendeinem anderen. In den Wohnkreisen sah man nur weiße Fassaden und blau getönte Glasscheiben, Gardinen waren verboten. Ausstattung und Möblierung der Wohnungen waren luxuriös, aber vollkommen identisch. Um den Freizeitgürtel legten wir die Dienstleistungszone, Kaufhäuser, Energieversorgungsbetriebe, Reinigungs- und Instandhaltungsbetriebe, Rundfunk- und Fernsehstation. Alle Chauxianer arbeiten hier, vier Stunden am Tag in Schichten, wenn sie nicht im Freizeitgürtel kämpfen. In den Ausbildungsstätten richteten wir Bibliotheken ein. Mit ihrem Buch- und Filmmaterial werden die Lehr- und Medienanstalten versorgt, es ist von allen Informationen gereinigt, die einen Hinweis auf ein Leben außerhalb der Stadt enthalten. Alle sind an ein Intranet angeschlossen, das ebenfalls keine Informationen über eine Außenwelt enthält. Für den Cauxianer ist sein Intranet das, was für uns das Internet ist.

Den äußeren Gürtel und das Ende der Welt von Chaux bilden die Versorgungsanlagen. Da über sie eine Verbindung zur Außenwelt besteht, erforderten sie eine besondere architektonische Struktur. Die Waren- und Materialspeicher, die wir von außen beliefern müssen, bilden zugleich einen unüberwindlichen Mauerring um die Stadt. Ein Schlaraffenland als Gefängnismauer. Für die Chauxianer ist das ständig aufgefüllte Warenlager Naturereignis, wie für uns herbstliche Baumfrüchte. Sie denken nicht über die Herkunft der Waren und Dinge nach. Auf die Lösung mit den Warenspeichern war ich besonders stolz. Sie werden nachts hermetisch verschlossen. Das gesamte, zwanzig Stockwerke umfassende Etagengerippe fährt wie ein Fahrstuhl in die Tiefe und wird dort neu beladen. Es können auch einzelne Sektoren abgesenkt werden. Vor und nach dem Auffüllen der Lager werden die Räume luftleer gepumpt, um Keime abzutöten. Den Lagerarbeitern, speziell ausgebildeten Leuten, die einer genauen Überwachung unterstehen, ist strengstens verboten, irgendwelche Spuren zu hinterlassen. Und nun stellen Sie sich vor: Eine Zivilisation, die keines der Produkte, die sie gebraucht, von denen sie lebt, entstehen sieht. Die überhaupt nicht weiß, daß oder wie sie hergestellt werden oder gewachsen sind. Die keine Rohstoffe kennt. Die nur von Dingen umgeben ist, die hergestellt, die ihnen hingestellt werden. Alle Dinge sind für die Chauxianer als Ganzheit da, nichts ist zusammengesetzt, nichts besteht aus Teilen. Wissen Sie, was das bedeutet? Der Schein ist das Sein. Alle Dinge sind in jedem Moment zu ersetzen, stehen immer zur Verfügung. Daraus entsteht nicht nur eine vollständige Gleichgültigkeit allen Dingen und Menschen gegenüber, sondern es verschwinden auch Liebe und Tod. Es verschwindet die Erfahrung der Zeit.

Ich muß das erklären. Wir können uns nach Dingen sehnen, sie wünschen, wenn wir sie nicht bekommen, sie lieben, wenn wir sie haben, sie vermissen, wenn sie verlorengehen oder zerstört sind. Mit diesen Gefühlen besetzen wir die Dinge, und an den Dingen lernen wir unsere Gefühle kennen. Wenn wir nicht gelernt haben, mit den Dingen menschlich umzugehen, dann können wir auch mit Menschen nicht umgehen: So sind die Menschen in Chaux. Sie vermissen weder Dinge noch Menschen. Sie kennen keine Vergänglichkeit. Sie nehmen den Tod nicht wahr. Sie nehmen sich selbst nicht wahr als Wesen mit einer Geschichte. Darum können sie auch den eigenen Tod nicht fürchten. Sie leben von Augenblick zu Augenblick, ohne bewußte Veränderung, ohne Erinnerung.«

Cornwall ist ehrlich erstaunt. »So habe ich mir das nicht vorgestellt.« – »Dieser Effekt ist beabsichtigt«, antworte ich. Cornwall zieht an seinem Ohrläppchen. »Ich weiß, daß sie nichts vom Tod wissen. Aber daß sie ihn auch nicht wahrnehmen ...« – »Es gibt keinen Tod in Chaux. Es gibt keine Kindheit in Chaux und es gibt keine Gewalttaten in Chaux. Chaux erfüllt den Traum aller Utopisten auf die zynischste Weise. Aber ich möchte auf etwas viel Banaleres zurückkommen, auf unsere Probleme mit der Abfallbeseitigung. Die Chauxianer werfen alles weg, Autos mit einem geplatzten Reifen, Jacken, an denen ein Knopf fehlt, Uhren mit zerschlissenem Armband. Sie sehen ein Ding, das nur im kleinsten Detail verändert ist, nicht mehr als dasselbe Ding an. An den Dingen ist ihnen nur ihre äußere Erscheinung bedeutsam. Sie wissen, welch ein enormer Wirtschaftsfaktor Chaux inzwischen geworden ist.«

Cornwall holt ein Aktenstück mit der Querschrift ›Höchste Geheimhaltungsstufe‹ hervor. »Wie wird der Tod verborgen?« Ich deute auf den Aktendeckel. »Da steht alles drin.« – »Ich möchte es von Ihnen hören.« – »Na gut. Die Chauxianer nehmen in ihren Wohnvierteln keine Notiz voneinander. Jeder lebt für sich in seinem Appartement. Es kommt zu keinen Kontakten. Man grüßt sich nicht, geht weder freundlich noch feindlich miteinander um. Man nimmt sich nicht wahr, weder lebend noch tot!« – »Aber Unfalltote im öffentlichen Bereich, Kranke, die sterben, Alte. Hier steht eine Formulierung, die ich nicht verstehe: Die Einwohner werden, wenn sie bei guter Gesundheit sind, mit dem fünfundsechzigsten Lebensjahr, sonst bei den ersten Anzeichen schwerer Krankheit abgezogen. Was bedeutet *abgezogen*? Ich habe an keiner Stelle und von niemandem einen Hinweis darüber erhalten. Selbst die geheimsten Akten werden da nicht deutlicher.« Er sieht mich aufmerksam an. Ich versuche, meiner Stimme die größtmögliche Sachlichkeit zu geben. »Es ist eine Sprachregelung, die nie hinterfragt wird. Aber was die Unfalltoten betrifft: Es ist tatsächlich wie bei den zerbeulten Autos. Ein Mensch, der sich nicht rührt, der irgendwie nicht mehr vollständig ist, wird nicht mehr wahrgenommen. Sie würden über die Toten hinwegsteigen, wenn sie im Weg lägen. Es kommt übrigens sehr selten vor, daß Leute im öffentlichen Bereich sterben. Aus den Wohnungen können Tote – das erlaubt die Architektur unseren Leuten – unbemerkt abtransportiert werden. Ab zwölf Uhr nachts ist die Stadt sowieso leer. Sie müssen die Psyche der Einwohner bedenken. Wie soll ich sagen, sie gleicht der eingeschränkten Wahrnehmung gewisser Jagdtiere, die ihre Beute nur sehen, wenn sie sich bewegt.«

Cornwall schreibt etwas in sein Notizbuch. Dann spricht er das Geschriebene leise, aber doch so deutlich, daß ich es hören kann. »Die Reduktion der Realität um ihren wichtigsten Bestandteil, den Tod. In einem strengen Sinne wären die Einwohner von Chaux wie Tiere.« Ich nicke. »Tod und Vergänglichkeit aus dem Erfahrungsbereich der Chauxianer verbannt zu haben, und zwar durch architektonische Organisation, das sah ich damals als meine größte Leistung an. Eine Zivilisation, die ohne diesen emotionalen Druck lebt, hätte glücklich sein müssen. Das Ganze war ein entsetzlicher Irrtum. Erst später bemerkte ich, daß sich die Auftraggeber des Projekts mehr für den Umstand interessierten, daß die Bedeutungslosigkeit des Todes das Konsumverlangen gesteigert hat. Wir erfanden Mythen, Geschichten, in die sich die

Chauxianer eingesponnen haben. Diese Mythen gerieten uns schließlich außer Kontrolle. Sie begannen, ihre Körper mit geometrischen Mustern zu tätowieren, als Schutz vor irgendwelchen unbestimmten Bedrohungen. Warum sie das machen, ist mir heute noch ein Rätsel.«

Cornwall scheint sich in ein Aktenstück zu vertiefen. Dann sagt er, während er weiterliest: »Ist Ihnen jemals der Gedanke gekommen, daß Sie Chaux erfunden haben, weil Sie so waren, wie die Chauxianer wurden?« Ich warte. Er liest stumm weiter, dann klappt er den Ordner zu und sieht mich an. Er lächelt fast. »Die Frage ist gefährlich. Ich werde sie nicht beantworten.« – »Gut, sprechen wir vom Freizeitgürtel, dem Herzstück von Chaux. Dort und im Dienstleistungssektor gibt es doch Kontakte zwischen den Bewohnern.« – »Im Dienstleistungssektor gibt es keine Kontakte, nicht das, was wir unter Kontakten verstehen. Die notwendigen Verständigungen verlaufen, als sprächen Computer miteinander.« – »Beschreiben Sie den Freizeit- oder Vergnügungsgürtel.« – »Sie wissen doch genauso gut Bescheid wie ich.« – »Ich brauche Ihre persönlichen Eindrücke. Natürlich kenne ich alles aus den Akten. Bitte.«

Also doch eine Art Verhör. »Wie Sie wissen, ist der Vergnügungsgürtel eine Kombination aus Kampfarenen, Fitnesscentern, medizinischen Kontrollstationen, aus Restaurants und Bordellen. Was Sie vielleicht nicht wissen: Als Vorbild für diese Idee diente der Downtown Athletic Club, der 1931 in einem New Yorker Wolkenkratzer in der Nähe des Battery Parks eröffnet wurde. Die enge Verbindung von Sport, Wettkampf, Fitness und Verbrechen hat in den USA eine lange Tradition. Wir sahen, daß auf dieser Grundlage die amerikanische Gesellschaft vorzüglich funktionierte, auch die Spielregeln der Demokratie waren da mit einbezogen. Für Europäer ist das schwer zu verstehen. Wir wandelten dieses Konzept nur für unsere spezielle Aufgabenstellung ab, sozusagen ein kontrollierbarer Laborversuch.« Cornwall nimmt einen großformatigen Ausstellungskatalog zur Hand. »Ich habe es mir gedacht.« Er blättert in dem Buch. »Hier steht folgender Satz: Wolkenkratzer wie dieser Club kündigen die bevorstehende Trennung der Menschheit in zwei Stämme an: einen – buchstäblich selbstgemachten – Stamm von Metropolenmenschen, die das volle Potential aller modernen Apparate genutzt haben, um eine nie dagewesene Perfektion zu erreichen, und einen zweiten Stamm, der einfach der Rest der herkömmlichen menschlichen Rasse ist. – Ich nehme an, Sie hätten dem voll zugestimmt?« – »Vor zwanzig Jahren, ja. Meine Absichten zielten genau dahin. Ich wollte eine ganze Zivilisation auf dem Prinzip des Wettkampfes aufbauen. Nur konsequenter als alle Fitnesscenter in Manhattan zusammen. Der Wettkampf sollte die einzige Form der Kommunikation sein. Denn gerade in einer gewaltfreien, vom Druck des Todes befreiten Gesellschaft muß man mit Trieben rechnen, die auch in einer perfekten Organisation nicht verschwinden. Ja, man muß sogar mit einer Verstärkung rechnen. Die harmloseste Form, hier zu kanalisieren, schien mir der Sport. Ich bin mir heute darüber im klaren, daß die politischen Beobachter des Projekts andere Interessen verfolgen. Im Freizeitgürtel verbringen die Chauxianer den Hauptteil ihrer Zeit. Hier spielt sich das eigentliche Leben ab. Ich muß ergänzen, daß die meisten Wettkämpfe im Fernsehen übertragen werden; die Programme der Medien bestehen fast ausschließlich aus der Übertragung von Wettkämpfen, so daß auch die Zeit, die die Chauxianer in ihren Appartements verbringen, damit gefüllt wird. Das Konzept des Freizeitgürtels ist ein von Stockwerk zu Stockwerk schwieriger werdendes athletisches Wettkampfprogramm, streng nach Geschlechtern getrennt. Erst am Ziel ihrer Anstrengungen können die Chauxianer sich sexuell vereinigen. Die unteren Stockwerke sind konventionellen Übungen gewidmet, Laufen, Tennis, Schwimmen, auch Bodybuilding, Boxen, Gewichtheben. Nur wer ein Stockwerk erfolgreich durchlaufen hat, kann das nächste betreten. Erfolgreich bedeutet immer, daß der Sportler bei den Wettkämpfen unter den Siegern ist, die Verlierer müssen von vorn anfangen. Mannschaftssport gibt es nicht. In den folgenden Stockwerken werden die Anforderungen höher. Es kommen Geschicklichkeitsspiele und verschiedene Quizarten hinzu. In den oberen Stockwerken befinden sich Restaurants, Bäder und Arztpraxen, die von allen betreten werden dürfen. Allerdings gibt es hier Restaurant-, Bäder- und Wartezimmerklassen, getrennt für Sieger und Verlierer. In den Restaurants gibt es durchweg nur ausgesuchte Gesundheitskost. Wer als Sieger bis hierher gelangt ist, kann im siebzehnten

Stock auf einer Tanzfläche dem anderen Geschlecht begegnen. Und die Sieger der hier veranstalteten Tanzwettbewerbe dürfen sich im achtzehnten Stock paaren. Die gezeugten Kinder bilden den Nachwuchs von Chaux, der in Kindergärten und Heimen aufgezogen wird.«

Cornwall blättert in einem neuen Aktenordner. »Mich interessiert, was bei dieser sexuellen Vereinigung geschieht. Verändert sie die Menschen? Ergeben sich Liebesbeziehungen? In den Berichten ist davon nicht die Rede.« – »Liebesbeziehungen ergeben sich daraus nicht. Der achtzehnte Stock ist mit einem Tabu belegt. Daher ranken sich auch um ihn allerhand Mythen. Wenn ich von Mythen spreche, so muß ich einschränken, daß es sich dabei nicht um erzählte Mythen handelt, nicht um Geschichten oder Vorstellungen, die sich im Umgang der Bewohner untereinander entwickelt haben. Die Mythen werden in den Fernsehanstalten erfunden; es sind eigentlich keine Geschichten, eher Bilderfolgen ohne Handlungen und Dialoge. In keiner dieser Produktionen taucht so etwas wie Liebe auf. Sie haben nur mit wunderbaren Kombinationen von Dingen des Konsums und mit Kampf und Sieg zu tun. Das Glücksgefühl, das sie vermitteln, ergibt sich aus der Identifikation mit den Siegern. Dieses Glücksgefühl käme in etwa dem nahe, was die Dossiers, in bezeichnendem Jargon, als Erfolgserlebnisse im sexuellen Vollzug beschreiben. Sexualität ist als Sport denkbar, Liebe nicht. Es gibt bestenfalls Siege der Eigenliebe.« – »Die Terminologie in den Dossiers stammt von Ihnen.« – »Ich hätte das damals nicht anders ausdrücken können.«

Cornwall entnimmt dem Aktenstück eine Seite und hält sie quer vor sich. Es ist eine Statistik. »Natürlich ist der achtzehnte Stock nichts weiter als eine Zuchtanstalt. Die Paare halten sich mehrere Tage dort auf. Sie werden durch Filme angeleitet. Sie ahmen das Gesehene einfach nach. Ich habe mir das Filmmaterial nie angesehen.« – »Es werden lediglich mechanische Abläufe gezeigt. Wir haben es einmal mit Erotik versucht. Die Zuschauer haben nicht im geringsten darauf reagiert. Wie sollten sie auch. Erotische Beziehungen müssen sich entwickeln können. Aber es gibt in Chaux ja keine Zeit, es gibt keine Geschichte, also auch keine Liebe.« Cornwall legt die Statistik in den Ordner zurück, blättert weiter. »Schwangerschaft, Geburt? Hier werden doch wenigstens die Betroffenen mit einem Lebensprozeß, mit Kontinuität, Dauer, Entwicklung konfrontiert.« – »Nein. Eine schwangere Frau verändert ihr Äußeres. Sie ist für sich selbst und für alle anderen nicht mehr dieselbe Person, die sie vorher war. Sie ist auch ein anderer Mensch, nach der Geburt. Sie hat dann keine Erinnerung mehr daran. Es gibt keine biographische Kontinuität, auch keine Erinnerung an Kindheit. Es gibt keine Beziehung zu dem geborenen Kind, keinen Begriff von irgendeiner Zusammengehörigkeit von Mutter und Kind.« Cornwall blättert einige Stadtpläne, Gebäudeauf- und -grundrisse, Zeichnungen von Fassadendetails durch. »Welche Rolle spielt die Geometrie?« Er sieht mich an. »Das war falsch formuliert. Welche Rolle spielte für Sie die Geometrie?« Er gibt mir einen Plan von Chaux. Ich betrachte die sieben konzentrischen Kreise. »Sie war alles. Sie war Schönheit. Sie war der Gott von Chaux. Denn die Geometrie verwandelte das Chaos in Ordnung, die Wildnis in Kunst. Sie spielte eine große Rolle in den Mythen der Chauxianer. Heute muß ich sagen, sie ist der Moloch von Chaux. In ihr spiegelte sich die Ästhetik unserer Herrschaft. Sie ist die sichtbare Form aller in dieser Zivilisation möglichen Seelenzustände, und sie ist der Grund für die vollständige Beherrschbarkeit dieser Zivilisation.«

Cornwall zieht die Augenbrauen hoch. »Es gibt irgendwo in dem Aktenmaterial eine Tabelle, ein Psychogramm des Chauxianers, an das ich mich nur undeutlich erinnere. Es hieß dort, der Chauxianer sei leistungsfähig, reaktionsschnell, stets zum Wettkampf bereit. Er sei gesund, und sei sich all seiner Körperfunktionen bewußt. Er sei bindungslos, beweglich, beherrscht. Er verhalte sich kalkuliert, stets rational, nie emotional. Tempo sei ihm wichtiger als Sex.« – »Der Chauxianer ist aus meßbaren Eigenschaften zusammengesetzt. Seine Psyche ist genauso geometrisch wie seine Umwelt.« Ich nehme Cornwall den Plan aus der Hand. »Verstehen Sie, wovor ich fliehe? Warum ich Chaux hasse? Ich hasse dieses Experiment, seit ich weiß, daß Chaux nichts weiter ist als das Modell für die europäischen Metropolen. Sie wissen genauso gut wie ich, daß man aus den europäischen Städten Hunderte von Chaux machen will. Ich habe in den letzten Jahren Studien dazu getrieben. Ich habe die europäischen Metropolen bereist. Ich habe ihre Geschichte studiert. Ich habe alle Veränderungen registriert. Und plötzlich begannen die Städte, zu mir zu sprechen. Zuerst Madrid. Dann London. Dann alle anderen, die ich besuchte, um Savillys & Price auf die Spur zu kommen. Die Städte, die vorher ein stummer Formenvorrat, stilgeschichtliche und architektonische Arsenale für mich waren, begannen, mir aus ihrer Vergangenheit, mit der ich gut vertraut war, Geschichten zu erzählen. Sie wurden für mich zu Individuen, die mir ihrer Biographien erzählten. Aus Zeiten vor allem, in denen sich ihre Identität krisenhaft veränderte. Sie erzählten nicht, wie Menschen erzählen. Sie ließen mich teilhaben an Bildern, verwickelten mich in Szenen. Sie erschlossen sich mir als lebendige Wesen. Chaux wird sie töten.«

»Erzählen Sie von Savillys & Price. Sie trugen alles zusammen, was Sie über Bau-, Umbau- und Renovierungspläne der bedeutenderen Bauwerke der europäischen Metropolen finden konnten. Sie nutzten Ihren Zugang zu mehreren Datenbanken des M. I. T. und anderer Institutionen und stellten eine Liste aller an der Instandhaltung und Renovierung beteiligten Firmen und aller geldgebenden und verwaltenden Stellen auf.« Cornwall klappt ein langes Faltblatt mit einem Computerausdruck auf. Ich deute auf die Liste. »Die vielen verschiedenen nationalen Firmen und Institutionen waren auf keinen gemeinsamen Nenner zu bringen. Erst als ich mich auf die Banken konzentrierte und die Geldströme in ihren Haupt- und Nebenflüssen verfolgte, kam eine Struktur zustande, die wie ein großer Baum aussah. Doch der Baum entstand nicht vom Stamm her, sondern von seinen äußeren Ästen. Schließlich hatte ich die Krone vor mir. Und dort, wo alle Äste zusammenliefen, war Savillys & Price. Die Firma koordiniert sämtliche denkmalpflegerischen Aktivitäten in ganz Europa. Hinter ihr stehen Institutionen, die der Unesco beigeordnet sind. Ihre Leiter werden in einigen geheimen Gehaltslisten des Pentagon geführt. Die Zusammenhänge waren klar, aber ich konnte sie nicht deuten. Mir fehlte der Schlüssel. Ich fragte das Datenmaterial unter anderen Gesichtspunkten ab, zum Beispiel nach den baulichen Maßnahmen, die während der letzten Jahre an den von mir ausgewählten Gebäuden vorgenommen worden waren. Die Daten ließen sich sinnvoll erst verknüpfen, als ich sie nicht unter dem Aspekt der Substanzerhaltung, sondern unter dem des Substanzverlustes ordnete. Da wurde mit einem Mal deutlich, daß alle Gebäude erhebliche Einbußen erlitten hatten, an Fassaden und Gesamtproportionen, natürlich auch an Einzelheiten. Eine Tendenz zeichnete sich ab: Vereinfachung und Verkleinerung. Man ging zuerst recht offen zu Werke. An vielen Gebäuden beschädigte man die Fundamente so stark, daß Gebäudeteile gesperrt werden mußten. Auf diese Weise wurde Abschnitt für Abschnitt den Augen des Publikums entzogen. Oft waren wichtige Gebäude jahrelang hinter Gerüsten versteckt. Und als man die Gerüste abbrach, erkannte sie niemand wieder. Ich untersuchte das Umfeld der Gebäude und stellte fest, daß sich auch ihre historische Umgebung im Laufe der letzten Jahre vollkommen verwandelt hatte. Entweder waren Kaufhäuser, Parkgaragen, Bürohochhäuser an die Dome, Paläste und Plätze herangeschoben worden, oder man hatte die Umgebung geleert, so daß die Gebäude isoliert auf weiten, verödeten Plätzen standen. Dann verfeinerten sich die Methoden.«

Cornwall studiert noch immer den Computerausdruck. »Sie haben die Bestände des National Building Museum in Washington gesichtet. Zu welchem Zweck?« – »Es ist eines der größten Archive über das bauhistorische Material Europas und Amerikas. Hier waren die Gebäude, auf die ich mich konzentrierte, in ihrem historischen Bestand seit ihrer Erbauung dokumentiert. Ich konnte also den Wandel verfolgen. Und ich kam dabei zu dem Ergebnis, daß die im Gange befindliche Verwandlung der Gebäude sich von den früheren Baumaßnahmen grundsätzlich unterschied.« Cornwall legt die Liste beiseite. »Wie meinen Sie das?« – »Nehmen Sie irgendein Gebäude. Es besteht aus Fassaden, Dächern, Fenstern, Säulen und so weiter. Wandeln Sie jeden dieser Bestandteile nur geringfügig ab, dann werden Sie ein Gebäude erhalten, das dem ursprünglichen weniger ähnlich sieht, als wenn Sie nur bestimmte Teile – die aber erheblich – verändern. Für ein ungeschultes Auge stellt sich das anders dar. Auffällige Abwandlungen, zum Beispiel spitze Türme bei Nôtre Dame, würden sofort bemerkt. Die geringfügigen Veränderungen werden nicht gesehen. Das mag daran liegen, daß im Zeitalter des

Tourismus und der Medien jeder eine ungefähre Vorstellung von Gebäuden hat wie dem Louvre, der Aja Sofia, dem Hradschin oder der Tower Bridge. Steht er davor, sieht der Tourist nur sein Erinnerungsbild. Es schiebt sich über das wirkliche Gebäude. Das Erinnerungsbild aber ist ein grobes Raster, das sich leicht an kleinere Veränderungen anpaßt. Die Anwohner aber werden durch ihre Gewöhnung daran gehindert, kleine Veränderungen wahrzunehmen. In diesem Zusammenhang konnte ich übrigens feststellen, daß von historischen Gebäuden und Plätzen Abbildungen im Umlauf sind, auf Postkarten und in Büchern, die künftige Veränderungen bereits vorwegnehmen. Als ich das entdeckt hatte, war mir endgültig klar, daß mit den Baumaßnahmen etwas ganz anderes bezweckt wird als in früheren Zeiten. Es geht nicht mehr darum, auszubessern und zu reparieren, nicht darum, zerstörte Gebäudeteile in neuen Stilen wieder aufzubauen oder Erweiterungen vorzunehmen. Die jüngeren Veränderungen sind planmäßig und dienen, unter dem Vorwand des Denkmalschutzes, nur einem Zweck: Die Gebäude sollen so manipuliert werden, daß sie unmerklich ihre Identität verlieren, damit man sie dann ohne Aufhebens ganz verschwinden lassen kann. Alles deutet darauf hin, daß hier ein gigantisches Unternehmen im Gange ist, das die europäischen Metropolen vernichten soll. Auf jeden Fall sollen ihre historischen Dimensionen unkenntlich gemacht werden.« – »Sie müssen zugeben, daß das alles sehr unglaubwürdig klingt.« – »Gut, ich erzähle Ihnen die Geschichte der St. Paul's Kathedrale in London. Eines Tages kam eine Mappe auf meinen Schreibtisch. Die Mappe hatte offensichtlich nichts mit Chaux zu tun, denn sie enthielt eine große Anzahl von Grund- und Abrißfolgen der Londoner St. Paul's Kathedrale. Ich wollte das Aktenstück schon schließen, als mir auffiel, daß der Aufriß der Westfassade von Blatt zu Blatt geringe Veränderungen aufwies. Es war wie bei diesen Bilderrätseln. Zwei scheinbar gleiche Bilder weichen nur in Kleinigkeiten voneinander ab, Veränderungen, die dem Betrachter erst nach langem Suchen auffallen. So war es hier. Von Blatt zu Blatt merkte man die Unterschiede nicht, verglich man aber das Original mit einem viel späteren Blatt, waren sie beträchtlich. Die Kathedrale wurde breiter, niedriger. Die Kuppel wurde immer platter. Die Proportionen brachen auseinander. Die Säulen verschwanden allmählich, die Türme, die Fassadendekors. Übrig blieb nur noch ein viereckiger Flachbau mit einer gequetschten Betonkuppel. Ich blätterte weiter und verfolgte, wie sich das Bauwerk völlig auflöste. Es zerschmolz einfach, wie ein Schneegebilde. Dafür erhob sich um den Platz ein hoher Betonzaun. Das Schlußbild zeigte eine weite betonierte Fläche. In der Ferne waren hohe Gebäude zu erkennen. Die Stadt war verschwunden. Unter dem letzten Bild stand: Savillys & Price Demolition Ltd., Project City of London. Ich konnte mir nicht erklären, warum mich bei diesem Anblick Panik ergriff. Es gab keine logische Erklärung für die Bilder. Aber das Wegschrumpfen von London verfolgte mich bis in meine Träume.

Cornwall schüttelt den Kopf. »Zu welchem Zweck sollte das geschehen?« – »Um die Städte allmählich in eine Stadt wie Chaux zu verwandeln.« Er sieht mich skeptisch an. »Vielleicht gibt es andere Erklärungen, harmlosere.« – »Anfangs suchte ich nach solchen harmlosen Erklärungen.« – »Man kann die Welt als im Untergang oder als im Aufbruch begriffen sehen.« – »Ich entschied mich für den Untergang.« Cornwall lächelt. »Ich weiß, was Sie denken«, sage ich. »Aber was ist mit den Postkarten, die Veränderungen vorwegnehmen? Zufall? Sie werden übrigens von einer Firma gedruckt, die hauptsächlich von Aufträgen der Firmengruppe Savillys & Price lebt!« – »Nehmen wir an, Sie hätten recht. Wozu das alles?« – »Wozu? Es geht darum, den Städten eine Dimension zu nehmen, die besonders den europäischen Metropolen anhaftet. Die alten Städte sperren sich gegen die Herrschaft des Augenblicks. Gegen das Vergessen. Gegen die Diktatur des Gegenwärtigen. Alle Dinge unserer Welt dehnen sich im Raum aus und sind als Volumen meßbar. Aber es gibt noch eine andere Dimension. Das ist ihr Alter. Ich meine nicht irgendeine Anzahl von Jahren, sondern, wie soll ich sagen, ihre historische Biographie. Ihre gelebte Zeit haftet ihnen genauso an wie ihre Ausdehnung im Raum. Nicht als irgendeine Art von Verwitterung, sondern als ein gespeichertes Potential. Lassen Sie mich das an einem Bild verdeutlichen. Das Crillon ist eines der Luxushotels von Paris im Arrondissement Elysée. Es liegt an der Place de la Concorde

Nr. 10 zwischen der rue Royale und der rue Boissy-d'Anglas. Rechts und links durch die Straßen getrennt schließen sich heute die Botschaftsgebäude der Vereinigten Staaten und Englands sowie das Marineministerium an. Das Hotel ist im linken der beiden Gardes-Meubles-Gebäude untergebracht, die Jacques-Ange Gabriel in der Mitte des achtzehnten Jahrhunderts symmetrisch um die rue Royale angelegt hat. Seine klassizistische Fassade müßte jedem bekannt sein, der einmal Stiche betrachtet hat, die Szenen aus dem Paris der Revolutionszeit wiedergeben. Nehmen wir eine der korinthischen Säulen, die der Fassade ihren Tempelcharakter geben. Natürlich ist die Säule aus Sandstein. Der Sandstein, an dem man die Pariser Gebäude aus dem achtzehnten Jahrhundert erkennt, schimmert je nach Tageslicht von Hellgelb über Silbergrau bis hin zu einem zarten Violett. Aber das Licht spielt keine Rolle für das, was ich meine. Man kann die Säule messen und wiegen, man kann ihr Aussehen genau beschreiben. Vielleicht wurde sie an einigen Stellen ausgebessert oder mit einem Sandstrahlgebläse behandelt. Wahrscheinlich sind durch die Abgase im oberen Drittel bereits neue Schäden aufgetreten. Das alles hat sie mit einer großen Anzahl von ähnlichen Säulen auf der ganzen Welt gemeinsam. Vielleicht gibt es eine in Rom oder Athen, die genauso alt ist, genauso viel wiegt, genauso aussieht, sogar ähnliche Reparaturstellen hat. Es gibt aber eine Eigenschaft an dieser Säule, die sie von allen anderen unterscheidet. Diese Eigenschaft ist weder eine physikalische noch eine ästhetische. Sie hängt auch nicht an Standort und Aussehen, sonst könnte sie jede Nachbildung ersetzen. Die Eigenschaft, die ich meine, ist in ihrer historischen Biographie zu suchen. Es blieb ein Blick an ihr haften. Ein Blick, den sie für alle Zeiten auf den Platz zurückwirft. Dieser Blick traf zuerst die Hände eines Priesters, die das Bild Christi hielten, wanderte dann über die Bohlen der Plattform, über das Holzgeländer, streifte die vor dem Gerüst postierte Reihe der Trommler, von denen die meisten, die Schlegel über dem Trommelfell gekreuzt, innehielten und dem Blick folgten. Er ging über die Front der Pikenträger und die Reihe der Berittenen. Er verweilte beim Volk, das vor Staunen in allen möglichen Stellungen erstarrt war. Ein erkaltetes Lavafeld, das bis an das Untergeschoß des Gardes-Meubles-Gebäudes reichte. Und der Blick wanderte hinauf zu den Obergeschossen. Er streifte die Säulen der Fassade, ging zum Dach, in den Winterhimmel und kehrte zurück zum gekreuzigten Christus in einem ovalen Rahmen, der an seinen beiden Polen aus zwei goldenen Kronen entsprang und auf dem die Buchstaben LOVIS XVI – ROY DE FRANCE eingraviert waren. Das sind die Eigenschaften historischer Gebäude, die wie der menschliche Geist kein Vermögen ihrer Körperlichkeit sind und die dennoch mit ihm unwiederbringlich zugrunde gehen. Die Straßen in den Metropolen sind nicht nur durch Fußgängermassen und Autos belebt, sondern vor allem von Geschichten. Früher waren die Geschichten den Menschen geläufig, die in den Metropolen wohnten. Aus ihnen war der Stoff für ihre Legenden, die ohne Geschichtsbücher weitergelebt haben. Die Städte sind voll von Reliquien, die dem Vergessen zähesten Widerstand leisten. Wenn man sie zerstört, hören die Legenden auf. Und man vergißt, daß Völker ihre Herrscher töten können und Herrscher ihre Völker. Dann werden die Städte zu Orten wie Chaux.«

Cornwall schreibt. Ich habe das Gefühl, daß er nickt. Eine fast unmerkliche Kopfbewegung. Ob er mir zustimmt? Oder gilt sein Nicken dem, was er schreibt? Ich blicke hinaus. Eine Küste ist unter uns aufgetaucht. Ein schwarzer Streifen, dahinter Schotterberge, von denen Staubfahnen kriechen. »Woran denken Sie?« fragt Cornwall. – »Ich habe mitgeholfen, diesen Kontinent zu zerstören. Und schlimmer. Ich habe seine Legenden zerstört.« – »Warum reden die Städte zu Ihnen?« – »Wenn die Dinge vom Sterben bedroht sind, beginnen sie zu sprechen.« – »Aber nur, wer die Vergangenheit kennt, versteht die Bilder.« – »Das ist ein fataler Vorgang. Sie entziehen uns peu à peu die Vergangenheit. Und deshalb vergessen wir sie. Chaux ist die Keimzelle einer Welt ohne Geschichte.«

Cornwall wendet sich einer Tabelle zu, in der er mit dem Finger nach einer Zahlenreihe sucht. »Wann wurde Ihnen diese Dimension des Chaux-Projektes klar?« – »Nicht sofort, nicht mit einem Mal, erst nach und nach, während ich den Spuren von Savillys & Price nachging. Ich stieß immer wieder auf diese Firma, egal, wo ich zu suchen anfing. Savillys & Price ist kein normaler Multi, sondern das gigantische Gerüst, hinter dem eine Neue Welt entsteht.« – »Haben Sie Beweise für Ihre Theorie? Savillys & Price ist ein Abbruchunternehmen, das in London alte Speicherviertel abgerissen hat, um Platz für neue Wohnviertel zu schaffen. Sonst nichts.« Cornwall stützt sich mit beiden Händen auf die Armlehnen. »Aber nehmen wir an, die Welt verwandelt sich in ein Netz von Chaux-Städten. Irgend jemand müßte das Ganze steuern, überwachen, beherrschen?« – »Es wird zwei Klassen geben. Die meisten leben in Chaux-Städten. Auf die Spur der Herrscher kam ich auch über die Architektur. Ich fragte mich, wozu man die ehemaligen Zentren der alten Metropolen planieren wollte. Haben die leeren Zentren nur einen symbolischen Sinn? Ich sah mir noch einmal das letzte Blatt jener Folge an, in deren Verlauf die St. Paul's Kathedrale verschwunden war. Es zeigte eine weite Betonebene, nur in der Ferne lagen Gebäude. Auf der Ebene zeichneten sich zwei Pisten ab.« – »Pisten? Wozu Pisten, wenn die Chauxianer nicht raus, und die, die sie beherrschen, nicht rein dürfen?« – »Ich weiß es nicht. Das ist eines der Rätsel, die ich noch lösen werde.« – »Und Sie meinen, die Lösung in London zu finden?«

London Heathrow. Der Wagen bringt uns in die Innenstadt. Wir biegen in die Railton Road. Die Straße ist leer. Vor uns taucht ein Posten auf. Cornwall öffnet das Wagenfenster. Der Mann fragt höflich, ob wir die Absicht hätten weiterzufahren. Es sei schwierig, sich hier zurechtzufinden. Wenn wir nach Brockwell Park wollten, müßten wir die U-Bahn nehmen, ein Stück zurück, Station Brixton Hill. Von da aus seien wir in fünf Minuten im Zentrum von Brockwell Park. Mit dem Auto kämen wir nicht hinein. Cornwall zeigt dem Polizisten einen Ausweis. Der Bobby schaut ihn ratlos an und läßt uns passieren. Wir fahren die Railton Road hinunter. Die Häuser rechts und links sind ausgebrannt. Keine Menschenseele. Weiter unten entkernte Häuser, Schutthalden, dann nur noch eingeebnete Flächen mit spärlichem Grasbewuchs. Wir fahren um tiefe Schlaglöcher herum. »Da hinten«, sagt Cornwall. Er zeigt auf das Stahlgerippe einer ehemaligen Fabrikhalle. Wir halten, klettern über Geröll, durchqueren das Gebäude, kommen wieder auf eine Straße. Rechts und links nur Grasflächen und Ziegelhaufen. »Hier ist nichts mehr«, sagt Cornwall. Wir gehen zum Wagen zurück, fahren weiter die

Railton Road hinunter. Auf einer Grasfläche rechts steht ein Gebäude aus Beton. Es hat die Form eines großen Iglus, davor das Schild für die Londoner U-Bahn, ein blauer Querbalken durch einen roten Kreis. Wir halten. In dem Kreis steht: Herne Hill, auf dem Querbalken: Victoria Line. Der Eingang ist vermauert. Auf dem Beton ein Graffito: ein Segelschiff zwischen zwei Säulen. Darunter die Schrift: NON PLVS VLTRA. Wir fahren weiter. An einer Kreuzung sind vier kastenförmige Gebäude stehengeblieben. Grauer Beton, alle Fenster und Türen vermauert. Wir biegen in die Norwood Road ein. Es gibt keine Straßenbeschilderung mehr, aber wir haben einen Stadtplan, auf dem die Namen noch verzeichnet sind. »Da!« Ich zeige nach rechts. Hinter einer dichten Baumreihe erhebt sich ein riesiger weißer Mauerring, mindestens zehn Stockwerke hoch, ohne Fenster. Die Straße führt um die Bäume herum. Die Parkanlage ist stark verwildert. Wir umfahren die Anlage. Nirgends eine Zufahrt. Cornwall zuckt mit den Achseln. Wir fahren zurück über die ehemalige Tuls Hill Street zur Station Brixton Hill.

Die Station hat die Form eines rechtwinkligen Dreiecks. Der Eingang liegt auf der Steilseite. Neben der Eingangstür ein Graffito mit dem Satz des Pythagoras. Auf der Spitze des Gebäudes dreht sich der Neonring mit Querbalken. Die Station ist weiß gekachelt. Die Waggons sind weiß mit einem blauen Streifen. Sie haben keine Fenster. Nicht einmal die Fahrerkabine hat Sichtscheiben. Auch die Türen sind massiv. Sie öffnen sich lautlos. Die Abteile haben weiße Plastiksitze. Zwischen den Sitzbänken sind Stadtlandschaften in angedeutete Fensterrahmen gemalt, die Skyline von Chicago, Manhattan, Down Town San Francisco, Los Angeles, Houston. Die Malerei ist zerkratzt. Die Plastikbezüge sind zum Teil aufgeschlitzt, die Füllung quillt heraus. In der Station, im Waggon, überall ist Musik, sanft, kaum hörbar. Ein einfacher, ständig sich wiederholender Harmoniewechsel ohne rhythmische Gliederung steigt in Vierteltönen abwärts und wieder auf. Bahnhof und Waggons sind menschenleer. Der Zug beschleunigt schnell und bremst nach kurzer Zeit ab. Eine Frauenstimme schwebt über der Musik. Sie verkündet in einem Tonfall, als beschreibe sie den Sonnenaufgang, die nächste Station: Brockwell Park, Endstation.

Auch diese Station ist weiß gekachelt. Rote Graffiti auf den Fliesen. Die Decke ist blau. Sie wird in der Mitte des Bahnsteigs von klassizistischen Marmorsäulen getragen. Wir fahren hinauf. Noch immer die Musik. Wir stehen unter einem hohen Tor in der Mitte einer kreisrunden Rasenfläche. Zwei fünfstöckige Pfeilertürme sind oben durch einen Querbalken verbunden. Der Platz wird von einem Gebäudekreis eingeschlossen, zu dem vom Zentrum her Wege führen. Die Kreisfront besteht aus gläsernen Halbsäulen, die bis zum Dach reichen, und senkrechten Fensterbahnen. Fensterreihen und verglaste Säulen wechseln einander ab, dazwischen, in größeren Abständen, Portale über fünf Stockwerke hochgezogen. Hinter den Fenstern sind die Jalousien heruntergelassen. Wir gehen zu einem der Eingänge. Eine Marmorhalle, von der aus zehn Aufzüge nach oben führen. Niemand begegnet uns. Der erste Aufzug ist defekt. Der nächste ist ohne Beleuchtung, auch die anderen. Fast alle Lampen sind demontiert. Die Stockwerkanzeige leuchtet nicht. Die Musik jedoch ist auch im Aufzug zu hören. Der Fahrstuhl geht sehr langsam, klappert und schabt. Wir steigen aus. Vor uns ein langer Gang. Auch hier die meisten Neonlampen zertrümmert. Eine Brücke führt über einen Abgrund, der sechs Stockwerke tief sich öffnet. Auf der anderen Seite ein neuer Gang. Kein Verputz, kein Bodenbelag, an der Decke Kabelbahnen. Alle zehn Meter eine Überwachungskamera in einem Eisenkäfig. Manche Käfige sind mit Papier ausgestopft und mit Gips verschmiert. Die Wände sind zerkratzt. Es riecht nach Urin und Abfällen. Wir kommen in einen Raum mit einer Glasfront, von dem mehrere Gänge abzweigen. Man schaut auf das Tor in der Mitte der Anlage. Es sieht aus wie das Gerüst einer Guillotine. An der Rückwand des Raums hängt ein großes Reklameposter in einem Kasten aus Panzerglas. Das Glas weist Schußspuren auf. Das Bild zeigt unter einem tiefblauen Himmel eine ähnliche Wohnanlage wie diese, ganz in Blau. Es ist ein Farbdruck, kombiniert aus Foto und Zeichnung. Aufgenommen aus der Flugperspektive. Im Vordergrund die Themse und Reste der Tower Bridge. Der Tower ist verschwunden. An seiner Stelle steht die Wohnanlage. Im Blau des Himmels steht in weißen Buchstaben. Savillys & Price. Darunter: New London, Tower-City, Opening June 2020. Cornwall starrt auf das Bild. Wir gehen weiter. Am Ende eines Ganges ist eine Wohnungstür nur angelehnt. An der Tür steht weder ein Name noch eine Zahl. Es gibt auch keine Klingel. Ich klopfe. Niemand antwortet. Ich stoße die Tür langsam auf und rufe. Keine Antwort. Wir gehen hinein. Ein kahler, enger Flur. Zwei Türen stehen offen. Die eine führt in ein weiß gekacheltes Bad, so eng, daß man zwischen Duschwanne, Toilette und Waschbecken gerade stehen kann. Die Kloschüssel hat weder Deckel noch Brille. Der Spiegel über dem Waschbecken ist zersprungen. Der Raum hat kein Fenster, unter der Decke flackert eine Neonröhre. Der andere Raum wird von einem bläulich flimmernden Licht erleuchtet, die Jalousie am Fenster ist geschlossen. Auf dem Boden liegt eine Matratze. An der Rückwand stehen auf einem Tisch zwei Monitore. Davor hockt, rücklings auf einem Stahlrohrstuhl reitend, ein Mann, Turnschuhe, weiße Jeans, weißer Pullover, schwarze, kurzgeschnittene Haare. Sie schimmern bläulich im Licht des Raumes. Auf beiden Bildschirmen rasen Mäuse mit Tennisschlägern hinter Katzen her. Am Boden unter den Geräten leuchten die Armaturen von zwei Videorecordern grün, rot und blau. Der Mann hat Kopfhörer auf und drückt auf einer Tastatur herum. Sein linker Arm ist mit zwei kämpfenden Indianern tätowiert. Cornwall stellt sich vor ihn. Er reagiert nicht. Cornwall geht hinter die Geräte und zieht den Stecker heraus. Der Mann starrt weiter konzentriert auf die leeren Bildschirme. Cornwall rüttelt ihn. Es scheint, daß der Mann allmählich erwacht. Er sieht uns mit offenem Mund an. Cornwall beugt sich zu ihm hinab. »Was geschieht mit dieser Stadt?« Der Mann schaut starr in den toten Bildschirm. Der Mann richtet seine Tastatur abwechselnd gegen mich und gegen Cornwall, als wolle er uns damit erschießen. Wir gehen zurück auf den Gang, klopfen an einigen Türen. Nirgends wird geöffnet. Ich lege mein Ohr an eine Tür. Außer der Hintergrundmusik ist nichts zu hören. Ich schaue Cornwall an. »Sitzen alle vor diesen Apparaten, oder nur er, und die anderen sind nicht zu Hause?« Cornwall klopft mit der Faust gegen eine Tür. »Ich weiß es nicht. Ich fürchte, sie sind alle da. Kommen Sie!«

Wir gehen zurück zur U-Bahn-Station. Von Brixton Hill fahren wir mit dem Wagen zurück in die City. Die Skyline der City unterscheidet sich von jenseits der Themse aus gesehen nicht mehr von der Chicagos, Houstons, Frankfurts oder Paris'. Die Tower Bridge ist verschwunden. Wir fahren durch einen Autotunnel. Dort, wo der Tower gestanden hat, erhebt sich ein zwanzigstöckiger, blauer Mauerring. Daraus ragen Baukräne. Der Gebäudekomplex ist von einer Betonmauer umgeben. Rings um Tower Hill sind die Häuser abgerissen. Zwischen den Straßen gepflegte Rasenflächen. Cornwall hält an. Er schließt die Augen, legt die Stirn auf das Lenkrad. »Chaux zerstören, was für ein Witz.« Er lacht. Ich sehe nur, wie sein Körper zuckt. »Fahren Sie auf die Inseln zurück. Finden Sie eine Möglichkeit, Chaux zu vernichten. Nehmen Sie Sprengstoff. Landen Sie mit einem Hubschrauber. Vielleicht empfinden Sie Genugtuung dabei. Bestrafen Sie sich selbst, wenn sie es können. Aber Chaux spielt schon keine Rolle mehr.« Wir fahren durch die City, die Cannon Street hinunter, leere enge Schlucht zwischen fünfzigstöckigen Wolkenkratzern. Auf der Straße ist nur wenig Verkehr. Plötzlich öffnet sich die Straße zu einem weiten, freien Gelände. Die Fläche ist betoniert. Die Fahrbahnen sind weiß markiert. Weiter hinten wieder Hochhäuser. In der Mitte des Platzes ist eine breite Längs- und eine kürzere Querbahn eingezeichnet. Dort, wo sich die Bahnen kreuzen, ist ein Quadrat entstanden. Das Quadrat umschließt einen Kreis, dessen Mitte durch einen Punkt gekennzeichnet ist. Die Bahnen werden zusätzlich durch gelbe Scheinwerfer markiert. Ich starre auf die Markierungen. »St. Paul's.« – »St. Paul's«, wiederholt Cornwall. In dem Mittelkreis landet ein Hubschrauber. Cornwall gibt dem Piloten ein Zeichen. Dann läuft er auf die Maschine zu und steigt ein.

Zuerst in anderer Fassung in: Michael Winter
Rückkehr in die Metropolen
Luchterhand 1987

Zu den Autoren

Rolf Dieter Brinkmann,

geboren 1940 in Vechta, lebte seit 1962 in Köln und wurde 1975 in London von einem Auto überfahren.

Anne Duden,

geboren 1942, lebt in London und Berlin. 1999 erschien »Zungengewahrsam«.

Jürg Federspiel,

geboren 1931 in Zürich, schrieb zehn Jahre nach dem hier abgedruckten Text ein ganzes Buch über New York mit dem Titel »Museum des Hasses«.

Christian Geissler,

geboren 1928 in Hamburg, lebt seit knapp zwei Jahrzehnten im ostfriesischen Rheiderland. Zuletzt erschien »ein kind essen« (2001).

Wilhelm Genazino,

geboren 1943 in Mannheim, geht nach vielen Jahren in Frankfurt nun in Heidelberg spazieren. Zuletzt erschien »Ein Regenschirm für diesen Tag« (2001).

Peter Handke,

geboren 1942 in Griffen (Kärnten), lebt nun schon lange in Chaville, westlich von Paris, das er sehr exakt in seinem Roman »Mein Jahr in der Niemandsbucht« beschrieben hat.

Iris Hanika,

geboren 1962 in Würzburg, lebt seit 1979 in Berlin-Kreuzberg und arbeitet als freie Mitarbeiterin für die Frankfurter Allgemeine Zeitung. 1992 erschien »Katharina oder Die Existenzverpflichtung«.

Helmut Heißenbüttel,

geboren 1921 in Wilhelmshaven und gestorben 1996 in Glückstadt.

Barbara Honigmann,

geboren 1949 in Ostberlin, lebt heute in Straßburg. Zuletzt erschien »Alles, alles Liebe« (2000).

Uwe Johnson,

geboren 1934 in Kammin (Pommern), starb 1984 in Sheerness-on-sea (England) und überwand spätestens mit seinem vierbändigen New-York-Mecklenburg-Epos »Jahrestage« das angeheftete Etikett, der »Dichter der beiden Deutschland« zu sein.

Marie Luise Kaschnitz,

geboren 1901 in Karlsruhe und gestorben 1974 in Rom.

Hermann Kinder,

geboren 1944 in Thorn, lebt seit Jahrzehnten in Konstanz. Zuletzt erschien »Himmelhohes Krähengeschrei« (2000).

Bodo Kirchhoff,

geboren 1948 in Hamburg, veröffentlichte zuletzt den Roman »Parlando« (2001).

Alexander Kluge,

geboren 1932 in Halberstadt, legte im Jahr 2000 praktisch sein gesamtes Werk noch einmal in zwei Bänden unter dem Titel »Chronik der Gefühle« vor.

Jan Koneffke,

geboren 1961 in Darmstadt, lebt seit langem in Rom. 2000 erschien »Paul Schatz im Uhrenkasten«, 2001 der Gedichtband »Was rauchte ich Schwaden zum Mond«.

Klaus Modick,

geboren 1951, lebt in Oldenburg. Zuletzt erschien »Vierundzwanzig Türen«, im Herbst 2002 folgt »September Song«.

Paul Nizon,

geboren 1929 in Bern, lebt in Paris. Zuletzt erschien »Hund. Beichte am Mittag« (1998).

Michael Rutschky,

geboren 1943, lebt in Berlin. Zuletzt erschien der fotografische Essay »Berlin. Die Stadt als Roman« (2001).

Jochen Schimmang,

geboren 1948, lebt heute in Leer (Ostfriesland). Im Frühjahr 2002 erscheint der Roman »Die Murnausche Lücke«.

Peter Stamm,

geboren 1963, lebt in Zürich. 2001 erschien der Roman »Ungefähre Nähe«.

Stephan Wackwitz,

geboren 1952 in Stuttgart, ist heute Leiter des Goethe-Instituts in Krakau.

David Wagner,

geboren 1971, lebt in Berlin. 2000 erschien der Roman »Meine nachtblaue Hose«, 2001 »In Berlin«.

Michael Winter,

geboren 1946 in Braunschweig, lebt in Koblenz. Zuletzt erschien 2001 »Pferdestärken«.

Nachweise

Anne Duden, Umwege, aus: Der wunde Punkt im Alphabet
© 1995 Rotbuch Verlag, Hamburg

Barbara Honigmann, Souterrain, Paris 13ème, aus: Eine Liebe aus Nichts
© 1991 Rowohlt Berlin Verlag GmbH, Berlin

Paul Nizon, Von Stadt umfangen, aus: Das Auge des Kuriers
© 1994 Suhrkamp Verlag, Frankfurt am Main

Peter Handke, Wo nicht? Wo?, aus: Mein Jahr in der Niemandsbucht
© 1994 Suhrkamp Verlag, Frankfurt am Main

Wilhelm Genazino, Prezzoprezzo, aus: Die Kassiererinnen
© 1998 Rowohlt Verlag GmbH, Reinbek bei Hamburg

Bodo Kirchhoff, Haarscharf verfehltes Glück in der Liebe, aus: Die Einsamkeit der Haut
© 1981 Suhrkamp Verlag, Frankfurt am Main

Stephan Wackwitz, Frankfurter Bordelltüren, aus: Kleine Reisen
© 1997 Steidl Verlag, Göttingen

Alexander Kluge, Goldgräberstadt, aus: Lernprozesse mit tödlichem Ausgang
© 1973 Suhrkamp Verlag, Frankfurt am Main

Helmut Heißenbüttel, Projekt Nr. 1: D'Alemberts Ende, aus: Projekt Nr. 1: D'Alemberts Ende
© 1988 Klett-Cotta, Stuttgart

Christian Geissler, Fahndungsversuch, aus: Das Brot mit der Feile, Bertelsmann 1973
© Christian Geissler

Peter Stamm, Das reine Land, aus: Blitzeis
© 1999 Peter Stamm. Mit freundlicher Genehmigung des Arche Verlag, Zürich und Hamburg

Jürg Federspiel, Die beste Stadt für Blinde, aus: Die beste Stadt für Blinde und andere Berichte
© 1980 Suhrkamp Verlag, Frankfurt am Main

Klaus Modick, Nichts ist unmöglich
© Klaus Modick

Hermann Kinder, Shanghai. Wo denn?, aus: Kina, Kina, Erweiterte Neuausgabe, Libelle Verlag 1999
© 1999 Libelle Verlag, Lengwil

Uwe Johnson, Hier leben wir, aus: Jahrestage
© 1970–1983 Suhrkamp Verlag, Frankfurt am Main

Rolf Dieter Brinkmann, Picadilly Circus, aus: Der Film in Worten
© 1982 Rowohlt Verlag GmbH, Reinbek bei Hamburg

Jan Koneffke, Mein Viertel
© Jan Koneffke

Jochen Schimmang, Köln Mediapark, aus: Vertrautes Gelände, besetzte Stadt, Schöffling & Co 1998
© Jochen Schimmang

Michael Rutschky, Das Reden von Berlin, aus: Reise durch das Ungeschick und andere Meisterstücke, Haffmans 1990
© Michael Rutschky

David Wagner, Friedrichstraße
© David Wagner

Iris Hanika, Kreuzberg zur Verteidigung
© Iris Hanika

Marie Luise Kaschnitz, Als wir in die Stadt Frankfurt zogen, aus: Orte
© 1973 Insel Verlag, Frankfurt am Main

Michael Winter, Der Gott von Chaux. Zuerst in anderer Fassung in: Rückkehr in die Metropolen, Luchterhand Verlag 1987
© Michael Winter

Literatur bei DuMont

SASCHA ANDERSON. SASCHA ANDERSON.
2002, 304 Seiten mit 20 Fotos

JOHN BARKER. TERMINGESCHÄFTE.
Roman. 2001, 431 Seiten

MARCEL BEYER. SPIONE.
Roman. 2000, 308 Seiten

MIRKO BONNÉ. EIN LANGSAMER STURZ.
Roman. 2002, 173 Seiten

MIRKO BONNÉ. DER JUNGE FORDT.
Roman. 1999, 277 Seiten

JAMES BUCHAN.
MEINE PERSISCHE BRAUT.
Roman. 2001, 366 Seiten

JOHN VON DÜFFEL. EGO.
Roman. 2001, 281 Seiten

JOHN VON DÜFFEL. VOM WASSER.
Roman. 1998, 288 Seiten

JOHN VON DÜFFEL.
ZEIT DES VERSCHWINDENS.
Roman. 2000, 206 Seiten

GERHARD FALKNER. ALTE HELDEN.
Schauspiel und deklamatorische Farce. 1998, 60 Seiten

GERHARD FALKNER. DER QUÄLMEISTER.
Nachbürgerliches Trauerspiel. 1998, 90 Seiten

ALICE FERNEY. LIEBENDE.
Roman. 2001, 303 Seiten

ARIS FIORETOS. DIE SEELENSUCHERIN.
Roman. 2000, 357 Seiten

JULIA FRANCK. BAUCHLANDUNG.
Geschichten zum Anfassen. 2000, 120 Seiten

JULIA FRANCK. LIEBEDIENER.
Roman. 1999, 238 Seiten

GUSTAVO MARTÍN GARZO. DER KLEINE ERBE.
Roman. 1999, 410 Seiten

ALAIN GLUCKSTEIN.
UNSERE GROSSEN MÄNNER.
Roman. 1998, 344 Seiten

LAVINIA GREENLAW.
DIE VISION DER MARY GEORGE.
Roman. 2001, 369 Seiten

THOMAS HETTCHE. ANIMATIONEN.
1999, 200 Seiten mit 30 Abbildungen

THOMAS HETTCHE. DER FALL ARBOGAST.
Roman. 2001, 352 Seiten

THOMAS HETTCHE. LUDWIG MUSS STERBEN.
Roman. 2002, 184 Seiten

OSCAR HEYM. KURKONZERT.
Roman. 1998, 246 Seiten

MICHEL HOUELLEBECQ.
ELEMENTARTEILCHEN.
Roman. 1999, 360 Seiten

MICHEL HOUELLEBECQ. LANZAROTE.
Erzählung und Fotografien. 2000, je 80 Seiten Foto- und Textband in Kassette

MICHEL HOUELLEBECQ. PLATTFORM.
Roman. 2002, 352 Seiten

MICHEL HOUELLEBECQ.
DIE WELT ALS SUPERMARKT.
INTERVENTIONEN.
Essays. 1999, 120 Seiten

DAS PHÄNOMEN HOUELLEBECQ.
Hg. von Thomas Steinfeld. 2001, 270 Seiten

JORGI JATROMANOLAKIS.
BERICHT VON EINEM VORBESTIMMTEN MORD.
Roman. 1998, 268 Seiten

JORGI JATROMANOLAKIS. EROTIKON.
2001, 256 Seiten

THOMAS KLING. BOTENSTOFFE.
2001, 249 Seiten

JAN KONEFFKE.
PAUL SCHATZ IM UHRENKASTEN.
Roman. 2000, 276 Seiten

JUDITH KUCKART. LENAS LIEBE.
Roman. 2002, 303 Seiten

MARIANA LEKY. LIEBESPERLEN.
Erzählungen. 2001, 108 Seiten

CHRISTIAN LINDER. DIE BURG IN DEN WOLKEN.
BLICKE INS RHEINTAL UND ANDERSWOHIN.
Reiseerzählungen. 2001, 269 Seiten mit 93 Fotogafien

CARLO LUCARELLI. DER GRÜNE LEGUAN.
Roman. 1999, 208 Seiten

CARLO LUCARELLI. DER KAMPFHUND.
Roman. 2002, 301 Seiten

CARLO LUCARELLI. SCHUTZENGEL.
Roman. 2001, 180 Seiten

JAN LURVINK. WINDLADEN.
Roman. 1998, 190 Seiten

CHRISTIAN MÄHR. DIE LETZTE INSEL.
Roman. 2001, 215 Seiten

CHRISTIAN MÄHR. SIMON FLIEGT.
Roman. 1998, 266 Seiten

MULTATULI.
DIE ABENTEUER DES KLEINEN WALTHER.
Roman. 1999, 958 Seiten

HARUKI MURAKAMI.
GEFÄHRLICHE GELIEBTE.
Roman. 2000, 230 Seiten

HARUKI MURAKAMI. MISTER AUFZIEHVOGEL.
Roman. 1998, 684 Seiten

HARUKI MURAKAMI. NAOKOS LÄCHELN.
Roman. 2001, 428 Seiten

HARUKI MURAKAMI.
TANZ MIT DEM SCHAFSMANN.
Roman. 2002, 461 Seiten

GERT NEUMANN. ANSCHLAG.
Roman. 2002, 271 Seiten

GERT NEUMANN. ELF UHR.
Roman. 1999, 432 Seiten

NULL. LITERATUR IM NETZ.
Hg. von Thomas Hettche und Jana Hensel. 2000, 406 Seiten

KEM NUNN. WO LEGENDEN STERBEN.
Roman. 2001, 393 Seiten

SANTO PIAZZESE.
DAS DOPPELLEBEN VON M. LAURENT.
Roman. 2000, 347 Seiten

SANTO PIAZZESE.
DIE VERBRECHEN IN DER VIA MEDINA-SIDONIA.
Roman. 1998, 372 Seiten

GUNDEGA REPŠE. UNSICHTBARE SCHATTEN.
Roman. 1998, 212 Seiten

ARNE ROSS. FRAU ARLETTE.
1999, 176 Seiten

GARY SCHWARTZ.
LIEBE EINES KUNSTHÄNDLERS.
Roman. 2000, 287 Seiten

CLAUDE SIMON. GESCHICHTE.
Roman. 1999, 387 Seiten

CLAUDE SIMON. JARDIN DES PLANTES.
Roman. 1998, 368 Seiten

CLAUDE SIMON. DIE TRAMBAHN.
Roman. 2002, 113 Seiten

CLAUDE SIMON. DER WIND
Roman. 2001, 270 Seiten

VLADIMIR SOROKIN. DER HIMMELBLAUE SPECK.
Roman. 2000, 440 Seiten

VLADIMIR SOROKIN. NORMA.
Roman. 1999, 380 Seiten

ARNOLD STADLER. EIN HINREISSENDER SCHROTTHÄNDLER.
Roman. 1999, 237 Seiten

ARNOLD STADLER. ERBARMEN MIT DEM SEZIERMESSER.
Über Literatur, Menschen und Orte. 2000. 218 Seiten

THOMAS STEINFELD. RIFF.
Tonspuren des Lebens. 2000, 275 Seiten

TOHUWABOHU. HEILIGES UND PROFANES.
Gelesen und wiedergelesen von Arnold Stadler nach dem 11. September 2001. 2002, etwa 300 Seiten

VALÉRIE TONG CUONG. BIG.
Roman. 1999, 310 Seiten

JANETTE TURNER HOSPITAL. OYSTER.
Roman. 1999, 416 Seiten

JEAN-PIERRE VERNANT. GÖTTER UND MENSCHEN.
Jean-Pierre Vernant erzählt griechische Geschichte von den Ursprüngen. 2000, 225 Seiten

DIRK VAN WEELDEN. ORVILLES GÄSTE.
Roman. 1999, 290 Seiten

FRANÇOIS WEYERGANS. FRANZ UND FRANÇOIS.
Roman. 1999, 422 Seiten

ZENTRALE RANDLAGE.
LESEBUCH FÜR STÄDTEBEWOHNER.
Hg. von Jochen Schimmang. 2002, 243 Seiten

